CAROLINA HEHENKAMP wurde 1947 in Holland geboren, wo sie bis 1966 lebte. Nach der Schule zog sie nach Paris, wo sie Mode-Design studierte. Als Designerin, Redakteurin und Journalistin lebte und arbeitete sie viele Jahre in Spanien, Frankreich und Deutschland. Anfang der 90er Jahre lernte sie Aura-Soma kennen und wurde eine begeisterte Aura-Soma-Lehrerin und -Beraterin. Sie ist als Lehrerin, Heilerin und Therapeutin u.a. im Bereich der Lichtkörperarbeit und Farb- & Kristalltherapie tätig und anerkannt. Im Herbst 1999 gründete sie das internationale Netzwerk »Der Indigo-Kinder-Lichtring«, für das sie zuständig und verantwortlich ist und das sowohl Eltern als auch Kinder unterstützt.

In diesem Buch wird der Blick in kreativer, offener Weise auf die Lebensaufgaben der neuen Kinder, der Indigo-Kinder, gerichtet. Diese Kinder scheinen einen Evolutionssprung gemacht zu haben, ihr Leben und Denken wird hauptsächlich von der Intuition bestimmt, und im Vergleich zu »normalen« Kindern verfügen viele von ihnen über paranormale Fähigkeiten. Die Autorin erklärt in diesem Buch allgemein verständlich und praxisnah Hintergründe und Bedeutung des Indigo-Phänomens, will den Leser mit ihren Lösungen, Sichtweisen und Erfahrungen zum Umdenken anregen und eröffnet faszinierende neue Einsichten in die komplexe Beziehung zwischen den Indigo-Kindern, ihren Eltern und der Gesellschaft.

Carolina Hehenkamp

Das INDIGO-Phänomen

Kinder einer neuen Zeit

Das Geschenk der Indigo-Kinder

Schirner Taschenbuch

Dieser Titel erschien bereits 2001 im Hauptprogramm
des Schirner Verlags

ISBN 978-3-89767-489-9

4. Auflage 2007
© 2006 Schirner Verlag, Darmstadt
Alle Rechte vorbehalten.

Umschlaggestaltung: Murat Karaçay
Satz: Elke Truckses
Herstellung: Reyhani Druck und Verlag, Darmstadt

www.schirner.com

Inhaltsverzeichnis

Einführung 9
Die neuen Kinder sind irgendwie anders! 9
Was geschieht zur Zeit in unserer Welt? 12
Eine der wichtigsten Eigenschaften der Zukunft ist
   Integrität 16
Danksagung 19

Kapitel 1: Indigo und seine Bedeutung 21
1.1 Was ist ein Indigo-Kind? 21
Licht- oder Schattenseite der Persönlichkeit? 25
Worin unterscheiden sich Indigo-Kinder von anderen
   Kindern? 26
1.2 Indigo-Farbeigenschaften 31
Die indigoblauen Stufen des Lernens 33
Indigo und seine Entsprechungen auf anderen
   Ebenen 35
1.3 Licht und Farben 37
Wie entstehen die Farben? 38
1.4 Die Lebensfarben 41

Kapitel 2: Die Indigo-Persönlichkeit 49
2.1 Wie erkennen wir ein Indigo-Kind? 49
2.2 Eigenschaften der Indigo-Kinder 54
Die Schwächen der Indigo-Persönlichkeit 55
Die Stärken der Indigo-Persönlichkeit 56
2.3 Typen von Indigo-Kindern 59
Der Humanist 61
Der Konzeptionalist 64
Der Künstler 67
Der Interdimensionalist 69

2.4 Die neue Kinderwelle der neunziger Jahre 73
2.5 Beziehungen zu Indigo-Persönlichkeiten 76

Kapitel 3: Die Indigo-gerechte Erziehung 83
3.1 Indigo-Kinder erziehen und führen 83
Was hilft uns bei der Anpassung an die neue Herausforderung? 87
3.2 Wie geht ein Indigo-Kind mit Problemen um? 95
Langeweile 95
Konzentration und Aufmerksamkeit 98
Belastbarkeit und Ermüdung 105
Soziales Verhalten 108
Hyperaktivität und motorische Unruhe 113
Furcht und Furchtlosigkeit 125
Frust und Aggression 126
Emotionen und Gefühle 129
Zeitgefühl 131
Linkshänder/Rechtshemisphärenkinder 134
3.3 Elf goldene Regeln, ein glückliches Indigo-Kind aufzuziehen 137
3.4 Lernschwäche oder Begabung? 141
Was ist eigentlich Begabung? 142
3.5 IQ-Test 146
3.6 Alternatives Lernen 148
Montessori- und Waldorfschulen 148
Eutonie 153
Kleine Klassen in den USA und zusätzliche Speziallehrer 155
Yoga in der Schule 155
Hirngymnastik in den USA 156

In Taiwan läßt man die Schüler lehren! 157

Kapitel 4: Die Indigo-Gesundheit 161
4.1 Die Gesundheit der Indigo-Kinder 161
4.2 Ernährung 168
Nahrungsergänzungen 174
4.3 Psychopharmaka oder Naturheilverfahren? 182
4.4 Alternative Heilmethoden für Indigo-Kinder 189
Kinesiologie 190
Bioresonanz 193
Radionik 194
Neurofeedback 196
Bachblüten 197

Kapitel 5: Der Indigo-Selbsttest 199

Kapitel 6: Wandlung im Zeichen von Indigo 209
6.1 Die weltweiten Wandlungsprozesse 209
6.2 Die spirituellen Aufgaben der Indigo-Kinder 214
6.3 Die Fähigkeiten der Indigo-Kinder 216
6.4 Warum kommen die Indigo-Kinder jetzt? 218
6.5 Spirituelle Botschaften 220
Die Zeit der Indigo-Kinder 220
Die Kraft der Gedanken 223
Die »Ich bin«-Präsenz 225
Telefonieren mit Gott 226
Wahre Spiritualität 228

Kapitel 7: Indigo-Geschichten 231
7.1 Falsche Erwartungshaltungen 231
7.2 Neue Projekte: Free The Children 236

Kapitel 8: Indigo-Übungen 239
8.1 Übung: Energie-Aufladung 239
8.2 Übung: Farbatmen 242
8.3 Übung: Aura ausstreichen mit einem
    Amethystkristall 244
8.4 Love & Laughter: Das Spiel des
    Lächelns 247

Schlußwort 250

Anhang 253
Glossar 253
Der INDIGO KINDER LICHTRING 257
Quellennachweis 261

Einführung

Die neuen Kinder sind irgendwie anders!

Obwohl ich selbst keine Kinder habe, fühle ich auf einer anderen Ebene mit Herz und Seele als Mutter. Seit über zehn Jahren arbeite ich mit viel Liebe als Therapeutin. Dazu biete ich viele verschiedene Kurse und Ausbildungen an, z.B. intuitive Entwicklung, Lichtarbeit und Heilmethoden. Ich habe wundervolle Erfahrungen mit Kindern gemacht, liebe ihre Originalität, ihren Einfallsreichtum und erkenne ihre Aufgaben und Lebensziele. Es macht mich immer wieder traurig zu sehen, wie leicht Kinder Schaden davontragen können, wenn ihre Persönlichkeit nicht erkannt und anerkannt wird.

Im Laufe der Jahre kamen viele Menschen, die vom Leben gezeichnet waren, in meine Praxis und meine Seminare. Während der Therapie kam oft zutage, daß sie in ihrem Leben nie sie selbst sein durften und somit den Kontakt mit ihrem inneren Kind, ihren Wünschen und ihren Visionen verloren hatten. Ich erlebte oft, daß Jugendliche schon im Schulalter ihr Selbstwertgefühl verloren hatten, kein Selbstvertrauen kannten und manchmal keine Neugier und Lust mehr hatten, ihr Leben zu »leben«. Erwachsene empfanden oft tiefe Emotionen bei der Wiederentdeckung ihrer Träume, sahen dann aber einen langen Weg vor sich, um sich selbst wieder tiefgehend entdecken zu lernen und ihr verletztes inneres Kind zu heilen. Durch den Austausch in der Gruppe oder durch die

Berührung mit Farben – die vor allem während der Aura-Soma-Beratungen sehr intensiv war – konnten viele wieder ihr wahres Selbst spüren und das sehen, was ich immer in den Menschen sehen konnte, nämlich ihr wunderschönes wahres Selbst.

Ich dachte immer wieder über Möglichkeiten nach, wie man diese Menschen vor Schaden behüten könnte. Es war mir klar, daß ich bei den Kindern anfangen mußte, um wirklich etwas in unserer Welt bewegen zu können. Ein erster Schritt dorthin war, daß ich im Herbst 1999 mit großer Begeisterung begann, ein Netzwerk, den INDIGO KINDER LICHTRING (siehe Anhang) aufzubauen, das sich mittlerweile über die ganze Welt ausbreitet. Ein zweiter Schritt ist das vorliegende Buch, ein weiteres Ergebnis meines Wunsches, diesen Kindern einen angemessenen Platz in der Welt zu schaffen. Um dieses Buch schreiben zu können, habe ich meine Erfahrungen als Therapeutin und Lehrerin genutzt und das Buch in enger Zusammenarbeit mit Ärzten, Lehrern, Therapeuten, betroffenen Eltern und Kindern erarbeitet. Ziel des Buches ist es, die Zusammenarbeit von allen Interessierten – Einzelpersonen ebenso wie Gruppen – anzuregen, bisher gefundene Lösungen weiterzuvermitteln und im Austausch miteinander gemeinsam neue zu entdecken.

Seit längerem steht folgende Frage immer wieder im Mittelpunkt: »Was ist eigentlich mit unseren Kindern und Jugendlichen los?« Immer mehr Kinder zeigen durch ihr Verhalten, daß sie sich der vorgegebenen gesellschaftlichen Norm verweigern und sich nicht anpassen wollen. Sie bringen ihre Eltern und ihr soziales Umfeld damit in große Verlegenheit und erzeugen dort eine tiefe Unsicherheit. Kindliche Unaufmerksamkeit, Unkonzentriertheit und Hyperaktivität sind inzwischen verbreitete Begriffe. Auch übersinnliche Wahrnehmung, hohe Intuitivität und paranormale Begabung sind unter diesen neuen Kindern nicht selten. Viele von ihnen sind inzwischen im Kindergarten- und Schulalter und fordern von allen Betroffenen neue Einsichten und neue Regeln im Umgang mit ihnen. Vor allem aber fordern sie klare Linien, klare Gefühle und klare Grenzen, klare Auseinandersetzungen und klare Liebe, klare Disziplin und viel Freiheit.

In der üblichen gesellschaftlichen Denkweise gibt es eine Begriffsdefinition von »normal« und »abweichend«. Aber was ist eigentlich normal? Es ist erschreckend festzustellen, wie schnell sich der Trend (der aus den USA kommt) durchsetzt, die zahlreichen Kinder, die medial begabt sind oder unter Defizit-Störungen leiden, mit Medikamenten ruhigzustellen. Es scheint, als existiere ein Auftrag, diese Kinder möglichst gesellschaftskonform zu erziehen, um damit neue Entwicklungen zu vermeiden.

Doch das Verhalten der neuen Kinder ist nach meiner Einschätzung nicht mehr allein mit unserer »normalen« sozialen Entwicklung zu erklären. Es steckt mehr dahinter. Darüber werden Sie in diesem Buch einiges erfahren, das auch ein Aufruf an alle Menschen dieser Welt ist, sich jedes Augenblickes bewußt zu sein, die Schönheit darin zu erkennen und danach zu handeln.

Was geschieht zur Zeit in unserer Welt?

Wir erleben heutzutage täglich, daß sowohl Kinder als auch Eltern, Lehrer, Ärzte und Therapeuten völlig hilflos sind und nicht mehr weiterwissen. Immer öfter werden schon Kindern im Kindergartenalter von 3–6 Jahren schwere Medikamente verordnet, weil sie sich nicht unserer Norm entsprechend verhalten. Kann es sein, daß wir aus der Hilflosigkeit heraus alles dafür tun, daß unsere Kinder angepaßt auf unsere gesellschaftlichen Verhältnisse reagieren? Ich möchte in diesem Buch zeigen, daß das Dasein dieser Kinder eine tiefere Bedeutung hat und daß sie auf der Welt sind, um uns eine Chance zum Wachsen zu bieten. Wenn wir lernen, auf die Kinder der neuen Zeit einzugehen, lernen wir dadurch auch, auf uns selber einzugehen und unser Sein auf eine andere Art und Weise zu verstehen.

Im vorliegenden Buch werden Themen, die in Verbindung mit Indigo-Kindern auftauchen, mit neuen Ansätzen und praktischer Ausrichtung behandelt. Das Buch möchte Sie zu einer Entdeckungsreise einladen, auf der Sie die wunderbaren positiven Fähigkeiten dieser Kinder kennenlernen können. An dieser Stelle möchte ich ausdrücklich darauf hinweisen, daß ich das Buch als kreative Pionierarbeit verstehe, da es zur Zeit seines Entstehens außer meinen persönlichen Erfahrungen und jener der vielen Kinder, Eltern und Fachleute, mit denen ich in Verbindung stehe, keine wissenschaftlichen, statistischen oder medizinischen Untersuchungen gab, auf die ich mich hätte stützen können. Das Buch möchte vor allem dazu anregen, alle Kinder, die »irgendwie anders« sind oder die nur aus Defizit-Störungen zu bestehen scheinen, aus einem neuen Blickwinkel wahrzunehmen. Ich habe das Buch geschrieben, um viele Leser aus unterschiedlichen Bereichen einzuladen, überholte Glaubensvorstellungen und Regeln zu hinterfragen. Unsere Welt ist sehr materie- und verstandesorientiert, und damit setzt sie sich selbst Grenzen. Die Indigo-Kinder dagegen – die Botschafter der neuen Zeit – sind, in jeder Hinsicht, grenzenlos, was der gegenwärtigen Struktur unserer Gesellschaft widerspricht.

Mit diesem Buch möchte ich den Lesern helfen, eine Brücke zu bauen. Es gibt heutzutage so viele wundervolle, starke Kinder, die ausgestattet mit ungewöhnlichen Eigenschaften, Fähigkeiten und Aufgaben in unsere Welt kommen. Sie erscheinen wie auf Bestellung, um die Menschheit und Mutter Erde an diesem entscheidenden Punkt der Geschichte in einem Wandlungsprozeß zu unterstützen. Wir leben in einer Zeit, in der alles immer schneller wird: die Informationen überschlagen sich, stürzen in solchen Massen und in einer solchen Geschwindigkeit auf uns ein, daß wir gezwungen sind, uns bei Entscheidungen immer mehr auf unsere Intuition und Unterscheidungskraft zu verlassen. Das bedeutet aber auch, daß wir wieder in engere Verbindung mit uns selbst treten müssen, da wir Entscheidungen nicht mehr auf dem Verstandesweg abwägen können, und lernen müssen, die Verantwortung für unser Leben, unsere Taten, unsere Gedanken, unsere Gefühle, unsere Verletzbarkeit und unsere Sehnsüchte zu übernehmen.

Die Indigo-Kinder haben eine große Lebensaufgabe vor sich liegen, denn sie sind es, die uns in ihrer Grenzenlosigkeit den weltweiten Frieden bringen können. Um sich entwickeln zu können, brauchen sie aber unsere offenen Herzen. Sie kommen in eine Welt, in der viele Menschen leiden, aber trotzdem Angst vor Veränderung haben. Viele haben ihre Träume aufgegeben und schauen oft nur noch durch die Augen anderer in unsere Welt. Sie haben vergessen, wie es ist, die Essenz des Lebens zu leben, und spüren deshalb unterschwellig häufig eine unfaßbare Trauer. Dabei ist es wichtig, sich zu erinnern, wer man ist und daß jeder seinen eigenen Weg gehen muß und dabei frei wählen kann. Die Kinder der neuen Zeit fordern diese Verantwortung zurück. Sie spüren, wer sie sind, was für sie richtig ist und was nicht. Sie wissen meist genau, was sie zu tun haben und wie sie es umsetzen können. Sie sind erfüllt von bedingungsloser Liebe, sind tolerant, und Urteile zu fällen ist ihnen fremd. Ihr gemeinsamer Wunsch ist, daß wir sie darin unterstützen, die Begabungen, die ihnen mitgegeben wurden, zu nutzen, um ihre Lebensaufgabe erfüllen zu können. Auch wünschen sie sich, daß sich die Menschheit an ihre Träume und Visionen erinnert, um sie im Leben auszudrücken.

Das Buch, das Sie in der Hand halten, ist kein Buch mit Geschichten von begabten Wunderkindern oder eine Anleitung, wie das Verhalten Ihres Kindes möglichst schnell wieder systemkonform angepaßt wird. Mein Anliegen ist vielmehr, den Eltern von Indigo-Kindern Schuldgefühle zu nehmen und ihnen zu zeigen, daß sie Zeugen eines wundervollen Evolutionsprozesses sind, eines Wandlungsprozesses, nach dem wir uns seit langer Zeit sehnen. Ich möchte alle Leser dazu aufrufen zu versuchen, die Schwierigkeiten, die diese Transformation mit sich bringt, gemeinsam zu meistern. Mein Wissen schenke ich den Eltern, um ihnen Mut zu machen.

Zunächst ist es wichtig, den Mut zu finden, die Situation persönlich zu hinterfragen, sie auf die Waage zu legen, um dann mit dem Herzen und der inneren Stimme zu handeln. Danach ist es erforderlich, den Mut zum Umdenken aufzubringen; den Mut zu finden, die Verantwortung für die Situation ihres Kindes zu übernehmen; den Mut zu haben, die Schuldgefühle anzuerkennen und aufzulösen und einen Sprung ins Unbekannte zu wagen. Weiterhin fordert die Transformation den Mut, die alten Systeme zu entmachten und sich selbst und andere zu lieben und zu akzeptieren, und ebenso den Mut, die eigenen Träume zu leben. Schließlich verlangt sie den Mut, sich mit anderen Eltern zusammenzuschließen, um in der Zusammenarbeit, im Austausch und der Abstimmung der gemeinsamen Interessen nur das Allerbeste für die Kinder zu bewirken.

Ich hoffe, die Belange der Indigo-Kinder in diesem Buch deutlich genug wiedergegeben zu haben, um in allen Eltern und Begleitern den Willen zum Handeln zu wecken und die Bereitschaft, etwas in unserer Welt zu verändern. Denn Kinder sind das Kostbarste, was die Welt hat. Sie sind die Zukunft. Ihnen gehört unsere Liebe in ganz besonderem Maße. Sie verdienen das Beste, was wir ihnen geben können. Lassen Sie uns gemeinsam versuchen, einen Anfang zu machen. Lassen Sie uns umdenken und die wundervolle, schöne, lichtvolle, spirituelle und liebevolle Seite unserer Kinder aus dem Schatten des Syndrom- und Krankheitsdenkens ins Licht zu rücken. Einmal im Licht, können sie der Welt und der Menschheit ihre bedingungslose Liebe uneingeschränkt schenken. In Wirklichkeit gibt es nur eins:

die Liebe.

Eine der wichtigsten Eigenschaften der Zukunft ist Integrität

Das Schreiben dieses Buches hat mich zurückgeführt zu meiner eigenen Geburt auf diesem Planeten, der Erde. Von diesem Zeitpunkt an begann ich, die Welt durch die Augen eines Indigo-Kindes zu sehen. Im Laufe der letzten Monate habe ich erfahren, daß ich einen spirituellen Vertrag mit diesen Kindern habe, um ihre Botschaften und Bedürfnisse aufzuschreiben und weiterzugeben.

Geführt von einer Sehnsucht nach etwas, das ich verloren glaubte, aber nie beschreiben konnte, habe ich mich von Kindheit an immer wieder auf den »spirituellen Weg« begeben. In jahrelangem Experimentieren, bei dem ich versucht habe, meine Fähigkeit, hinter die Oberfläche der Wirklichkeit zu schauen, und meine Empfänglichkeit für die Wahrnehmung von Energien auf der Erde zum Ausdruck zu bringen, habe ich entdeckt, wie wichtig es ist, ein Mensch zu sein, weil der Mensch die Verbindung zwischen Himmel und Erde schafft.

Ich wollte ein besseres Verständnis von den Zusammenhängen zwischen den universalen geistigen Gesetzen, dem physischen Körper, emotionalen Blockaden und unserem energetischen Umfeld entwickeln und dieses anderen Menschen vermitteln. Die Entwicklung des Lichtkörpers* und die Integration der Seele* in die Persönlichkeit standen dabei immer im Vordergrund. Mir wurde bewußt, wie wichtig es für den Menschen ist, sein Leben aus einer höheren Perspektive zu betrachten. Meinen heu-

---

*(siehe Glossar)

tigen Bewußtseinszustand habe ich auf diesem Wege erreicht. Diese innere Bereicherung meines Lebens machte es mir möglich, mein Verständnis für die neuen Kinder zu erweitern, um es Ihnen in diesem Buch weiterzugeben.

Während des Schreibens kamen immer wieder Erinnerungen an Kindheits- und Jugenderfahrungen hoch. Sie wollten nochmals durchlebt und vor allem gefühlt werden. In meiner Jugend war es nicht leicht, Erwachsene zu finden, die bereit waren, über übersinnliche Wahrnehmung zu reden. Es war eine Ausnahme, wenn ich jemandem begegnete, der mir Glauben oder Vertrauen schenkte. Viele Verhaltensweisen der Indigo-Kinder waren mir in meiner Kindheit bekannt. Ich fühlte mich anders als andere Kinder, konnte mich schwer anpassen, und manchmal war mir die ganze Welt fremd. Meine empfindsame Wahrnehmungsfähigkeit und die leichte Form der Legasthenie machten es mir nicht einfacher. Ich war und fühlte mich anders, war aber gleichzeitig trotzdem völlig »normal«. Ich hatte ein starkes Verlangen, in diesem »Anderssein« anerkannt und angenommen zu werden, mußte aber lernen, in unterschiedlichsten Situationen mit Ablehnung umzugehen. Mein künstlerisches Dasein, mein enger Umgang mit Hunden und die täglichen Wanderungen durch den Wald waren meine Rettung. Die neuen Kinder haben es wesentlich leichter, da es in unserer Zeit in allen Schichten der Bevölkerung Menschen gibt, die spirituell erwachen. Sie sind imstande, den Indigo-Kindern zu helfen, indem sie einfach sich selbst und ihnen ein Vorbild sind.

Seit ich an dem Buch arbeite, erlebe ich täglich immer wieder, wie tief berührt Menschen sind, wenn sie das erste Mal von den Indigo-Kindern hören. Nach meiner Einschätzung wird hierdurch in ihrer Erinnerung etwas wiederbelebt. Sie fangen spontan an, mit diesen Kindern zu fühlen und sie zu erkennen. So ist dieses Buch mit dem Wunsch und der Vision entstanden, daß es viele Eltern im Herzen berühren möge. Ich wünsche mir, daß viele Dogmen, Regeln und Glaubensvorstellungen, die seit langen Zeiten unser Licht verdecken, bald zur Vergangenheit gehören. Wie wunderbar wäre es, ein Leben voller Freude und Liebe mit den neuen Kindern zu gestalten! Es ist für uns alle an der Zeit, aus dem Labyrinth herauszukommen, unsere Mitte zu finden, um gemeinsam mit den Kindern zu wachsen.

Das indigoblaue Zeitalter hat angefangen.

In Liebe
Carolina Hehenkamp
28. März 2000

Danksagung

Um dieses Buch schreiben zu können, hat es ausführlicher Recherchen bedurft. Ich habe viele Gespräche geführt mit Kollegen, Eltern und Menschen aus den Bereichen Kindergarten, Schule, Therapie und aus anderen Berufszweigen. Ich möchte hiermit allen, die mitgeholfen haben, danken für ihren Einsatz, ihr Verständnis und ihre Liebe für diese neuen Kinder. Auch das Internet, in dem ich rund um dem Globus »surfen« konnte, hat sich als informationsreich und kommunikativ erwiesen. Während dieser Phase sind viele schöne internationale Kontakte entstanden.

Vor allem aber habe ich erfahren, wie wichtig es war, einige wenige Menschen zu haben, die bedingungslos durch dick und dünn mit mir gingen und mir zur Seite standen, mir ihr Vertrauen schenkten und zu mir gehalten haben. Vor allem möchte ich Hedda Jank, Farbtherapeutin & Kinder- und Jugendpsychotherapeutin, für ihre uneingeschränkt klare Urteilsfähigkeit danken. Sie war für mich die erste Hürde, die ich nehmen mußte. Dann möchte ich Jutta Beuke und Olivia Baerend, zwei erfahrenen »Bücherfrauen«, für ihr Vertrauen in mein Projekt danken. Sie symbolisierten das erste Tor, durch das ich ging. Danken möchte ich Angelika Dufter-Weis, Kinderpädagogin und Mitarbeiterin der Begabtenpsychologischen Beratungsstelle der Universität München, für ihre natürliche Offenheit und die Selbstverständlichkeit, mit der sie mich unterstützt hat. Herzlich danken möchte ich meiner Mutter, die, ohne allzuviel vom Projekt zu wissen, sich vorgenommen hatte, einfach zu helfen, wo sie konnte. Ich habe dieses Buch in Südspanien geschrieben, begleitet von meinen beiden Hunden (einem 15 und einem 10 Jahre alten Bearded

Collie), die mich durch ihr Gesundsein und ihre Lebensfreude toll unterstützt haben. Ich hoffe, Sie spüren die im Text verborgene Strahlung der südlichen Sonne.

Es hat oft den Anschein,
daß die Indigo-Kinder als gleichwertige
Erwachsene behandelt werden möchten.
Das ist nicht richtig.
Sie möchten als gleichwertige Seelen
behandelt werden
und wünschen sich,
lange das Wertvolle des Kindseins
in sich bewahren zu können.

Kapitel 1:
Indigo und seine Bedeutung

1.1 Was ist ein Indigo-Kind?

Überall auf der Welt entdecken Menschen, daß es immer mehr Kinder gibt, die sich auffallend anders verhalten und sich nicht mehr so leicht der allgemeinen Norm anpassen wie die Generationen vor ihnen. Diese Kinder werden auch die »neuen Kinder« oder »die Kinder der neuen Zeit« genannt.

In ihrem vor vielen Jahren erschienenen Buch »Understanding Your Life Through Color« erfaßte die amerikanische Farbtherapeutin Nancy Ann Tappe als eine der ersten das Konzept über Lebensfarben. Viele übernahmen dieses Konzept und arbeiteten erfolgreich damit. Ihr Konzept besagt, daß jeder Mensch seine Lebensfarbe hat, manchmal auch zwei oder mehr. Lebensfarben sind wie Farbhüllen, sie sind in der Aura sichtbar und legen ähnliche Persönlichkeitszüge in Farbgruppen fest. Jede Farbhülle trägt in sich bestimmte menschliche Eigenschaften, die gut erkennbar sind, wenn man weiß, worauf zu achten ist.

In diesem Buch geht es um die neuen Kinder, auch Indigo-Kinder genannt. Ein Indigo-Kind ist ein Kind mit der Lebensfarbe Indigo, es weist die Indigo-Persönlichkeitsmerkmale auf und bringt sie zum Ausdruck. Grundsätzlich hat jedes Kind eine eigene Lebensfarbe. So gibt es Rot, Grün, Gelb und Blau als Lebensfarbe oder auch eine

Kombination aus zwei oder mehr dieser Lebensfarben. Das Kind mit der Lebensfarbe Indigo hat neue, für uns ungewohnte, teilweise schwierige Persönlichkeits- und Charaktereigenschaften, die für unsere Gesellschaft nicht leicht zu bewältigen sein werden. Eltern und Lehrer sind daher in den letzten Jahren stark gefordert, umzudenken und mit den ihnen anvertrauten Kindern in neuer Weise umzugehen. Es gibt viele Anzeichen in Schulen und Kindergärten, die deutlich machen, daß etwas »ganz anders« ist mit den neuen Kindern.

Der Name der Kinder der neuen Zeit ist von der Lebensfarbe Indigo abgeleitet. Diese Farbe ist nur eines der Merkmale der neuen Kinder, die jetzt auf unseren Planeten kommen, aber so einheitlich, daß die Kinder inzwischen von den meisten amerikanischen Therapeuten »Indigo-Kinder« oder »Indigos« genannt werden. In einigen Jahren, wenn wir mehr über diese neuen Kinder wissen werden, ist man wahrscheinlich besser in der Lage, ihre unterschiedlichen Aufgaben, Potentiale und Eigenschaften zu deuten, und vielleicht kann man sogar verschiedene Gruppen feststellen.

Einige allgemeine Persönlichkeitsmerkmale der Indigo-Kinder:
- Sie sind innerlich der Wahrheit des Lebens gewahr.
- Sie leben nach höheren Prinzipien.
- Sie wissen, daß wir im Gleichgewicht mit uns und unserer Umwelt leben sollten.
- Sie vereinen oft männliche und weibliche Aspekte in sich selbst (androgyner Typ).
- Sie wissen, daß es mehr gibt als das, was wir sehen.
- Sie glauben, daß die Materie und das physische Leben Illusionen sind. Sie wissen, daß das Leben aus Energie oder lebendigem Bewußtsein besteht.

- Sie wissen, daß alles im Universum miteinander verbunden ist. Zeit, Raum, Abstand und Form sind für sie keine getrennten Dinge, so wie wir sie sehen.
- Sie spüren, daß alles Leben geachtet und mit Integrität, Liebe und Mitgefühl* behandelt werden sollte.
- Sie verstehen spirituelle Konzepte besser als materielle.
- Sie lassen sich nicht eingrenzen durch überholte Ideale oder Glaubenssätze.
- Sie können nicht gezwungen werden, etwas zu tun, woran sie nicht glauben.
- Sie akzeptieren keine Führung von Menschen, die nicht die gleichen ethischen Ansichten haben wie sie selbst; sogar sozialer Druck zwingt sie nicht zur Unterordnung.
- Sie glauben nicht an Schuld- oder Strafkonzepte, lassen sich also schwer bestrafen.
- Sie möchten nicht in irgendeine Form oder Schublade hineingezwängt werden.
- Sie müssen ihr Leben an den höchsten Prinzipien orientiert leben können, so wie sie sie verstehen, sonst werden sie depressiv, selbstzerstörerisch und ängstlich.
- Sie sind ehrlich, aufrichtig und unabhängig.
- Sie haben oft kein gesundes Körpergefühl.
- Ihre fünf Sinne sind sehr verfeinert, dadurch können sie leicht überreizt und überfordert werden.
- Sie sind gegenüber Nahrung überempfindlich; am besten für sie geeignet ist natürliche und organisch gewachsene Nahrung.
- Sie kommunizieren mit Leichtigkeit mit Tieren, Pflanzen, anderen Kindern und mit der Natur.

---

*(siehe Glossar)

- Man erlebt sie oft, wenn sie mit »unsichtbaren« Freunden sprechen. Sie werden darum oft als Kinder mit einer zu lebhaften Phantasie oder sogar als »psychisch auffällig« eingestuft.
- Da sie das Leben in allen Dingen spüren, können sie sich oft schwer von ihnen trennen. Sie überbewerten die materiellen Dinge nicht, schätzen aber den »Geist« in den Dingen.
- Sie können ihre Konzepte schwer in Worten ausdrükken. Die Sprache ist oft zu begrenzend für sie.
- Sie selbst sehen keine Grenzen zwischen Spiel, Erziehung, Beziehung und Arbeit. All diese Aspekte des Lebens fügen sich für sie zu einer ganzheitlichen Erfahrung.
- Sie sind außerordentlich empfindsam und neigen dazu, leicht zu weinen.
- Sie brauchen sehr wenig Schlaf, gerade genug, um den physischen Körper zu erneuern.
- Sie tendieren dazu, Einzelgänger zu sein, da sie von anderen Kindern oder ihrer Umgebung selten verstanden oder akzeptiert werden.
- Sie haben ein gutes Gespür dafür, was richtig ist und was nicht, und benötigen keine Disziplin. Was sie hingegen brauchen, sind klare Strukturen.
- Wenn Eltern und Lehrer es diesen Kindern nicht gestatten, nach ihren Überzeugungen zu handeln, rufen sie bei diesen großen Widerstand hervor.
- Sie sind sehr wißbegierig und möchten und können keine schnellen einfachen Antworten annehmen, nur weil es die traditionellen Antworten der Vergangenheit sind. Die Antworten müssen sich für sie »wahr« anfühlen.
- Sie können sich nur schwer mit den üblichen Themen, die in den Schulen gelehrt werden, identifizieren.

Meistens können sie keine Verbindung sehen zwischen diesen Themen und dem spirituellen Leben, das für sie Maßstab der Dinge ist.
- Sie kümmern sich oft um benachteiligte und ungerecht behandelte Mitschüler.
- Sie haben einen ausgeprägten Gerechtigkeitssinn.

Licht- oder Schattenseite der Persönlichkeit?

Die Indigo-Kinder und viele der anderen neuen Kinder haben keine großen karmischen* Belastungen. Sie werden in Weltregionen geboren, die sich bereits für ein bewußteres Leben geöffnet haben. Das Wichtigste, was wir bei diesen Kindern verstehen müssen, ist, daß sie ihre Persönlichkeit und ihren Charakter unter angemessener Begleitung entwickeln müssen, denn unter falscher Anleitung werden sie eher die Schattenseiten ihrer Persönlichkeit ausbilden und ausdrücken. Da der Weg nach beiden Seiten hin offen ist, liegt hier die Aufgabe der Eltern, Lehrer und der ganzen Welt, achtsam zu werden und sich bewußt zu machen, welchen Weg wir alle gehen möchten. Die Kinder sind die Zukunft, sie werden in zwanzig Jahren unsere Welt bestimmen. Um sich emotional und geistig zu erfahren, brauchen die Indigo-Kinder viel Raum für sich selbst. Sie brauchen viel Freiheit, um nach ihrem Glauben handeln zu können, um das Leben zu erfahren. Eine klare, festgelegte Struktur unterstützt von bedingungsloser Liebe bietet ihnen den Halt, den sie dringend benötigen, um die Lichtseite ihrer Persönlichkeit und ihres Charakters zu entwickeln und zum Ausdruck zu bringen.

---

*(siehe Glossar)

Worin unterscheiden sich Indigo-Kinder von anderen Kindern?

Außer den verschiedenen Persönlichkeitsmerkmalen und Charakterzügen liegt der größte Unterschied in der Reaktion der Kinder auf eine Konfliktsituation. Anders als andere Kinder ist ein Indigo-Kind nicht so stark emotional in die Konfliktsituation verstrickt, und es hat sich herausgestellt, daß es nicht so schnell emotionale Verletzungen davonträgt.

Das »normale« Kind steckt Demütigungen eher ein, ordnet sich eher unter und gibt nach, auch wenn es ungerecht behandelt wird. Das Indigo-Kind dagegen reagiert radikaler: Behandelt man es herablassend und macht es lächerlich, erfährt es das meistens als einen totalen Vertrauensbruch, der schwere Folgen haben kann. Ein Indigo-Kind weiß stets ganz genau, wenn es belogen wird. Die Konsequenz ist, daß es sich zurückzieht und absolut KEIN Vertrauen mehr hat.

Das Indigo-Kind kann nur sehr schwer davon überzeugt werden, daß es nicht alles haben kann, worauf es Anspruch erhebt. Es ist ein König oder eine Königin und fühlt sich auch so. Viele Autoritätspersonen spüren diesen in ihren Augen unangebrachten Stolz und empfinden die Kinder als stur, dickköpfig und schwierig. Richtig verstanden und einfühlsam begleitet, können sie aber ein normales Selbstwertgefühl entwickeln und sich in ihre Umgebung integrieren.

Die Indigo-Kinder können sowohl ein Segen als auch eine große Herausforderung sein, je nachdem, in welchem Umfeld sie sich befinden. Ist ein Kind unter vielen »nach alten Mustern funktionierenden« Kindern das einzige Indigo-Kind, wird es schnell als unangepaßter Störenfried und Außenseiter abgestempelt. Das Kind wird im

Inneren schreien: »Warum erkennt mich keiner? Warum verstehen die anderen Kinder mich nicht? Warum handeln sie auf diese Art und Weise? Es wird dann oft wütend und frustriert und fängt an zu rebellieren. Dieses Phänomen erleben wir immer öfter im sozialen Umfeld: in der Familie, der Schule und im Kindergarten. Die Indigo-Kinder sind zu allem bereit, um ihre Würde, ihre Ansichten und ihr Wissen zu verteidigen und der Welt zu zeigen.

Vielleicht sollten wir uns fragen, wie wir selbst reagieren würden, wenn wir mit diesem großen Gefühl für Zugehörigkeit in einer uns gegenüber feindseligen Welt lebten, wissend, wer wir sind, aber ohne Anerkennung durch unsere Umwelt? Und was, wenn man uns noch dazu als Außenseiter oder Störenfriede behandelte, anstatt als die königlichen Wesen, die wir eigentlich sind?

Als Antwort auf die Nichtachtung ihres Wesens entfaltet sich meistens die negative Seite der Charakter- und Persönlichkeitsmerkmale, und sie werden somit eine noch größere Belastung für ihre Familien und ihr Umfeld. ADS und ADSH (Aufmerksamkeits-Defizit-Syndrom und Bewegungsunruhe oder Hyperaktivität) sind beispielsweise nur allzu bekannte Folgen. Ebenso sind Aggression den Lehrern gegenüber oder totale Langeweile, außer wenn sie in »ihrer Welt« sind oder bei Computerspielen. Großes Mißtrauen gegenüber anderen und soziale Isolation sind schon alltägliche Themen geworden.

Diese Kinder werden entweder aus der Realität aussteigen und in ihre eigene Welt eintauchen, um zu überleben, oder sie werden genau das Gegenteil tun, nämlich rebellieren und um Hilfe schreien. Dies ist der Moment, in dem viele Eltern und Lehrer Psychopharmaka als die einzige Lösung sehen. Sie geben sie ihren Kindern, um ein einigermaßen normales Familienleben führen zu können, in dem sich alle entfalten können. Dies kann in Notfällen hilfreich sein, aber darf nicht als einzige Lösung gesehen werden. Hier ist dringend ein Umdenken erforderlich, dies muß sich ändern!

Bis zum heutigen Tag gibt es keine weltweite Vernetzung von Betroffenen, wie Eltern, Lehrern, Therapeuten und Erziehern. Erst langsam beginnen wir, unsere Informationen über diese Kinder miteinander auszutauschen. Das Internet ist ein modernes, erdumspannendes Medium, das diesen Austausch international ermöglicht. Die Zeit ist reif, da immer mehr dieser Kinder zur Welt kommen und uns durch ihr Verhalten zwingen, die Augen für unsere Wirklichkeit oder, besser gesagt, Unwirklichkeit zu öffnen. Information, Austausch und Kooperation zwischen allen Betroffenen ist ein wichtiges Ziel dieses Buches.

Außer den Indigo-Kindern tauchten während der letzten Jahre über die ganze Erde verteilt auch andere überraschende und verwunderliche Eigenschaften und Ereignisse bei Kindern auf. Seit einigen Jahren vermitteln die Amerikaner Lee Carroll* und Drunvalo Melchizedek** wertvolle Informationen aus ganzheitlicher Sichtweise über das Phänomen der neuen Generation. Nachdem sie die Welt auf dieses Thema aufmerksam gemacht haben, scheint es vielen so, daß eine neue Art von Menschen im Entstehen ist, die uns durch die kommenden Umwandlungen führen werden.

Hier nun einige dieser erstaunlichen Begebenheiten mit Kindern:
1. Es gibt Kinder, bei deren Geburt der AIDS-Test positiv ausfiel, die aber wenige Jahren später bei einer Nachkontrolle (festgestellt durch UCLA, University Ca-

---

*(Kryon, siehe Anhang), **(The Ancient Secret of the Flower of Life, siehe Anhang)

lifornia of Los Angeles) vollkommen AIDS-frei waren. Manche dieser Kinder wurden über mehrere Jahre hinweg untersucht und immer wieder Tests unterzogen. Die Ergebnisse zeigten, daß sie nicht über die übliche menschliche DNS verfügten. – Die DNS, Desoxyribonukleinsäure, ist Trägerin der gesamten Erbinformation und damit unseres genetischen Codes. Sie liegt in jeder Zelle unseres Körpers verborgen. – Diese Kinder zeigten vier DNS-Stränge mehr als andere Menschen, was bedeutet, daß sie schlichtweg weiter entwickelt sind als die meisten von uns. Die Testergebnisse zeigten weiterhin, daß sie völlig frei von Krankheiten waren und auch nicht krank werden können. Sie sind einfach gegen alles immun! Die UCLA hat weltweit DNS-Tests gemacht und nimmt an, daß 1% der Bevölkerung in der Welt diese veränderte DNS hat.

2. In China wurden Mitte der achtziger Jahre supermediale Kinder entdeckt, die alles, aber auch alles wußten. Diese Kinder konnten durch die Wand sehen, waren höchst intuitiv, übersinnlich begabt und vieles mehr. Später fand man immer mehr Kinder (und Erwachsene), die ähnliche Gaben vorwiesen. Inzwischen wurde festgestellt, daß Kinder, die supermedial begabt sind, überall auf der Welt verteilt leben.

3. Es gibt die sogenannten Resilience-Kinder; Resilience ist ein englisches Wort und bedeutet auf deutsch Unverwüstlichkeit. Resilience-Kinder sind Kinder, die sich, obwohl sie unter extrem schweren Umständen leben, wie z.B. in völlig entwurzelten Familien, von nichts aus ihrer Mitte bringen lassen. Es scheint, daß sie nicht von ihrem Umfeld berührt werden, sie blei-

ben völlig »unbeschadet«. Sie werden auch die unverwundbaren Kinder genannt. In der Schweiz soll ein Projekt mit diesen Kindern anlaufen.

Diese verschiedenen Gruppierungen haben folgende Eigenschaften gemeinsam:
a. Sie sind im Herzen zentriert und auf der Erde, um zu lieben.
b. Ihr Denken ist nur von Einheit, Einssein, Alles-ist-eins geprägt.
c. Sie erleben alles ganzheitlich, da sie auf mehreren Ebenen gleichzeitig wahrnehmen.
d. Sie kennen sich mit den Polaritätsgesetzen aus, kennen kein »Gut und Böse«.

Das Thema »Kinder der neuen Zeit« ist sehr aktuell. Viele haben angefangen, es tiefer zu untersuchen, um zu erfahren, ob überhaupt etwas und, wenn ja, was in der Welt über diese andersartigen Kinder bekannt ist. Es besteht kein Zweifel, daß sie da sind, aber wir müssen in der Zukunft noch sehr viel mehr über diese Kinder herausfinden. Erst dann können wir mit Sicherheit bestätigen, was viele jetzt nur vermuten, nämlich: Es gibt Kinder mit völlig anderen Verhaltensweisen in unserer Welt!

1.2 Indigo-Farbeigenschaften

Es gibt verschiedene Farbsysteme, die menschliche Verhaltensmuster bestimmten Farbgruppen zuordnen. Grundsätzlich kann man Farben zuordnen, weil die symbolische Bedeutung der Farben als Ausdruck von Emotionen und Verhaltensweisen weithin verbreitet ist. Diese Zuordnungen werden durch praktische Beobachtung über viele Jahre immer genauer. Eine der Farbgruppen ist Indigo, und diese Farbeinordnung enthüllt die Eigenschaften und Gaben des neuen Kindtyps sehr treffend und deutlich.

Nachstehend genannte Indigo-Farbeigenschaften sind ungeordnet aufgelistet:

Positive Eigenschaften der Indigo-Farbgruppe:
- Sehen, über die physische Wahrnehmung der Augen hinaus
- Gleichgewicht zwischen dem Materiellen und dem Spirituellen
- Elektrisch, kühlend und reinigend
- Wissen, aber nicht wissen, warum man weiß
- Verbindung zu einer tieferen Ebene der weiblichen Intuition
- Mut haben, durch das Tor zur geistigen Welt zu gehen, mit Vertrauen in das, was man nicht sehen kann
- Neutralität, Objektivität und Akzeptanz
- Sich selbst zuhören und der inneren Stimme vertrauen (innere Kommunikation)
- Suche nach spiritueller Wahrheit
- Stärke und Ausdauer
- Selbstvertrauen
- Disziplin

- Großes Planungs- und Organisationstalent
- Würde ausstrahlend, edle (königliche) Haltung, hohe Spiritualität*
- Gabe, im richtigen Moment das Richtige zu sagen
- Integrität
- Wahrnehmender Aspekt des höheren Bewußtseins: Fähigkeit, wahrzunehmen, was in der Vergangenheit geschah oder in der Zukunft eintreffen wird
- Ehrlichkeit
- Fehlendes Egobewußtsein
- Fähigkeit, sich zu distanzieren und die Dinge von einem übergeordneten Standpunkt aus zu betrachten
- Fehlen selbstbezogener Ängste
- Persönlicher Mut
- Gewisser Grad von Selbstbeherrschung, insbesondere in den Bereichen von Konzentration, Meditation, innerer Vision und außersinnlicher Wahrnehmungen
- Der rationale Verstand unterliegt der vollen Kontrolle des erweiterten Bewußtseins
- Reiniger des Blutstroms; allgemeine Regenerationsfähigkeit
- Fähigkeit zur Kontrolle der psychischen Ströme der feinstofflichen Körper
- Einfluß auf das Sehen, das Hören und das Riechen auf der physischen, emotionalen und spirituellen Ebene

Negative Eigenschaften der Indigo-Farbgruppe:
- Allzu große Selbstgefälligkeit
- Formalismus
- Stolz
- Engstirnigkeit

---

*(siehe Glossar)

- Traurigkeit
- Ablehnung
- Isolation
- Größenwahn
- Unrealistischer Idealismus
- Abspaltung von der Realität
- Autoritätsprobleme
- Gefühl, allein zu sein
- Depression
- Bedauern, Reue und Einbildung
- Ablehnung von Verantwortung
- Neigung zu Verurteilungen

Die indigoblauen Stufen des Lernens

Alle Menschen befinden sich, spirituell gesehen, jeweils auf einer bestimmten Stufe des Lernens. Diese Stufen können wir symbolisch widergespiegelt sehen in den Lehren und Energiequalitäten, die den verschiedenen kosmischen Lichtstrahlen zugeordnet sind*. In jedem Leben arbeiten wir mit einer Strahlenfarbe, und im Laufe der Zeit werden wir immer wieder aufgefordert, uns mit ihren Eigenschaften auseinanderzusetzen und sie umzusetzen. Um Ihnen weitere Qualitäten der Farbe Indigoblau zu zeigen, habe ich an dieser Stelle die indigoblauen Stufen des Lernens aufgelistet.

Positiv:
1. *Freiheit und Einfachheit.* Der Wunsch nach Unkompliziertheit; fortschreitende, gedankliche Freiheit; Unabhängigkeit; Natürlichkeit; Gelassenheit.

---

*(Strahlenlehre, siehe Glossar)

2. *Friedensliebe.* Erkennen der kosmischen Gesetze; Streben nach urteilsloser Liebe in allen Situationen.
3. *Vorstellungskraft, Visualisation.* Die Fähigkeit, Bilder mit dem inneren Auge zu sehen; höhere Wahrnehmung, Urteilskraft.
4. *Universelle Liebe.* Vorbehaltlose, selbstlose Freundlichkeit; Wohlwollen ausstrahlen und anziehen.
5. *Die Kunst des Ver- und Übermittelns.* Die Fähigkeit, andere zu beeinflussen und zu inspirieren; taktvolle Rücksichtnahme.
6. *Zärtliche und mitfühlende Kameradschaft* zum anderen Geschlecht.
7. *Kommunikation.* Die Fähigkeit, tiefe Gefühle und Ideen mitzuteilen; höhere Ideale ausdrücken.

Negativ:
1. *Chaos und Unsicherheit.* Verwirrtheit über die eigene Stellung und das eigene Wissen; zögerliches Verhalten; sich nicht entscheiden können; Unordnung; Mangel an Klarheit; Unfähigkeit, neue Ideen zu verarbeiten und die Wahrheit zu erkennen.
2. *Verurteilung.* Diskriminierung; negative Wahrnehmung; Isolation.
3. *Selbstgerechtigkeit.* Das Ergebnis der Verurteilung und des Denkens in Wertstufen (höher/niedriger, besser/schlechter etc.); Unmäßigkeit; auch: Egoismus; Engstirnigkeit; Rechtfertigungsdrang; die Schattenseite von Jupiter.
4. *Starrheit.* Das Ergebnis selbstgerechter Verurteilung; zu viel von sich und anderen erwarten; keine Kompromisse machen können; repressives Verhalten.

Indigo und seine Entsprechungen auf anderen Ebenen

Farben werden auch unterschiedlichen Archetypen, Verhaltensweisen, Organen oder Teilen des physischen Körpers, Edelsteinen, Pflanzen, Mineralien, Tieren usw. zugeordnet. So gibt jedes Element eine charakterliche Farbschwingung oder Frequenz ab; die vorherrschende Farbfrequenz von Sauerstoff ist z.B. Blau. Jedem Element entspricht seine ihm eigene Farbe und Schwingung. Daher ist es auch möglich, einem Körper die fehlenden Elemente als Farbe zuzuführen, was im Grunde eine der einfachsten und gleichzeitig exaktesten therapeutischen Maßnahmen ist, die je entwickelt wurden, die sogenannte Farbtherapie. Um von allen Seiten zu beleuchten, warum die neuen Kinder Indigo-Kinder genannt werden, möchte ich hier eine kleine Liste mit den wichtigsten Entsprechungen von Indigo auf anderen Ebenen hinzufügen:

- Energiezentrum: 6. Chakra*, auch Drittes Auge oder Zentrum des Christusbewußtseins genannt
- Klang: der Ton OM
- Kraft: die elektrische oder telepathische Energie
- Archetyp: Priesterin und Magier
- Drüsen und Organe: Hypophyse, Zirbeldrüse, Gehirn und Ohren
- Edelsteine: Lapislazuli, Diamant, Azurit, Fluorit, Indigosaphir
- Chemikalien und Metalle: Bismut, Bromid, Chlorhydrat, Chrom, Kupfer, Eisen, Blei, Potassium, Strontium, Titan

---

*(siehe Glossar)

Auf die Edelsteine möchte ich kurz genauer eingehen, da die dem Indigo zugeordneten Steine wiederum Rückschlüsse auf die Bedeutung der Indigo-Kinder zulassen.

Indigo wird vor allem auch dem Diamanten zugeordnet. Die Strahlen des Diamanten werden vom physischen Auge als weiß gesehen. Die wahre Farbe eines Edelsteines enthüllt sich jedoch erst, wenn man ein Prisma benutzt: Sieht man sich einen Diamanten unter einem Prisma an, ist er indigoblau. Der Diamant wiederum ist als der »König unter der Kristallen« bekannt. Er symbolisiert die Zentralsonne des solaren Systems, eine Kraft, die sich selbst in vollkommenem Zustand erhält und niemals »aufgeladen« werden muß. Nachfolgend finden Sie eine Liste der Eigenschaften des Diamanten. Sie werden sehen, daß sie stark mit den Charaktereigenschaften der Indigo-Kinder (wie weiter vorn aufgelistet) übereinstimmen!

Der Diamant in der Edelsteinlehre:
- Stimuliert Einheit, Selbstliebe und Liebe zu anderen
- »Stein der Unschuld«, erweckt Reinheit und Beständigkeit
- Bringt Vertrauen in Beziehungen und Situationen
- Bringt Vertrauen in die eigenen emotionalen Charaktereigenschaften
- Beflügelt Kreativität, Vorstellungskraft, Erfindungsgeist
- Aktiviert das Kronen-Chakra
- Hilft, den Schleier vor dem Verstand zu heben, damit man seinen Weg leichter erkennen kann
- Hilft, die Fülle in allen Bereichen des Lebens Form annehmen zu lassen

1.3 Licht und Farben

Licht ist ein Phänomen, das wir alle erleben. Licht kennen wir seit Urzeiten als das Gegenteil von Dunkelheit. Wir wissen, daß, wenn die Sonne im Osten aufgeht, das Tageslicht wiederkehrt und, wenn die Sonne abends im Westen untergeht, es wieder dunkel wird. Wir benutzen Licht, um unsere Häuser und Straßen zu erleuchten, damit Dinge im Dunkeln sichtbar werden. Aber was ist Licht wirklich?

In den alten Zeiten wurde das Licht nur als das Gegenteil von Dunkel bezeichnet, aber heute wissen wir, daß Licht eine Form von Energie ist. Licht breitet sich wellenförmig aus, ebenso wie Wasser, wenn man einen Stein hineinwirft. Die Lichtstrahlen oder Lichtwellen dehnen sich in einem leeren oder mit durchsichtiger Materie gefüllten Raum nach allen Seiten hin gradlinig aus.

Körper senden Lichtstrahlen aus, die in unser Auge gelangen:

1. Wir empfangen das Licht direkt von einem Körper, der eine Lichtquelle ist und eigenes Licht erzeugt, wie z.B. die Sonne.
2. Wir empfangen das Licht indirekt, weil es von einem Körper zurückgeworfen wird, so wie z.B. diese Buchseite das Licht zurückwirft und Sie dadurch lesen können.

Isaac Newton konnte im Jahre 1672 nachweisen, daß weißes Licht aus verschiedenen Farben besteht. Wenn Licht auf ein Prisma trifft, wird es in die Farben des Regenbogens – Rot, Orange, Gelb, Grün, Blau, Indigo, Violett – aufgespalten. Läßt man die Farben wieder durch ein umgekehrt stehendes Prisma fallen, vereinigen sie sich erneut zu weißem Licht. Dies sind die Farben, die das menschliche Auge sehen kann, falls es nicht farbenblind ist. Alle Farben zusammen bilden das Farbspektrum und werden deshalb auch Spektralfarben genannt. Jede dieser Spektralfarben entspricht einer ganz bestimmten Wellenlänge der Lichtstrahlen.

Natürlich ist die Bandbreite der Farben viel größer. Tiere können z.B. über dieses Farbspektrum hinaus in die Bereiche des infraroten Lichtes oder des ultravioletten Lichtes sehen. Pflanzen holen ihre Energie hauptsächlich aus dem Sonnenlicht, vor allem aus dem für uns unsichtbaren infraroten Teil. Auch wir Menschen spüren die Energie die vom ultravioletten oder infraroten Licht kommt, sonst würden wir im Sonnenlicht nicht verbrennen oder die Sonne als warm empfinden. Daß wir dieses Licht oder, anders gesagt, seine Farben nicht sehen, liegt an der Begrenzung unserer Sinne. Es kommt vor, daß man in der Natur oder im Traum wundervolle Farben wahrnimmt, die man später nicht beschreiben kann, sie gehen über unsere »normale« Wahrnehmung und auch über unseren Wortschatz hinaus.

Wie entstehen die Farben?

Farbmoleküle besitzen einige sich frei bewegende Elektronen, die nicht mehr an den einzelnen Atomkern gebunden sind, sondern das gesamte Molekül umkreisen. Die einzelnen Farben des Spektrums haben verschiedene Wellenlängen die in der Meßeinheit Nanometer ausgedrückt werden. Die Wellenlänge des roten Lichtes (warm) ist viel größer als die des violetten Lichtes (kühl). Viele Menschen nehmen, abhängig von ihrem Bewußtseinsgrad, verschiedene Farben wahr oder erfahren eine andere Intensität der Farbe. Es gibt daher entsprechend viele Farbsysteme, Farbtherapien und Farbdeutungen. Hellsichtige, die einen hohen Bewußtseinsgrad erlangt haben, sehen Farben in der Aura von Menschen, die andere, hellsichtig oder nicht, völlig anders wahrnehmen.

Das Farbspektrum, das die Hauptfarben Rot, Orange, Gelb, Grün, Blau, Indigo und Violett enthält, ist nur ein Teil des gesamten elektromagnetischen Spektrums, das uns umgibt. Andere Bestandteile dessen sind z.B. die Strahlungen der Sonne, der Glühlampen, des Bügeleisens, des Feuers im Ofen, der Heizung, des Radios, des Fernsehers, der Mikrowellen, des Radars oder der kosmischen Strahlungen aus dem Weltall. Wir können aber mit unseren Augen nur den Teil der Farbschwingungen wahrnehmen, der dem Bereich der Spektralfarben entspricht. In vielen Farbsystemen wird daher auch das Licht, mit dem gearbeitet wird, als das sichtbare, lebendige Licht bezeichnet.

Wir Menschen zusammen mit Pflanzen und Tieren, ausgenommen die Einzeller, strahlen mit unterschiedlicher Intensität und in unterschiedlicher spektraler Verteilung (d.h. in unterschiedlichen Farben) Licht aus. Erst während der siebziger Jahre wurde diese Energie gemessen und in Tausenden von Experimenten weltweit nachgewiesen: Lebende Zellen geben durch Photonen* biologische Informationen weiter! Unser Körper ist ein ungeheurer, unvorstellbar komplexer Mechanismus. Etwa 50.000 Regulationsprozesse greifen pro Sekunde in die biochemischen Abläufe der Zelle ein. Diese Prozesse werden von außen durch chemische Stoffe wie u.a. Nahrung, Arzneimittel oder Giftstoffe beeinflußt. In diesem Prozeß haben Farben eine wichtige Bedeutung.

---

*(siehe Glossar)

Farben sind in unserem Leben lebensnotwendig. Licht und Farbe sind seit Urzeiten für die Menschen eine Einheit. Lichtstrahlen, die auf eine Materie treffen, werden von dieser reflektiert. Diese zurückgeworfene Strahlung erscheint, abhängig von ihrer Wellenlänge, dem menschlichen Auge als eine bestimmte Farbe. Die Farben verkörpern als Teile des Lichtes auch Teile des Lebens und sind deshalb Bestandteil des Ganzen. Wir nehmen Licht und Farbschwingungen auf, die neben einer physiologischen auch eine psychologische Wirkung auf uns haben. Der Mensch, als Teil des Kosmos und der irdischen Materie, hängt von den gegebenen Gesetzmäßigkeiten seiner Umgebung ab und reagiert auf sie. Wir reagieren aber nicht nur auf das, was sich dem Auge als sichtbar darstellt, sondern auch auf alles Unsichtbare. Der Mensch ist ein Teil des Ganzen, und Licht und Farben sind einfach Teil unseres Lebens und haben einen entscheidenden Einfluß auf unser Sein! (Siehe auch Farbübung in Kapitel 8.)

Da das Farbunterscheidungsvermögen bei Normalsehenden jedoch so ausgeprägt ist, wie zuvor beschrieben, sind Abweichungen in der Farbbedeutung von materiellen Dingen vergleichsweise gering. Durch praktische Versuche an einer größeren Zahl von Testpersonen konnte ein einheitliches Farbsystem aufgestellt werden, das von allen als Basis genutzt wird.

1.4 Die Lebensfarben

Grundsätzlich gibt es zwei Wege, um Ihre Lebensfarbe zu bestimmen*. Bei der ersten Methode lesen Sie sorgfältig die Beschreibungen aller Farben und spüren, welche Farbe am besten Ihre Persönlichkeit beschreibt. Für viele Menschen ist es mit dieser Methode sehr leicht, ihre Lebensfarbe oder auch die ihrer Familienmitglieder und Freunde zu entdecken. Bei der zweiten Methode machen Sie einen Farbtest, indem Sie verschiedene Fragen beantworten. Durch die Punkteauswahl finden Sie dann Ihre Lebensfarbe. Das Entdecken Ihrer Lebensfarbe kann Ihnen ein besseres und tieferes Verständnis für Ihre Lebensaufgabe und Ihr Lebensziel geben. Es wird auch erklären, warum Sie mit manchen Personen bessere Beziehungen haben als mit anderen. (Bücher über Farbtherapie finden Sie im Quellennachweis und Bücherverzeichnis.)

Wichtig ist dabei, daß es oft nur subtile Unterschiede zwischen manchen Lebensfarben gibt. So können z.B. alle Menschen mit blauer, gelber und violetter Lebensfarbe die gleichen emotionalen Qualitäten vorweisen. Sie haben alle den gleichen Wunsch nach einer Beziehung, aber aus verschiedenen Gründen. Sie haben alle das große Verlangen, Menschen zu helfen, jedoch jeder auf andere Art und Weise. Ein »blauer« Mensch hilft gerne einzelnen ande-

---

*(Sollten Sie andere Farbzuordnungen kennen, widerspricht dies nicht unbedingt dem hier Dargestellten. So sagt David Tansley in seinem Buch »Die Aura des Menschen«: Selbst die alten philosophischen Schulen waren sich nicht einig bezüglich der Farben, die sie den Zentren zuschreiben. Dies hat seinen guten Grund und erklärt sich aus der Tatsache, daß der Eingeweihte tatsächlich unterschiedliche Farben sieht, je tiefer er in das Chakra eindringt. Die Farben verändern sich, sobald spezifische Prana-Energien im Chakra aktiviert werden.)

ren, auf emotionaler Ebene, durch Beratung, Lehren oder Verpflegung (eine »blaue« Krankenschwester kann sich oft besser um die Emotionen eines Patienten kümmern, als um seinen körperlichen Zustand). Ein »gelber« Mensch möchte helfen, sich aber beim Helfen nicht zu tief hineinziehen lassen. Ein »violetter« Mensch möchte anderen helfen, aber am liebsten vielen, und das gleichzeitig; er stärkt die Massen oder inspiriert sie, hat aber selten die Geduld oder den Wunsch, einer einzelnen Person zu helfen.

Folgen Sie einer dieser Methoden sorgfältig und aufmerksam, werden Sie intuitiv spüren, welche Farbe oder welche zwei Farben am nächsten an Ihre Persönlichkeitseigenschaften, so wie sie wirklich sind, herankommen. Statistisch gesehen gibt es genauso viele Menschen mit zwei Lebensfarben wie mit einer Lebensfarbe. Ein Mensch mit zwei Lebensfarben lebt meistens eine seiner Lebensfarben stärker.

- Die rote Persönlichkeit

Sie drückt sich durch ihre Sinnlichkeit und ihren physischen Körper aus. Sie lebt im Hier und Jetzt mit Mut, Kraft und Selbstvertrauen und glaubt nur an das, was sie anfassen, hören, riechen oder sehen kann. Sie denkt nicht abstrakt und liebt die physischen Aspekte des Lebens. In geistigen Kreisen liebt sie »das Tun«, baut Kirchen, organisiert Veranstaltungen, tanzt und singt gern mit der Gruppe. Sie zieht immer die körperlichen Herausforderungen den emotionalen und geistigen vor. Sie arbeitet am liebsten tatkräftig und hilft anderen, ihre Ideen zu verwirklichen. Sie kann ehrlich und direkt, aber auch schlecht gelaunt und cholerisch* sein. Sie kämpft gerne, sollte allerdings

---

*(Lehre der Temperamente: sanguinisch = fröhlich, lebhaft; phlegmatisch = langsam, gründlich; melancholisch = traurig, still; cholerisch = zornig, tatkräftig)

lernen, ihre Wut im Sport auszudrücken. Sie hat einen ausgeprägten Überlebensinstinkt, verfügt über viel Energie und Ausdauer. Sie ist optimistisch, vertrauenswürdig, lebenslustig und loyal, kann aber auch böse, frustriert, explosiv, engstirnig und eigensinnig sein.

Als Kind:
Es ist fleißig, gewillt, das Angefangene zu beenden, kann aber sehr stur sein und toben, fängt leicht einen Streit an. Es will kein Führer sein, möchte aber auch nicht herumgeschubst werden. Es zeigt eine unabhängige, starke Persönlichkeit und zieht in der Schule praktische Fächer vor, wie Mechanik, Holzarbeit und Kochen. Ohne praktische Anwendungsmöglichkeit findet es ein Fach wie Philosophie nicht interessant. Es braucht viel Anerkennung, ist entsetzt, wenn es öffentlich gerügt wird, und liebt Belohnungen. Es ist ungeduldig und äußert seine Gefühle meistens sehr aufgeregt, muß lernen, sie einfühlsam zu vermitteln.

- Die orangefarbene Persönlichkeit

Sie sucht die Sensation, liebt die Aufregung, das Risiko und die körperliche Gefahr. Sie geht bis zum Äußersten, um sich lebendig zu fühlen: Lebens- und Todeserfahrung, aber bitte mit ordentlich Adrenalin! Sie ist realistisch und mag keine spirituellen Konzepte. Sie kann Situationen und Menschen gut einschätzen und sich geistig darauf vorbereiten. Sie lebt meistens ihre Träume, hat Mut, Selbstvertrauen und kann andere aus gefährlichen Situationen retten. Aber sie kann auch sehr egoistisch und egozentrisch, ohne Mitgefühl oder Fürsorge sein. Sie mag gefühlsbetonte, nette Charaktereigenschaften nicht, kann kalt und unnahbar sein. Abenteuer zu überleben ist ihr

Lebensinhalt, und dabei möchte sie nicht eingeengt werden.

Als Kind:
Orangefarbene Kinder sind Abenteurer, lieben es, zu klettern, ins Wasser zu springen und das jeweils so hoch wie möglich bzw. aus höchster Höhe. Sie sind waghalsig, stets dabei, ihre Umgebung zu erkunden und herauszufordern. Ihre Eltern machen sich oft Sorgen um ihre körperliche Sicherheit, während die Kinder nur an das nächste Abenteuer denken. Mit ihnen kann es Disziplinprobleme geben.

- **Die gelbe Persönlichkeit**
Sie ist eine kindliche Persönlichkeit mit Humor und spielerischen Charakterzügen. Sie lacht gerne, sieht das Leben als Freude und nicht zu ernsthaft, ganz entspannt und mit Spaß. Sie bringt Leichtigkeit und Spontaneität. Sie möchte gefallen und bemerkt werden, ist ein Freund für alle. Gleichzeitig ist sie empfindsam, leicht verletzlich und verlegen. Sie ist beweglich und braucht viel Bewegung und Spiel, sonst besteht Suchtgefahr. Sie ist kreativ und künstlerisch begabt. Tiere lieben »gelbe« Menschen. Sie spürt, wenn jemand Sorgen hat, möchte sich aber nicht hineinziehen lassen, wirkt heilend durch intuitive Berührung. Sie ist rebellisch, ohne Selbstdisziplin, scheut Verantwortung.

Als Kind:
Es ist peinlich verlegen und unsicher oder genau das Gegenteil. Es rennt weg, versteckt sich, ist schnell eingeschüchtert und hat Angst, nicht geliebt zu werden. Fühlt es sich sicher, kann es fröhlich und unterhaltsam sein, oft der

Klassenclown. Es ist aktiv und neugierig, sehr beweglich, kann schwer stillhalten und sitzen bleiben. Es konzentriert sich besser, wenn es sich bewegen kann. Es liebt Auto- oder Zugfahren, diese »Bewegung« beruhigt es und läßt es kreativ werden. Es will Freude bringen und reagiert schnell auf körperliche Strafe. Es braucht die Freiheit, um lebendig, freudig, herzlich und quirlig zu sein.

- Die grüne Persönlichkeit

Sie ist sehr intelligent, kraftvoll und klar, organisiert und effizient, denkt schnell. Sie mag Ideen und Konzepte, aber keine Einzelheiten. Sie liebt die Herausforderung und das Risiko, hat einen starken Willen und diskutiert gerne. Sie muß alles unter Kontrolle haben, ist sonst frustriert, gestreßt oder voller Sorgen. Sie möchte alles verstehen und erfahren und liebt geistige Herausforderungen. Sie will alles wissen, lernt schnell und sammelt Diplome. Sie ist ehrgeizig und ein »Workaholic«.

Als Kind:
Es ist sehr intelligent, fragt viel und lernt schnell. Es hat einen starken Willen, ist bestimmend und fordert damit seine Eltern heraus. Es mag es nicht, wenn man ihm sagt, was es tun soll, es gibt lieber Befehle. Es ist oft erwachsener als die Erwachsenen, möchte gehört und respektiert werden. Es ist frustriert, wenn die Dinge nicht laufen, wie es das möchte, und kann laut werden, ein »Störenfried« sein. Es braucht Unterstützung beim Entwickeln von Plänen und deren Umsetzung. Es ist erfolgreich und bekommt gute Noten.

- Die blaue Persönlichkeit

Sie ist liebend, nährend und unterstützend. Sie lebt aus dem Herzen und in der Emotion. Sie hat mütterliche Energie, umsorgt andere, ist die Beraterin, die Halt gibt. Sie ist eine natürliche Lehrerin oder Pflegerin. Für Freunde hat sie alles übrig, neigt aber dazu, sich zuviel zu kümmern, wird dann selbst krank. Sie ist empfindsam, fürsorglich und eine gute Gastgeberin. Sie ist eine emotionale Persönlichkeit, die schnell weint, bedingungslos lieben kann und eine starke Intuition hat. Sie akzeptiert und verzeiht und sieht das Gute im Menschen. Sie wird oft als »zu nett« abgestempelt und muß lernen, nein zu sagen. Sie kann sich leicht auf Personen und Situationen einstimmen, weiß innerlich, was los ist, und ist hoch spirituell. Sie folgt ihrem Glauben und kann gut überzeugen. Sie möchte geliebt werden, kennt aber Selbstwertprobleme und Schuldgefühle, ebenso die Opferrolle, das Selbstmitleid und das Märtyrertum. Sie kann depressiv werden und muß deshalb lernen, sich selbst zu lieben. Sie liebt Beziehungen und ist romantisch.

Als Kind:

Es ist liebend, sensitiv und emotional, versucht, seinen Eltern zu gefallen, damit es geliebt wird. Es möchte ein Helfer sein, niemanden enttäuschen oder verletzen. Es hat gute Manieren, ist ruhig, spielt allein, kümmert sich um alle, die sich nicht wohlfühlen oder allein sind. Es interessiert sich für Beziehungen und träumt sehr jung von einer glücklichen Ehe mit vielen Kindern. Es hat Selbstwertprobleme und macht viele traumatische Erfahrungen mit unerwiderter Liebe. Es wird von anderen Kindern sehr geliebt, hat hohe Ideale.

- Die Indigo-Persönlichkeit

Sie ist sehr spirituell, hat ein inneres Gefühl für die Wahrheit des Lebens. Sie kennt die alten mystischen Lehren, ist sehr empfindsam und weiß, daß wir alle geistige Wesen sind. Gegenständliche Wirklichkeit und Materie sind für sie Illusionen, Leben ist göttliche Energie, alles ist Bewußtsein und Energie. Sie ist bewußt, klar, kreativ und unabhängig, lebt nach höheren Prinzipien. Sie ist lern- und wißbegierig, sucht Wissen, um ihre innere Weisheit zu überprüfen. Sie tut, was sie für richtig hält. Sozialer Druck oder Erpressung wirken bei ihr nicht. Sie kennt keine Schuld- oder Strafkonzepte, ist ehrlich, unverblümt und läßt sich nicht in eine Norm pressen. Sie ist schwer zu manipulieren, leidenschaftlich und offen, hat viel Verständnis für das Menschsein. Sie redet nicht viel, zieht sich gern zurück, sieht das Leben als eine große Erfahrung. Sie kann ängstlich, desorientiert sein, sich verloren fühlen und sich isolieren. Manchmal fühlt sie sich fremd in der Welt, ist oft verwirrt über irdische Dinge und schwer zu verstehen. Sie muß ihrer inneren Stimme vertrauen und folgen.

Als Kind:
Es ist ein sehr bewußtes Kind, offen und einfühlsam, dadurch leicht zu verstören, was es ängstlich werden oder sich überwältigt fühlen läßt. Es braucht wenig Schlaf, mag gern allein sein und läßt sich zu nichts zwingen. Weder Strafen, Bitten, vernünftiges Reden noch körperliche Kraft können es umstimmen, wenn es an etwas glaubt. Wird es trotzdem gezwungen, so wird es ängstlich und isoliert sich oder geht voll in den Widerstand. Es ist wißbegierig, möchte aber »echte« Antworten, spürt Verlogenheit sofort. Es versteht den Zusammenhang zwischen dem Lehrstoff in der Schule und der Spiritualität nicht.

- Die violette Persönlichkeit

Sie ist dynamisch und charismatisch, als Führer auf dem Planeten, um ihn zu retten. Sie muß ihre Lebensaufgabe jetzt aktivieren und leben. Sie ist von großer emotionaler Tiefe und voller Mitgefühl für die ganze Welt. Sie liebt Musik, heilt sich damit. Sie ist visionär. Sie liebt das Reisen, andere Kulturen und braucht viel Freiheit. Sie kann das Zukünftige »sehen« (z.B. ein Bild, bevor es entsteht), ist sich sicher, daß die Erde überlebt, und hat eine Botschaft für die Menschheit. Sie erkennt höhere Perspektiven, wird aber oft als idealistischer Träumer verkannt. Sie möchte im Zentrum stehen und kann auch narzistisch, arrogant, pompös sein. Sie hat diktatorische Anlagen und muß lernen, daß wir alle ein Teil des Ganzen sind. Sie kann viele Dinge gleichzeitig machen oder geistig wie gelähmt sein, braucht die Meditation zum Ausgleich. Sie glaubt, daß alles leicht gehen muß, und hofft auf universelle Hilfe.

Als Kind:

Es ist ein geborener Anführer, andere Kinder folgen ihm. In seiner Stärke zeigt es Mitgefühl, mißbraucht seine Macht nicht. Früh sexuell orientiert, experimentiert es mit dem Körper; Eltern müssen dieses Thema sorgsam behandeln, um die Natürlichkeit des Körperausdruckes zu bewahren. Es mag Kunst, liest gern und erfindet eigene Geschichten. Es verfügt über eine einzigartige, visuelle Wahrnehmungsgabe. Die »Violetten« sind die ersten, die Auras, Engel, andere Dimensionen oder Energiewellen sehen können. Eltern sollten den Wahrnehmungen des Kindes Vertrauen schenken, um es in seinen besonderen Fähigkeiten zu stärken.

Kapitel 2:
Die Indigo-Persönlichkeit

2.1 Wie erkennen wir ein Indigo-Kind?

Indigo-Kinder sind von Eltern und Menschen, die einen täglichen Umgang mit den Kindern haben, anhand der im vorangegangenen Kapitel aufgelisteten Eigenschaften und Persönlichkeitsmerkmale leicht zu erkennen. Körperlich sind zunächst keine bedeutenden Kennzeichen zu finden. Die Unterschiede sind ausgesprochen fein und erst beim näheren Forschen zu erkennen. Folgende Eigenschaften sind jedoch sehr ausgeprägt und daher am leichtesten zu beobachten:

1. Das höhere Energiefeld*
2. Die andere Verhaltensweise
3. Die geringere Emotionalität

---

*(siehe Glossar)

Um ein Indigo-Kind in einer großen Gruppe von Kindern zu erkennen, gibt es folgende Möglichkeiten:

1. *Sie stimmen sich auf die Energie der Gruppe ein.* Indigo-Kinder haben eine hohe Schwingung mit einer lebendigen, klaren Kraft. Sie haben eine höhere Energiefrequenz als andere Kinder und sind manchmal ein wenig unpraktisch mit irdischen Dingen. Sie reagieren immer auf eine hohe, liebevolle, harmonische Energie, da ihnen diese vertraut ist.

2. *Sie beobachten das Verhalten der Kinder.* Indigo-Kinder verhalten sich anders! Sie tragen oft unterschwellige Botschaften, und man wundert sich, wo das Kind dieses Wissen herhat. Indigo-Kinder wissen meist ziemlich genau, warum sie auf der Erde sind. Sie erzählen viel über Engel und andere Wesen und spielen häufig stundenlang ganz brav und zufrieden mit ihnen. Sie machen sich vielleicht Sorgen, daß ein Indigo-Kind oft lieber allein spielt? Wenn Sie aber das Kind fragen, warum es allein spielt, bekommen Sie sicher eine Antwort wie: »Ich spiele mit ..., siehst du das nicht?« Andererseits spielen sie oft nur sehr kurz mit Gegenständen, Spielzeug und brauchen ständig Abwechslung.

3. *Indigo-Kinder suchen oft die Gesellschaft von Erwachsenen.* Sie wollen mit der erwachsenen Welt interagieren. Sie sind spontan, offen und unbewußt und lieben es, das innere Kind in den Erwachsenen hervorzurufen. Mit den Kameraden ihrer Altersgruppe haben sie dafür eher Probleme, nicht immer fühlen sie sich verstanden und halten sich häufig abseits der Gruppe. Sie werden beobachten können, daß Indigo-

Kinder genau wissen, wie sie etwas haben wollen, und schnell den Trick herausfinden, wie sie ein für allemal ihren Willen durchsetzen können. Man kann mit diesen Kindern nicht kämpfen, man muß sie mit stichhaltigen Argumenten überzeugen.

4. *Bei Babys: Schauen Sie dem Kind direkt in die Augen.* Die Augen sind die Fenster zur Seele. Lachen Sie das Baby an, und heißen Sie seine Seele willkommen. Es macht richtig Spaß, die Reaktion dieser neuen Kinder zu sehen. So jung wie sie sind, sie reagieren sofort ganz lebendig, lieben und verstehen die Situation! Ich habe des öfteren erlebt, wie sich ganz kleine Babys anschließend so weit aus dem Kinderwagen beugten, um den Blickkontakt aufrechtzuerhalten, daß manche Mutter Angst bekam, ihr Kind könne aus dem Wagen fallen.

Erst wenn Sie länger mit einem Indigo-Kind zusammen sind, fällt auf, daß es sich nicht so schnell emotional in eine Situation verwickeln läßt. Dies ist einer der größten Unterschiede, die wir zwischen Indigo-Kindern und anderen Kindern finden. Ein Indigo-Kind ist nicht sehr emotional. Es scheint zu begreifen, warum es so viele Konflikte gibt, und versucht, die Menschen zu verstehen. Therapeuten erzählen immer wieder, daß früher, wenn Eltern sich stritten, das genug Stoff für eine jahrelange Therapie der Kinder ergab. Die Kinder zogen sich bei einem Streit zurück, weil die Familie damit zur Bedrohung wurde.

Ein Indigo-Kind empfindet anders und wird das Gegenteil tun. Es stellt sich zwischen die Streitenden und sagt: »Wie könnt ihr das jetzt lösen?« Oder es hängt sich einfach an das Bein des Vaters oder der Mutter und sagt: »Nein, ich gehe nicht in mein Zimmer, ich bleibe da!« Oder es nimmt die Hand des Vaters und legt sie in die Hand der Mutter und meint: »So, jetzt löst bitte eure Konflikte.« Oder eine Mutter schimpft z.B. fürchterlich mit ihrem Indigo-Kind, wird wütend und sauer, aber das Kind reagiert nicht, es tritt nicht in Resonanz mit der Schwingung der Mutter. Ich habe gesehen, wie kleine Kinder, nur ein bis drei Jahre alt, einfach weiterspielten oder sich langsam von der Mutter entfernten, um ein Stückchen weiter weg ruhig weiterzumachen mit dem, womit sie gerade beschäftigt waren, oder, wenn sie älter waren, zur Mutter gingen und sagten: »Mama, ich habe dich sehr lieb!« Ein siebenjähriges Indigo-Kind sagte einmal zu seinen Eltern, als sie sich stritten: »Wißt ihr nicht, daß ich zu euch gekommen bin, um euch Frieden zu bringen?«, und stellte sich zwischen sie. In gewisser Weise sorgen diese Kinder dafür, daß andere Menschen sich ihrer eigenen emotionalen Blockaden bewußt werden.

Einen sehr wichtigen Unterschied zwischen Indigo-Kindern und anderen Kindern können Sie in schwierigen Situationen erkennen, in denen der Erwachsene von ihnen zum Äußersten gedrängt wird. Stellen Sie sich eine solche Situation mit zwei Kindern vor, ein Indigo-Kind und ein anderes. Man könnte das eine Kind eine Göre nennen und das andere, das Indigo-Kind, einen »Systemstörer«. Sie haben ganz deutlich unterschiedliche Ziele und Verhaltensweisen. Die Göre wird Sie so lange reizen, bis Sie an Ihre Grenzen gelangen und ihm die seinen zeigen – das ist ein altes menschliches Muster: Die Göre will sehen, wie weit sie gehen kann, um zu kriegen, was sie möchte. Ein Systemstörer hingegen kennt diese Programmierung nicht. Er reagiert intuitiv auf Situationen in der Familie, da er ein Teil dieser Familie sein möchte, sogar wenn er erst vier oder fünf Jahre alt ist. Er will eine gleichwertige Stellung in der Familie einnehmen. »Bin ich ein Teil der Familie oder nicht?« Sie sehen sich selbst nicht als kleine Kinder, sie fühlen sich »groß« und gleichwertig und wollen angemessen behandelt werden. Wenn Sie das Kind mit Respekt behandeln und auf seine Ebene gehen, wird sich sein Verhalten ändern. Die Situation klärt sich, und Sie werden einen Freund in der Familie haben statt eines Störenfrieds.

In der Zukunft werden die Indigo-Kinder der Menschheit klare und deutliche Informationen über ihre Eigenschaften, Fähigkeiten und Botschaften zukommen lassen. Viele warten sehnsüchtig auf diese Informationen, und in den nächsten Jahren wird einiges mehr über sie geschrieben werden. Mein Buch und das amerikanische Buch, das Lee Carroll und Jan Tober zusammengestellt haben, sind nur der Anfang. Ich möchte allen Menschen in therapeutischen Berufen sagen: »Hier wartet eine wichtige Aufgabe auf euch!«

2.2 Eigenschaften der Indigo-Kinder

Jedes Kind kommt mit einzigartigen Wesenszügen zur Welt. Es hat nicht selten eine Persönlichkeit, die sich vollkommen von denen der Geschwister oder Eltern unterscheidet. Jeder, der in eine Familie mit mehreren Kindern geboren wurde, kann diese Tatsache feststellen, wenn er sich seine Brüder und Schwestern anschaut. Es gibt auf der Welt nicht einmal zwei identische Fingerabdrücke, also müssen wir annehmen, daß Persönlichkeiten ebenso individuell oder »persönlich« ausgeprägt sind. Wir müssen also auch davon ausgehen, daß nicht einmal zwei Indigo-Kinder identisch sind!

Es gibt psychologische Richtungen, die besagen, daß die Persönlichkeit des Kindes sich erst mit sechs Jahren vollständig ausbildet, andere Richtungen meinen, daß die Persönlichkeit sich stetig im Leben, in einem langsamen Prozeß der Reifung entfaltet und entwickelt. Wiederum andere meinen, daß die Persönlichkeit des Kindes bei der Geburt vollständig entwickelt ist und es im Leben darum geht, daß ein Kind die positiven und nicht die negativen Anlagen dieser Persönlichkeit entwickelt.

Im Leben jedes Menschen geht es darum, die vorhandenen Stärken zu nutzen und die Umstände so zu lenken, daß diese Stärken besser und öfter zum Einsatz kommen als die vorhandenen Schwächen. Als Wesen dieses Universums tragen wir beide Seiten in uns. Die eigene Persönlichkeit, das Selbst zu verstehen, die Entfaltung der positiven Anlagen zu ermöglichen, sich der Stärken der Persönlichkeit bewußt zu werden ist der einzige Weg, um gesund erwachsen zu werden und das Leben zu meistern. Jedes Kind – so auch das Indigo-Kind – ist eine ganz individuelle Mischung aus Stärken und Schwächen, und es geht darum zu lernen, wie Schwächen in der Persönlichkeit sich in Stärken verwandeln lassen. Lernt das Indigo-Kind und seine Umgebung seine Natur erkennen, so wird es mit etwas Übung erstaunliche Ergebnisse erzielen und Schwächen umlenken oder meistern können.

Die Schwächen der Indigo-Persönlichkeit

Als Kind ...
... ist sie überempfindlich und zu offen für äußere Einflüsse.
... ist sie oft ein Einzelgänger.
... läßt sie sich schwer führen und erziehen.
... fühlt sie sich meistens nicht verstanden und anerkannt.
... ist sie hyperaktiv und oft unkonzentriert.
... neigt sie dazu, andere Menschen oder Situationen zu idealisieren.
... ist sie träumerisch und flüchtet in ihre eigene Welt.

Als Erwachsener ...
... ist sie selbstgerecht und ungeduldig.
... hat sie große Autoritätsprobleme.
... möchte sie von allen anerkannt und geschätzt werden.
... kann sie sich oft schwer mit Worten ausdrücken.
... kann sie überheblich sein.

Ihre Kommunikationsfähigkeit
- Sie isoliert sich, wenn sie sich unverstanden fühlt.
- Sie verliert leicht den Kontakt mit ihrem inneren Wesen und gerät aus ihrer Mitte.
- Sie fühlt sich oft durch Sprache begrenzt.
- Sie kann Scheinheiligkeit und Heuchelei nicht ertragen.

Ihre Ausprägung
- Sie hat oft zu hohe Ansprüche an sich selbst und an andere, ist zu perfektionistisch.
- Sie reagiert ungeduldig auf unklare Anregungen und Vorschläge.
- Sie gibt die Führung ab und verweigert jegliche Verantwortlichkeit.

In Freundschaften
- Sie braucht viel Verständnis von ihren Freunden.
- Sie spielt meistens nur mit einem Freund oder einer Freundin.
- Sie lebt oft in ihrer eigenen Phantasiewelt.
- Sie ist sehr leicht und tief verletzbar. *
- Sie spielt gerne allein oder mit dem Computer.

Die Stärken der Indigo-Persönlichkeit

Als Kind ...
... möchte sie ein voll integriertes Familienmitglied sein.
... liebt sie die Natur.
... kümmert sie sich um jeden in der Familie.
... ist sie loyal der Familie gegenüber.
... ist sie lern- und wißbegierig.
... hat sie die Fähigkeit, heilend auf andere Menschen zu wirken.
... ist sie auch Nichtfamilienmitgliedern gegenüber sehr offen und vertrauensvoll, wenn sie sich gut verstanden fühlt.

---

*(auf Gefühlsebene, nicht emotional: Indigo-Kinder leben mit offenem Herzen, sie sind integer, ehrlich und erfüllt von bedingungsloser Liebe. Von anderen Menschen erwarten sie das gleiche. Werden sie darin enttäuscht, verletzt sie das zutiefst.)

Als Erwachsener ...
... ist sie beständig und zuverlässig.
... ist sie aufrichtig und ehrlich.
... sieht sie das Leben als eine ernste Angelegenheit.
... hat sie persönlichen Mut.
... verfügt sie über mediale Fähigkeiten.
... ist sie in allem intensiv.
... versteht sie die Natur ihres eigenen Selbst im Bezug zum Universum.

Ihre Kommunikationsfähigkeit
- Sie liebt intensive, geistig anspruchsvolle und dynamische Gespräche.
- Sie läßt sich tief auf Gespräche ein.
- Sie ist zu starkem Mitgefühl für alle und alles fähig.
- Sie fühlt sich am wohlsten mit nur einem Gegenüber oder in einer sehr kleinen Gruppe.
- Kommunikation ist für sie Fühlen, Gedankenaustausch und Heilen.

Ihre Ausprägung
- Sie ist wißbegierig.
- Sie kennt innere Disziplin.
- Sie ist klar und zielorientiert.
- Sie ist offen für integre Vorschläge und ehrlich gemeinte Anregungen.

In Freundschaften
- Sie ist sehr treu.
- Sie kümmert sich aufrichtig um das Wohl des anderen.
- Sie mag am liebsten wenige, aber dafür tiefgehende Freundschaften.
- Sie investiert gerne Zeit, um eine Beziehung zu pflegen.

- Sie zeigt in schwierigen Situationen Stärke und kann Schwächeren Mut machen.
- Sie zeigt aufrichtige Anteilnahme.
- Sie leidet unter Oberflächlichkeit im Kontakt.

2.3 Typen von Indigo-Kindern

Seit einigen Jahren wird in Amerika mit einer Typen-Aufteilung der Indigo-Kinder von Nancy Ann Tappe gearbeitet. Das System von vier Typen, das sich als sehr deutlich und genau herauskristallisiert hat, wurde von vielen bekannten und angesehenen Therapeuten und Psychologen übernommen*. Die Einteilung von Nancy Ann Tappe beschreibt die vier verschiedenen Typen kurz und treffend wie folgt:

1. Der Humanist:
Er wird mit den Massen arbeiten, ihnen dienen, und zwar als Arzt, Rechtsanwalt, Lehrer, Geschäftsmann und Politiker von morgen. Er ist oft hyperaktiv, extrem sozial, redet mit jedem, überall und immer, ist über die Maßen freundlich. Er hat eine ausgeprägte eigene Meinung, ist schnell abgelenkt und tut gern tausend Sachen gleichzeitig. Auch ist er ein Bücherwurm und nicht sehr mit seinem physischen Körper verbunden.

2. Der Konzeptionalist:
Er ist mehr mit Projekten als mit Menschen beschäftigt. Er wird als Architekt, Designer, Astronaut oder Pilot von morgen arbeiten. Er ist oft sehr athletisch und trägt Kontrollmuster in sich, vor allem bezüglich der Kontrolle von Vater oder Mutter, was große Schwierigkeiten mit sich bringen kann. Er hat die Tendenz zum Suchtverhalten (Drogen im Teenageralter).

---

*(Eigentlich bin ich dagegen, die Indigo-Kinder in Schubladen zu stecken, denn das ist Teil der alten Denkmuster. Um sie jedoch erstmals kennenzulernen, empfinde ich die nachfolgende Einteilung als hilfreich, deshalb habe ich mich bewußt dafür entschieden, sie hier aufzunehmen.)

3. Der Künstler:
Er ist empfindsam und oft kleinwüchsig. Es ist der Lehrer und Künstler von morgen. Was immer er auch tut, es liegt im schöpferischen Bereich. Zwischen vier und zehn Jahren probiert er alle möglichen Musikinstrumente aus, ist auf den verschiedensten Ebenen kreativ, oft allerdings nur für fünf bis zehn Minuten. Erst im Teenageralter wählt er eine klare Richtung und kann sich konzentrieren.

4. Der Interdimensionalist:
Er ist größer als die anderen Indigo-Kinder, oft sehr groß. Wenn er zwei Jahre alt ist, können Sie ihm irgend etwas erzählen, und er wird sagen: »Ich weiß, ich kann das schon, laß mich in Ruhe!« Er bringt neue Philosophien, Ideen und Religionen auf die Erde. Er kann schwierig im Umgang sein, weil er sich noch weniger als die anderen drei Typen in unsere Gesellschaft einfügt.

Bei der Einteilung der Indigo-Kinder in verschiedene Typen bemerkt man, daß es zwei verschiedene Gruppen gibt. Jede Gruppe enthält zwei Typen, die ähnliche Verhaltensweisen aufzeigen. Meiner Meinung nach sind sie zwei unterschiedlichen Seelengattungen zuzuordnen und zwei unterschiedlichen kosmischen Strömungen: dem indigoblauen Farbstrahl und dem dunkel- oder tiefblauen (Strahlenlehre*). In der einen finden wir den Humanisten und den Künstler, in der anderen den Konzeptionalisten und den Interdimensionalisten.

---

*(siehe Glossar)

Der Humanist

Der Humanist ist extrem eng verbunden mit den Menschen, den Tieren, den Pflanzen, der Erde, den Sternen – kurz gesagt, mit allem, was lebt. Er macht sich dauernd Gedanken, ob es allen gutgeht. Er möchte immer und überall alle lieben. Es tut ihm im Herzen weh, wenn jemandem oder etwas (wie z.b. einem Baum) Schmerz oder Ungerechtigkeit zugefügt wird. Er möchte ihn/es dann verteidigen und bekommt dabei meist selbst Prügel. Andere Kinder empfinden ihn oft als einen »Softie«.

Der Humanist ist extrem sozial, möchte überall anhalten, um mit Mensch, Tier oder Erde zu kommunizieren. Es ist manchmal verwunderlich, daß er überhaupt den Weg nach Hause findet. Auf jeden Fall braucht er dafür länger. Er ist ein Träumer, lebt in seiner Phantasie und scheint häufig nicht mal zu hören, wenn man mit ihm spricht. Er flüchtet, wenn ihm alles zuviel wird, in seine eigene Welt. Es könnte sein, daß er Ihnen als kleines Kind genau beschreiben kann, wie »seine Welt«, aus der er kommt, ausschaut, welche Farbe sie hat, welche Wesen dort leben usw. Am besten glauben Sie ihm, wenn er davon erzählt, und nehmen seine Geschichten einfach zur Kenntnis, ohne sie zu bewerten oder zu hinterfragen.

Eigenschaften des Humanisten:
- Er ist extrem sozial; er liebt Menschen, braucht aber nur wenige »intime« Freunde, um eine Seelenverbindung einzugehen.
- Er redet gerne mit jedem, zu jeder Zeit, und vergißt dabei die Zeit wie auch seine Verpflichtungen.
- Er ist oft hyperaktiv oder hypoaktiv. *
- Er ist schnell abgelenkt, vergißt leicht, was er tun wollte.

- Er ist nicht mit seinem physischen Körper verbunden, schlecht geerdet und braucht Ruhe, um wieder in seine Mitte zu finden.
- Er ist ein Bücherwurm, spielt gern allein, am liebsten mit dem Computer.
- Er ist mal himmelhochjauchzend, mal zu Tode betrübt.
- Er sorgt sich extrem um das Wohlbefinden von Menschen, Tieren, Bäumen usw. Er möchte, daß die Menschen in Harmonie mit ihrer Umwelt leben.
- Er ist sehr empfindlich und dadurch leicht überreizt oder überfordert.
- Er macht sich dauernd über alles mögliche Gedanken und neigt zu Kopfschmerzen.
- Er träumt oft, verliert alles, legt keinen großen Wert auf materielle Dinge.
- Er fühlt sich meistens nicht verstanden und nicht anerkannt.
- Es ist ihm besonders wichtig, daß man sein Wort hält. Das liebt er, und es gibt ihm Sicherheit.
- Er hat eine ausgeprägte Meinung.
- Er ist sich oft seiner Situation bewußt und kann sich selbst »Strafe« auferlegen.
- Alles ist ihm recht, Hauptsache, die Eltern sind ehrlich.
- Wenn er in seinem Element ist, ist alles wunderbar.
- Er bezieht keine Stellung.**

---

*(hyper: über; hypo: unter), **(Obwohl er eine ausgeprägte Meinung hat, die er aber oft nur in Extremsituationen – wenn jemand bedroht wird oder Unrecht geschieht – äußert, da ihn die meisten Auseinandersetzungen einfach nicht interessieren.)

Kindergeschichten:

- Eine Mutter erzählt: *»Mein Sohn Merlin ist zehn Jahre alt und nimmt seit jeher an allem Lebendigen großen Anteil (Tierschutz und Greenpeace sind seit einigen Jahren Institutionen, die es für ihn »wichtig machen«, erwachsen zu werden). Als Fünfjähriger erzählte er mir, daß er mit den Pflanzen in unserem Haus sprechen würde, welche Nährstoffe sie bräuchten und wann sie wieder gegossen werden müßten. Oft kommt Merlin von der Schule nach Hause mit einem zerrissenen Kleidungsstück, da er seine Freunde, die Bäume, vor Nägeln, Entrindung oder Ast-/Blätterabreißen bewahren wollte. Immer wieder versucht er, seinen Klassenkameraden zu vermitteln, daß man mit Pflanzen und Steinen sprechen kann. Man muß nur zuhören, erklärt er ihnen. Das Ergebnis seiner Missionen ist selten positiv. Seine Freunde hingegen lernen langsam von seinen Ideen und Idealen, was ihn sehr stolz und glücklich macht. Trotz seines verbalen Einsatzes für die Natur wird Merlin nie handgreiflich. Er verabscheut Gewalt und ist dementsprechend beliebt bei den Mädchen und komisch einzuordnen für die Jungen. Einmal erklärte er mir: Warum soll ich schlagen oder mich wehren, wenn ich nicht geschlagen werden möchte. Eine liebenswerte Haltung, denke ich mir dann immer, wenn ich gerade wieder meinen Sohn oder seine Kleidungsstücke verarzte.«*

- Eltern erzählen: *»Unser Kind hat ein offenes und sehr freundliches Wesen. Früher, wenn es beim Spaziergang wie ein Mitglied der königlichen Familie in seinem Kinderwagen saß, wollte es alle Menschen grü-*

ßen, als ob alle zu seiner Familie gehörten. Laut rief es seine Grüße über die Straße und zeigte manchmal große Freude, als ob es die Leute schon seit Äonen kannte. Mag unser Kind jemanden, liebt es ihn ohne Bedingungen. Das ist für andere Kinder nicht so leicht, da sie das nicht verstehen können. Sie mögen es nicht immer, wenn es so intensiv und grenzenlos ist und ihre Intimsphäre verletzt. Wir erleben, daß es für ein »Humanistenkind« mit seinen Idealen und Visionen von Frieden und Liebe für alle Welt in dieser Welt gar nicht leicht ist. Es ist oft müde und schlaff und mag nicht mehr. Es ist jetzt neun Jahre alt und möchte schnell erwachsen werden, um sich seine eigene integre Welt aufzubauen.«

- Ein Vater erzählt: »Ich denke, mein Sohn ist das Gegenteil von hyperaktiv. Er ist ständig müde, hält die Augen nur mit Mühe offen und ist nur wirklich wach, wenn er Computerspiele machen kann – er erfindet auch selbst welche. Und überhaupt: Malen und Figurenbauen sind seine Lieblingsbeschäftigungen. In der Schule hat er ständig Schwierigkeiten wegen seines Traumverhaltens. Bei anderen Kindern ist er sehr beliebt, weil er so anders ist, ruhig und besonnen, er hat nie Streit und ist eher ein Streitschlichter. Er braucht immer Unterstützung und Kontrolle, um seine täglichen Aufgaben zu erfüllen.«

Der Konzeptionalist

Der Konzeptionalist beschäftigt sich lieber mit Projekten als mit anderen Kindern. Er liebt es, Ideen und Konzepte zu entwickeln, und möchte sie in seinem eigenen Tempo tiefgehend untersuchen und umsetzen. Er läßt sich dabei von niemandem hetzen. Der Indigo-Konzeptionalist ist von Haus aus nicht erfolgsorientiert. Unsere Leistungsgesellschaft stört ihn. Er könnte mit seinen Eltern – vorausgesetzt, er wird von ihnen verstanden – phantastische neue Wege des Lernens entwickeln oder auch praktische Ratschläge für den Haushalt finden.

Eigenschaften des Konzeptionalisten:
- Er mag Ideen und Konzepte, muß aber lernen, sich mit Einzelheiten auseinanderzusetzen.
- Er möchte alles verstehen. Er zerlegt z.B. Geräte, um ihre Funktion zu verstehen.
- Als Kind ist er oft sportlich und geschickt.
- Er tendiert zur Heimlichtuerei, versteckt Dinge.
- Er kontrolliert gern die Eltern.
- Er liebt technische Geräte, vor allem den Computer.
- Er kann sich für Probleme, die sich ihm stellen, sehr gut Lösungen ausdenken und sie umsetzen.
- Er könnte über das Internet und innovativere Wege lernen.
- Er ist nicht sehr emotional.
- Er liebt und braucht klare Regeln, klare Disziplin, klare Anweisungen, klare Gefühle.

Kindergeschichten:

- Eine Mutter erzählt: *»Mein Sohn hat große Schwierigkeiten in der Schule. Er entwickelt sich zum Außenseiter, immer wenn etwas passiert ist, ist er der Mitschuldige; oft wird er von seinen Mitschülern ausgegrenzt, das macht uns natürlich zu schaffen. Seine Lieblingsbeschäftigung sind Computer und Technik:*

Geräte auseinanderbauen, zusammenbauen. Er weigert sich oft, seine Aufgaben zu machen, Schule ist für ihn Zwang, und er möchte sowenig wie möglich dafür tun; ich bin oft am Ende meiner Kräfte, bei mir gibt es nur Auseinandersetzungen mit ihm, wir sind uns auch sehr ähnlich; mit seinem Vater gibt es eine bessere Kooperation, aber auch ihn versucht er zu kontrollieren.«

- Eine Mutter erzählt: *»Mein Sohn ist jetzt ein Teenager. Leider weiß ich erst seit einem Jahr, daß er ein Indigo-Kind ist. Es war immer sehr schwierig mit ihm, und ich hatte oft das Gefühl, dem Kind nicht gerecht zu werden. Vielleicht wäre es anders gelaufen, wenn ich es früher gewußt hätte! Er war schon sehr selbständig, als er noch klein war, und wollte von mir nichts annehmen. Er hat alles immer besser gewußt und wollte in jeder Situation das letzte Wort haben, super anstrengend eben. Die Schule war ihm zu langweilig, also störte er die Klasse und den Unterricht. An Regeln wollte er sich nicht halten, und das gab jahrelang Probleme auf vielen Ebenen. Ich wurde aufgefordert, meinen Sohn testen zu lassen, und siehe, der Test ergab einen IQ von über 130. Leider hat ihm das in der Schule nicht viel genutzt! Durch sein Anderssein hat er sich nicht verstanden gefühlt, weder von den Lehrern noch von uns, seinen Eltern, oder von seinen Kameraden. Seine Ideen und Einsichten waren ganz einfach anders als die von anderen. Jetzt, da ich seine Lage verstehe, habe ich selbst weniger Schuldgefühle, bin entspannter und kann meinem Kind mehr Raum geben.«*

Der Künstler

Der Indigo-Künstler ist oft klein von Gestalt. Er ist physisch zart gebaut, aber innerlich stark und zäh. Das Künstlerkind ist sehr empfindsam und bringt viele Erinnerungen aus früheren Leben mit. Es hat einen extrem starken Willen und kann diesen gezielt einsetzen. Es weiß eben, was es will, und bekommt es in der Regel auch. Das Künstlerkind lernt am besten über seine kreativen Kanäle. Starre Logik und Zwang sind für es schwer zu verstehen, insbesondere in jungen Jahren. Es bewegt sich im Leben leicht und flexibel, erholt und entspannt sich überall, schätzt Situationen schnell ein und weiß genau, wen es mag oder nicht mag. Es ist sehr konsequent in seinem Verhalten und läßt sich nicht »kaufen«. Der Künstler kann sich intensiv mit etwas beschäftigen. Er liebt es, in der Nähe der Eltern zu sein, da er sich auch inmitten der Familie auf sein Spiel konzentrieren kann. Er läßt sich dabei einfach von nichts und niemandem stören. Wenn die Kinder zwei, drei Jahre alt sind, haben sie etwas Vollkommenes, sie können bereits vieles allein. Sie kommunizieren lebendig mit anderen Kindern und machen für ihr Alter einen sehr reifen Eindruck. Kommen sie dann mit sechs Jahren in Berührung mit der »großen« Welt, verändert sich ihr Verhalten durch den Druck, den sie von außen erleben.

Eigenschaften des Künstlers:
- Er kann stundenlang malen oder zeichnen und liebt es, wenn andere für ihn malen.
- Er ist sehr anhänglich und macht einen sanften, zarten Eindruck. Gleichzeitig hat er aber einen starken Willen und setzt diesen auch durch.
- Er ist stark und zeigt in seiner Stärke Mitgefühl.

- Er nimmt sehr viel wahr und möchte, daß man ihm glaubt, wenn er davon erzählt.
- Er kann arrogant, narzistisch und eigensinnig sein.
- Er kann ein kleiner Diktator im Schafspelz sein.
- Er braucht oft wenig Schlaf, da er sich überall ausruhen und erholen kann.
- Er drückt sich im Leben am leichtesten durch Kreativität aus. Er liebt das Singen, das Tanzen, das Ballett, das Theater, den Zirkus, das Malen, das Zeichnen, das Musikmachen u.a.
- Er möchte informiert und mit einbezogen werden.
- Er ist ein geborenen Heiler (er heilt oft mit Musik, Kunst oder Tanz) und erkennt darin das Leben und seine Aufgabe.
- Er durchschaut eine Situation schnell und handelt danach. Er spielt mit Situationen, um Erfahrungen zu machen.
- Er fordert klare Antworten, bekommt er sie nicht, geht er selbst auf die Suche danach.
- Er nimmt seine emotionalen Muster nicht an.

Kindergeschichten:

- Eine Mutter, die sich mit Indigo-Kindern auskennt, erzählt: *»Meine Tochter Leah ist jetzt fünf Jahre alt, ein Indigo-Mädchen wie aus dem »Lehrbuch«. Bevor sie zu sprechen angefangen hat, sang sie stundenlang. Ihre Sprache, ihre Grammatik und ihr Wortschatz entwikkelten sich ungewöhnlich schnell, doch zum Geschichtenerzählen wählte sie immer den Gesang. Dies hat sich bis heute nicht geändert. Auch die Geschichten sind für ihr Alter erstaunlich genau und geradlinig erzählt, sprich gesungen! Seit ihrem vierten Lebensjahr* *geht Leah auf eigenen Wunsch ins Ballett. Ihre Tanzlehrerin war zuerst skeptisch aufgrund des zierlichen und kleinen Körperwuchses und des Alters meiner Tochter. Doch Leah setzte sich innerhalb von zwei Stunden durch. Auch dies ist für mich eine deutliche Eigenschaft des Indigo-Künstlers: Zähigkeit und Ehrgeiz im Erreichen seiner sich selbst gesteckten Ziele. Dies bringt mich zu einem weiteren Punkt. Wehe, meinem süßen Engelchen wird eine Idee vorgesetzt, die ihrem System zuwiderläuft. Manchmal möchte man meinen, daß dann die Schleusen der Hölle über unserer Familie geöffnet werden. Sie hat uns fest im Griff, sie ist die Chefin. Selbst ihre Wut setzt sie so kreativ in Szene, daß man ihr nicht mehr böse sein kann. Sie erklärte mir einmal nach einem heftigen Zornesausbruch: Weißt du, Mami, ich mußte einfach meine Wut herauslassen, sonst werde ich krank. Sie langweilt sich nie, beschäftigt sich gerne allein, doch immer in der Nähe der Familie und nicht in ihrem Zimmer.«*

- Ich habe viele Künstlermädchen von sich sagen hören, daß sie Prinzessinnen seien und auch so behandelt werden möchten. So sagte ein dreijähriges Mädchen einmal, als ihre Mutter sie als Prinzessin bezeichnete, zutiefst beleidigt: »*Ich bin eine Kind-Königin!*« Und ein anderes, etwas älteres Mädchen sagte von sich selbst: »*Ich bin majestätisch*« – als ob das selbstverständlich wäre!

Der Interdimensionalist

Der Interdimensionalist ist meist recht groß. Viele dieser Kinder werden, wenn sie erst fünf Jahre alt sind, für älter gehalten. Das ist für Kind und Eltern schwierig, da das Umfeld oft auf das Kind zu fordernd reagiert. Zu Hause haben sie vielleicht im einen Moment ein trotziges »achtjähriges« Kind vor sich und zwei Minuten später ein »kleines« Kindergartenkind, das schmusend auf ihrem Schoß sitzen möchte. Dazu kommt, daß das Kind immer alles weiß. Es weiß alles besser und läßt den Eltern kaum Luft zum Atmen. Ein solches Kind liebevoll zu begleiten ist nicht einfach. Von den Eltern fordert es eine extrem flexible Einstellung und ein vollkommenes Loslassen der eigenen Zielsetzungen und Erwartungen. Das Kind fordert von ihnen klare Grenzen und Disziplin. Sie werden gezwungen zu überdenken, was eigentlich sinnvolle Grenzen sind. Wenn sie ihm keine setzen, wird es sie an ihre Grenzen bringen. Sie sollten herausfinden, wo ihre Grenzen oder die ihres Kindes liegen und wie sie damit harmonisch umgehen können. Der Interdimensionalist ist ein echtes Indigo-Kind, das Mauern niederreißt, Vorstellungen umschmeißt, alte, starre Regeln nicht interessant findet, da es selbst die Regeln bestimmen möchte. Es reagiert allergisch auf undemokratische Autorität und läßt sich einfach nichts vorschreiben.

Eigenschaften des Interdimensionalisten:
- Er ist voll von neuen Ideen, Philosophien und Vorstellungen und eckt damit oft an.
- Er ist ein geborener Führer und möchte neue Wege gehen.
- Er ist nicht bereit, sich durch überalterte Ideale oder Erwartungen einschränken zu lassen.
- Er kann diktatorisch und beherrschend sein.
- Er will authentisch sein.
- Er sieht weiter, als Augen sehen können.
- Er liebt Theater und Spiel.

- Er zieht sein Ding durch, egal ob er sich damit Freunde oder Feinde macht.
- Er kann Autorität und Anweisungen kaum ertragen.
- Er erkennt schon jung seine Aufgabe und wartet ungeduldig auf das Älterwerden.
- Er hat eine große innere Kraft.
- Er fordert hundertprozentige Aufmerksamkeit im Zusammensein.
- Er braucht klare Disziplin, um sich kreativ und frei ausleben zu können.
- Er demaskiert Menschen.

Kindergeschichten:

- Eine Mutter erzählt, nachdem sie die Typeneinteilung gelesen hat: *»Mein Sohn gehört meiner Meinung nach zu dieser Gruppe. Er ist großgewachsen, zwölf Jahre und möchte immer alles so machen, wie er es für richtig hält. Ich kann gar nicht dagegenwirken, da wir sonst nicht zusammenleben könnten. Ich versuche, seit er klein ist, ihm einen klaren Rahmen zu setzen und seine Ansichten zu verstehen. Da er sehr rational ist, können wir gut reden, was ich selbst aber erst richtig lernen mußte. Solange ich mit Vorwürfen kam, hatten wir nur Ärger. Ich mußte viel lernen, um mich richtig konsequent zu verhalten. Seitdem läuft es gut. Ich glaube, daß die schwierigste Phase vorbei ist und er ein ausgeglichener Teenager sein wird, da so ziemlich alles zwischen uns geklärt wurde und wir voneinander wissen, daß wir uns bedingungslos unterstützen. Aber ich glaube, daß Kinder wie mein Sohn richtige »Monsterteenager« werden können, wenn die Eltern mit ihrem Kind zwischen dessen viertem und* *zwölftem Lebensjahr nicht die Verhältnisse klären und sich selbst nicht ändern. Diese Interdimensionalisten sind sehr stur und stark, sie haben den Weg »quer durch« gewählt und nehmen wenig Rücksicht auf andere, was für uns Eltern nicht leicht ist.«*

- Eine Mutter und Therapeutin erzählt: *»Ich wollte unbedingt Kinder haben, und meine Tochter ist mein absolutes Wunschkind. Sie ist jetzt fünf. Obwohl sie in den Kindergarten geht, denkt jeder, sie ginge schon zur Schule, da sie viel größer ist als ihre Altersgenossen. Sie ist für mich schwer im Umgang, sie teilt ununterbrochen Aufträge aus, sagt mir, was ich tun muß, und kommandiert mich herum. Ich habe, seit sie sehr klein war, fürchterliche Kämpfe mit ihr gehabt und oft überlegt, wie ich zu so einem Kind gekommen bin. Wodurch hatte ich das verdient? Um durchzuhalten, muß ich mir immer wieder sagen, sie ist mein Leben, mein alles, mein Wunschkind. Ich habe gelernt, alles in meinem Leben neu zu definieren und klarer zu sein. Nachdem ich meine Rolle als Mutter neu strukturiert hatte und lernte, sie umzusetzen, wurde es für uns beide einfacher. Meine große Aufgabe ist es, mein Kind, das immer alles besser weiß, immer das letzte Wort hat und seinen Willen durchsetzen möchte, immer wieder zu seiner Altersstufe zurückzuführen. Manchmal empfinde ich es so, als ob es lernen müßte, Kind zu sein mit allem, was dazugehört, denn »erwachsen sein« konnte es schon ziemlich schnell nach der Geburt.«*

2.4 Die neue Kinderwelle der neunziger Jahre

Die spirituelle Arbeit der Lichtarbeiter*-Generation war nicht leicht, und in den siebziger und achtziger Jahren mußten von diesen Pionieren mit Mut und Vertrauen viele Stolpersteine weggeräumt werden. Aufgrund der Widerstände fand die Lichtarbeit vieler erwachter Menschen größtenteils nicht in der Öffentlichkeit statt. Ihre Arbeit jedoch machte es möglich, daß Anfang der neunziger Jahre die planetarische Energie so angestiegen war, daß die Indigo-Kinder in großer Zahl inkarnieren, in unsere Welt kommen konnten. Die Zeit war reif, eine große Änderung auf der Welt einzuleiten! Viele Menschen waren bereit, für Frieden und Liebe zu kämpfen, sich nicht mehr wie Schafe behandeln zu lassen, aber auch zu schauen, was sie an sich selbst ändern könnten.

In unserer Gesellschaft gibt es in allen Altersstufen vereinzelt Menschen mit Indigo-Persönlichkeits- und Charaktereigenschaften. Sie bereiteten mitunter den Weg für diese neue Kinderwelle. Seit über fünfzig Jahren gibt es sie, die Vorläufer dieser Kinderwelle. Außer Menschen mit Indigo-Eigenschaften gibt es auch Menschen mit der Hauptlebensfarbe Indigo, sogenannte reine Indigo-Menschen. Diejenigen von ihnen, die jetzt über vierzig Jahre alt sind, hatten als Jugendliche oft Schwierigkeiten mit unserer Gesellschaft und ihren Familien. Manche waren in irgendwelchen »Anstalten« oder nahe daran, eingeliefert zu werden. Sie wurden mit Methoden, von denen man jetzt weiß,

---

*(siehe Glossar)

daß sie nicht der Heilung dienen, behandelt und drehten schließlich tatsächlich durch. Ihnen wurde oft erzählt, sie wären schlecht, abnormal und destruktiv. Sie wurden als Bedrohung gesehen, da sie Energien verankerten, die neu waren und die »normalen« Menschen emotional beunruhigten. Diejenigen, die »überlebt« haben, sind im Menschlichen weit gekommen. Sie arbeiten oft als Therapeuten und können, gestützt auf ihre eigene Erfahrung, anderen wirklich helfen und sie führen. Sie sind einfach anders! Viele der älteren Indigo-Menschen fühlten sich von der New-Age*-Bewegung sehr angezogen und eroberten sich mit ihr ein Stück von ihrem Zuhause zurück.

Überall auf der Welt erkennen Menschen, die seit längerem auf dem spirituellen Weg sind, daß sie einige der Indigo-Eigenschaften haben. Wenn sie dieses Buch lesen, können sie ganz genau spüren, wo sie hineinpassen und ob es Indigo-Eigenschaften gibt, die sie an sich selbst erkennen. Diese ältere Generation besteht aus Einzelgängern, da sie keinem Verständnis begegneten und der Weg für sie einsam war. Jetzt hat sich die Situation geändert. Es kommen mehr »Neuartige« zur Welt als »Normale« – wobei diese Neuen irgendwann die Normalen sein werden, da sie in der Überzahl sein werden. In den Vereinigten Staaten geht man davon aus, daß in den letzten zwei Jahren in manchen Gebieten bis zu neunzig Prozent der Neugeborenen Indigo-Kinder sind. Die Dichte der Indigo-Kinder ist nicht überall gleich, sie kommen nicht linear zur Welt. Die kalten Regionen unserer Welt, in denen sich ein stärkeres Erwachen in die Spiritualität registrieren läßt und wo es mehr Computer gibt, weisen mehr Indigo-Kinder auf als die wärmeren Regionen.

Wir leben in einer außergewöhnlichen Zeit, in der der

---

*(siehe Glossar)

Weg zur Selbsterfahrung leicht zu erkennen ist für den, der ihn gehen will.

Die Wahrheit liegt offen für alle, die sehen wollen. Heute haben wir viele Lehrer, Bücher, Filme und eine erdumspannende spirituelle Bewegung, wie es sie nie vorher gab. Obwohl die negative Gegenbewegung im selbem Maße zunimmt und Satanskulte die Leute zu einem nie dagewesenen Tiefpunkt bringen, führen Wahrheitssucher die Menschheit gleichzeitig zu einem nie dagewesenen Höhepunkt. Es ist erstaunlich, welch eine Polarisation zur Zeit auf diesem Planeten stattfindet und wie viele sich nach der Einheit sehnen.

Die Lichtarbeiter der ersten Welle hatten den Auftrag, die Energie der Erde anzuheben und die Änderung der energetischen Gitternetze* der Erde zu unterstützen, indem sie im richtigen Moment an der richtigen Stelle waren (meist an wichtigen Kraftorten). Die notwendigen Energietore* konnten sich dadurch öffnen. Auf die Indigo-Generation wartet ein anderer Auftrag, der sicher nicht weniger schwer ist. Sie sind die wahren Friedensstifter von morgen. Liebe ist ihre Botschaft. Es ist für sie nicht leicht, sich ihrer Aufgabe bewußt und frei zu widmen. Durch ihre neue biochemische Struktur (ihre um vier Stränge verlängerte DNS) sind sie ungewohnt empfindlich für die Energien anderer. Sie können die alten Schwingungen, die immer noch auf dem Planeten vorhanden sind, nicht gut verkraften und verarbeiten. Wenn sie sich diese Energien nicht bewußt machen können und sich nicht vor ihnen schützen, verlieren sie leicht ihr spirituelles Gleichgewicht. Einmal aus dem Gleichgewicht, kommen sie meistens ganz raus, fallen hart und tun sich schwer, wieder in ihre Mitte zu kommen.

---

*(siehe Glossar)

2.5 Beziehungen zu Indigo-Persönlichkeiten

Eltern erziehen ihre Kinder oft auf der Basis ihrer eigenen Überzeugungen und ihrer eigenen Lebensfarben. Sie laufen dabei Gefahr, bei ihren Kindern den natürlichen Ausdruck ihrer Lebensfarben zu unterdrücken. Das Entdecken der Lebensfarbe hilft den Kindern, die Familienmitglieder und Freunde besser zu verstehen und ihnen ihren natürlichen Ausdruck der Persönlichkeit zu lassen. Sie können sich dann freier entwickeln und ihre Persönlichkeit entsprechend ihren eigenen Anlagen entfalten. Bestimmen Sie zunächst Ihre Lebensfarbe; wie, sehen Sie im Kapitel 1.6 »Die Lebensfarben«, und schauen Sie dann, wie sich Ihre Farbe auf Ihre Beziehung zu einem Indigo-Kind auswirken kann.

- *Die Beziehung zwischen einer indigoblauen und einer roten Persönlichkeit*
  Die Roten und die Indigos haben grundsätzlich wenig gemeinsam. Ein Indigo spürt, daß Leben und Materie Energie sind, ein Roter fühlt, daß ein Indigo »nicht von hier« ist, und kann die Indigo-Haltung der gegenständlichen Wirklichkeit gegenüber nicht verstehen. Die Indigos sind viel zu empfindsam, zu leise und zu introvertiert, um mit der explosiven körperlichen Energie, der Kraft und dem Schwung der Roten auszukommen. Die Roten ziehen es vor, die Wirklichkeit ausschließlich gegenständlich zu sehen. Wo die Indigos sich schwertun, ihren physischen Körper anzunehmen, ist für die Roten fast alles körperlich.

Sexualität ist für einen Indigo die Erfahrung von zwei Seelen, die auf einer höheren spirituellen Ebene verschmelzen, wohingegen es für die Roten eine lustvolle sinnliche Erfahrung darstellt. Der Rote findet auch nicht leicht Zugang zu seinen Gefühlen und kann weder die Sprache noch die Ideale, Philosophien oder ätherischen Vorstellungen eines Indigos verstehen. Im Gespräch haben sie sich nicht viel zu sagen, der Indigo ist viel zu »abgehoben« für den Roten, und der Rote ist viel zu geerdet für den Indigo.

- *Die Beziehung zwischen einer indigoblauen und einer orangefarbenen Persönlichkeit*
  Sie haben nicht viel gemeinsam und sich nicht viel zu sagen. Die Konzepte des Indigos vom Universum sind der orangefarbenen Persönlichkeit fremd, erscheinen ihr merkwürdig, sie mag die gegenständliche Wirklichkeit, die Aufregung und das Abenteuer. Die Indigo-Persönlichkeit mag über Spiritualität, Liebe und über ihre Ideen vom Bewußtsein reden, die orangefarbene aber hat wenig oder gar kein Interesse an diesen Themen. Vielleicht zeigt ein Indigo Bewunderung für den Mut eines Orangefarbenen, aber er findet ihn schnell zu grob, zu unabhängig und zu egozentrisch, um eine gute Gesellschaft abzugeben. Die orangefarbene Persönlichkeit ist ein Einzelgänger; ein Indigo ist zwar auch gerne allein, aber ebenso gerne mit engen Freunden zusammen. Ein Orangefarbener möchte die gegenständliche Wirklichkeit beherrschen, ein Indigo sieht sie eher als eine Illusion an. Ein Indigo steigt einen Berg hoch, um die Natur und die Energie dort zu genießen, ein Orangefarbener, um den Berg zu bezwingen.

- *Die Beziehung zwischen einer indigoblauen und einer gelben Persönlichkeit*
  Die freundliche gelbe und die empfindsame Indigo-Persönlichkeit können gute Freunde sein. Die spielerische Haltung der Gelben interessiert die Indigos. Umgekehrt ist die Lebenshaltung eines Indigos für einen Gelben neu; er mag es, mit der ihm eigenen Freude und Leichtigkeit, die außergewöhnlichen Ideen über das Leben des Indigos kennenzulernen. Beide sind empfindsam und auch stolz und mögen es nicht, wenn man ihnen sagt, was sie tun sollen, also lassen sie sich gegenseitig viel Freiheit und haben nicht den Wunsch, einander zu kontrollieren. Ein Indigo sucht eine Seelenverbindung, die gelbe Persönlichkeit hingegen sieht alles eher oberflächlich, beide haben sie nur das Bedürfnis, im Jetzt gemeinsam zu leben. Ein Gelber lebt im Körper und möchte körperlich sehr aktiv sein, wobei ein Indigo es eher schwer hat, auf der physischen Ebene zu sein, und seinen Fokus auch eher auf spirituelle Wahrheiten, moralische Themen und ethische Konzepte richten möchte. Die gelbe Persönlichkeit kann helfen, daß der Indigo mehr im Körper ist, wodurch er lernt, mehr Spaß zu haben. Der Indigo braucht jemanden, dem er vertrauen kann, aber hier ist der Gelbe oft nicht da. Die Verantwortung, daß andere von ihm abhängig sind, macht dem Gelben keine Freude, und der Indigo kann darüber leicht enttäuscht sein. Beide mögen eine harmonische Beziehung, ohne Konflikte und ohne einander zu verletzen.

- *Die Beziehung zwischen einer indigoblauen und einer grünen Persönlichkeit*
  Diese zwei können von einander fasziniert sein, aber

die grüne Persönlichkeit, die immer schneller und schlauer sein möchte, wird frustriert, wenn die Indigo-Persönlichkeit keine rationalen Erklärungen bringt, um ihre Glaubensvorstellungen zu unterstützen. Da der Grüne ein kontrolliertes Leben braucht und gerne die Leben anderer kontrolliert, kann es mit dem Indigo, der sich immer weigert, sich kontrollieren zu lassen, Konflikte geben. Der Grüne kann aber diese Weigerung gut annehmen. Der wißbegierige Indigo kann vom intelligenten und gutinformierten Grünen viel lernen, nur sollte der Grüne sanft und nicht zu vereinnahmend mit dem Indigo umgehen. Der Indigo hat immer tiefgehende Gefühle und muß sicher sein, daß er Vertrauen in die Menschen um ihn herum haben kann. Die Grünen sind eher ungeduldig und hastig, während ein Indigo immer in seinem eigenen Tempo gehen muß, er kann nicht gehetzt oder gezwungen werden, schneller zu sein. Da der Grüne eher erfolgsorientiert ist und dies den Indigo nicht interessiert, kann es eine gute Beziehung werden, ist es aber nicht zwangsläufig.

- *Beziehung zwischen einer indigoblauen und einer blauen Persönlichkeit*
  Sie können eine sehr liebevolle und nährende Beziehung haben. Die blaue Persönlichkeit ist wahrscheinlich die einzige, die die Spiritualität des Indigos vollkommen versteht. Außerdem möchte sie auch Frieden, Ruhe, Liebe und Harmonie auf diesem Planeten, genau wie der Indigo. Ein Blauer kann dem Indigo sehr viel Liebe entgegenbringen für sein Bedürfnis zu verstehen und seine Suche nach Antworten. Eine Indigo-Persönlichkeit braucht solche Menschen, die sie verstehen und unterstützen und nicht ableh-

nen oder nur kritisieren. Sie schätzt die bedingungslose Liebe, die sie vom Blauen bekommt. Oft übernimmt eine blaue Persönlichkeit die Sorgen für einen Indigo. Sie sind beide intuitiv, schätzen das innere Wissen des anderen und können auf Einzelheiten und Fakten verzichten. Der Blaue erkennt die Tiefen der Indigo-Beziehung an, und sie können eine liebevolle, warme Beziehung haben. Das einzige Problem kann entstehen, wenn der Indigo nicht in seiner Mitte ist und sich in sich zurückzieht. Dies ist für einen Blauen schwer zu akzeptieren, da er immer eine emotionale Kommunikation mit seinem Gegenüber haben möchte. Ist die blaue Persönlichkeit nicht in ihrer Mitte, fällt es dem Indigo schwer, mit deren Opferhaltung, deren Selbstmitleid und deren Märtyrertum umzugehen, da sie diese Konzepte gar nicht versteht.

- *Beziehung zwischen zwei Indigo-Persönlichkeiten*
  Zwei Indigos können sich wirklich gut verstehen. Es kann jedoch eine sehr herausfordernde Verbindung werden, da keiner der beiden einen Bezug zur gegenständlichen Wirklichkeit hat. Sie verstehen sich auf spiritueller Ebene, können sich aber in ihrem Leben auf dieser irdischen Ebene nicht gegenseitig unterstützen. Sie können jedoch sehr gute Freunde werden und auf der Seelenebene eine starke Verbindung haben, aber keiner wird sich um die alltäglichen Einzelheiten des Lebens kümmern, was unter Umständen Schwierigkeiten schafft. Emotional passen Indigos sehr gut zusammen, sie sollten aber vielleicht ihren Weg nach außen mit anderen gehen, da sie so mehr lernen können.

- *Die Beziehung zwischen einer indigoblauen und einer violetten Persönlichkeit*
  Diese Verbindung birgt große Möglichkeiten, vorausgesetzt, daß der Violette nicht zu diktatorisch und beherrschend wird. Mit ihren visionären Fähigkeiten kann die violette Persönlichkeit die Glaubensvorstellungen des Indigos gut verstehen. Ein Violetter kann die Zukunft sehen, während ein Indigo sie spürt. Die Indigos lassen sich gerne von den Violetten führen, sie schätzen deren Führungsqualitäten, deren Kraft vorauszugehen. Indigos fühlen sich durch sie geschützt und erhalten von ihnen Antworten auf ihre vielen Fragen. Obwohl die Violetten im Mittelpunkt stehen möchten, gibt es keine Probleme, da die Indigos lieber in Ruhe gelassen werden. Der große Unterschied zwischen beiden ist: Der Indigo sucht enge Freunde, um eine Seelenverbindung einzugehen, und der Violette liebt es, Theater zu spielen und sich mit einer großen Menge Menschen zu umgeben. Sie reisen beide gern, lieben fremde Kulturen und Länder und zeigen ein großes Mitgefühl für andere Menschen. Was sie sehen, spüren und als höhere Wahrheit annehmen, kann vielen auf diesem Planeten helfen, ihr Bewußtsein zu erweitern. Beide möchten Frieden, Mitgefühl und spirituelle Erleuchtung auf der Erde.

Kapitel 3:
Die Indigo-gerechte Erziehung

3.1 Indigo-Kinder erziehen und führen

In meinen Seminaren und in meiner Praxis erlebe ich viele Eltern, die Schwierigkeiten mit ihren Kindern haben. Oft spüre ich eine große Frustration und Schuldgefühle bei den Eltern, vor allem bei den Müttern. Sie verzweifeln bisweilen und wissen nicht, was sie noch tun können, um ihr Kind in den Griff zu bekommen, da sie von allen Seiten mit Sprüchen bedrängt werden, wie: »Kannst du dein Kind nicht besser erziehen ...?«, »Kannst du nicht mal dafür sorgen, daß das Kind ruhig ist?«, »Kannst du nicht mal darauf schauen, daß das Kind seine Hausaufgaben macht ...«, »Können Sie Ihrem Kind nicht den Ernst der Schule beibringen?«, »Ihr Kind bringt die ganze Kindergartengruppe durcheinander ...«, und und und. Man kann sich vorstellen, wie Eltern auf solche Angriffe reagieren. Sie sind zutiefst frustriert, es vergällt ihnen das Leben. Erziehungspersonen, die wenig oder nicht in ihrem Selbst zentriert sind, kommen bei der Erziehung dieser »Kinder der neuen Zeit« ständig an ihre eigenen Grenzen. Die Kinder reagieren nicht mehr auf Autorität um der Autorität willen.

Ich muß eingestehen, daß es für Eltern, die ein Indigo-

Kind in der Familie haben, nicht leicht ist. Die Kinder konfrontieren sie dauernd mit ihren eigenen Unzulänglichkeiten und emotionalen Blockaden. Eigentlich haben sie nur eine wirkliche Chance, eine harmonische Familie zu bilden, und zwar, wenn sie sich entschließen, sich zu verändern. Es scheint mir, daß eine neue Form der Elternrolle gefunden werden muß, damit die neuen Kinder Kinder sein können und trotzdem in ihrer wahren inneren Größe anerkannt werden. Durch Selbsthilfegruppen und Therapie könnten Eltern lernen, die Situation zu meistern und selbst zu wachsen. Ohne Selbsterfahrung scheint es schwierig, sich und den Kindern unvoreingenommen gegenüberzustehen und Klarheit und Struktur in die Familie hineinzubringen.

Eine Aufgabe der Indigo-Kinder ist, uns dabei zu helfen, Beziehungen einzugehen, die auf bedingungsloser Liebe, Ehrlichkeit, Annahme, Offenheit und Freude aufgebaut sind. Beziehungen, wie wir sie uns im tiefsten Herzen ersehnen. Vielleicht haben auch Sie ein Kind, das Sie nie richtig verstehen können? Ein Kind, das ohnehin alles besser weiß und als erstes Wort im Leben »Nein« sagen konnte? Oder ein Kind, das unglaublich lieb und sanft ist und trotzdem nicht in die Norm paßt? Bedingungslos zu lieben ist dann gar nicht so einfach und fordert in jedem Fall eine Entwicklung in der Erziehungskompetenz der Eltern und auch eine Bewußtseinserweiterung, das heißt eine andere Sicht der Dinge. Die Indigo-Kinder werden der Welt helfen zu wachsen und machen uns Mut, Überholtes über Bord zu werfen und Neues zu wagen. Erneuerung und Zusammenarbeit sind die Begriffe der Zukunft.

Folgende Fragen stellen sich:
1. Wie können wir ein Indigo-Kind so erziehen und führen, daß es uns seine innere Weisheit und sein Geschenk der Liebe überreichen kann? Wie können wir einfach seine Existenz genießen?
2. Was können wir tun, damit das Kind heranwachsen kann, ohne allzusehr in Konflikt mit der Umwelt zu geraten?
3. Wie können wir unsere Vorurteile über paranormale* Kinder und Defizit-Syndrom-Kinder ablegen und dem etwas Positives entgegensetzen?
4. Wie können wir die Indigo-Kinder begleiten und führen, so daß sie in der Welt und in unseren Schulen überleben, bis sie als junge Erwachsene durchstarten und ihre Richtung finden? Es gibt viele depressive Indigo-Kinder. Ein typischer Satz eines Indigo-Kindes ist: »Ach, Mama, wenn ich das gewußt hätte, wäre ich nicht hierher zur Erde gekommen.«
5. Wie »überleben« die Eltern das Kind, das eigentlich keine Eltern im herkömmlichen Sinne braucht?
6. Wie können wir lernen, unsere Kinder nicht als Abbild unserer selbst zu sehen und es zuzulassen, daß sie zu ihrer ganz eigenständigen Persönlichkeit heranwachsen?

Ich werde anschließend die meiner Meinung nach wichtigsten positiven und negativen Verhaltensweisen und ihre eventuellen Ursachen beleuchten. Den positiven Seiten werden die negativen »Störungen« wie die verschiedenen Defizite und Teilleistungsschwächen entgegengesetzt. Dabei müssen wir uns immer wieder vor Augen halten, daß diese Kinder erst jetzt in großen Scharen zur Welt

---

*(siehe Glossar)

kommen. Viel ist noch nicht über sie bekannt. Nirgendwo konnte ich aufschlußreiche Ergebnisse aus der Wissenschaft oder aus der Verhaltensforschung finden, die ich für mein Buch nutzen konnte. Dagegen gibt es sehr viele aufschlußreiche Erfahrungsberichte von Pädagogen, Therapeuten, Beratern und Erziehern, die weltweit mit diesen Kindern arbeiten. Das sind die neuen Pioniere, ebenso wie es ehemals die Vorläufer der Psychiatrie und Psychologie waren.

Allmählich fängt man auf der Suche nach Hinweisen an, eine Vernetzung von einzelnen Informationen wahrzunehmen. Bislang jedoch scheint das Thema Erziehung in vielen Ländern nachgerade ein »Tabuthema« zu sein, das konservative Gruppierungen auf Menschen mit moderneren, innovativeren Ansichten prallen läßt. Studiert man die Geschichte des Lehrens, die Lehren und Theorien der großen Köpfe der Erziehung der letzten Jahrhunderte, so entdeckt man, daß die Welt schon seit über 270 Jahren darüber diskutiert, wie wünschenswerte Veränderungen im Lehrsystem vorgenommen werden könnten. Viel hat sich aber im Laufe der Zeit nicht verändert. Die Indigo-Kinder werden uns nach meiner Einschätzung zwangsläufig in eine neue Richtung drängen. Sie werden uns zeigen, wie wir mit uns selbst und mit ihnen in Harmonie leben können; wie wir die Familie so umstrukturieren können, daß Eltern und Kinder genügend Raum haben; wie wir wieder spontan in Verbindung mit unserem wahren Selbst treten können und Spaß und Freude wieder ihren Platz in der Familie einnehmen.

Was hilft uns bei der Anpassung an die neue Herausforderung?

Es ist ziemlich deutlich, daß die Indigo-Kinder nur die Sprache der Liebe interessiert. Was könnte uns im Umgang mit ihnen helfen? Wie können wir es den Kindern ermöglichen, ihre positiven Anlagen zu entwickeln? Wie können wir verhindern, daß unsere gutgemeinte, aber einschränkende Begleitung sie in die extreme Verleugnung von Persönlichkeitsanteilen führt? Eine wichtige Verhaltensweise ist das bedingungslose Annehmen, das uneingeschränkte Ja ohne irgendein Wenn und Aber. Annahme an sich ist reine Liebe! Weitere wertvolle Hilfsmittel sind das Kommunizieren mit Ich-Botschaften und die Methode der »Konfliktbewältigung ohne Niederlage«. Wenn man darüber hinaus lernt, eindeutige Grenzen zu setzen und eine klare Disziplin zu halten, wobei dem Kind viel Freiheit für eigene Erfahrungen zugestanden wird, kann man davon ausgehen, auf dem richtigen Weg zu sein.

- Annahme

Allgemein läßt sich sagen, daß vollkommene Annahme (oder Akzeptanz) einer der wichtigsten und wirksamsten Wege zu einer guten Beziehung zwischen Eltern und Kind ist. Thomas Gordon stellt dies in seinem Buch »Familien-Konferenz« eindrucksvoll vor. Kann ein Mensch seinem Gegenüber echte, tiefgehende Annahme entgegenbringen? Kann er ihm wirklich helfen? Seine bedingungslose Annahme macht es diesem anderen Menschen möglich, zu wachsen, sich zu entfalten, sich positiv zu verändern. Es öffnet sich ihm ein Weg, seine Probleme lösen zu lernen, psychologisch gesund, produktiver und schöpferischer zu werden.

Annahme ist wie fruchtbarer Boden, der einem winzigen Samenkorn erlaubt, sich zu der lieblichen Blume zu entfalten, die in ihm angelegt ist. Dieser Boden, diese Annahme, ermöglicht es dem Kind, sein Potential zu verwirklichen. Es ist verwunderlich zu sehen, daß Kinder sich oft vollkommen fremden Menschen anvertrauen. Sie erzählen ihnen alles, und die Eltern sind völlig überrascht, wenn sie später die Geschichten hören. Das Kind hat sich eben angenommen und dadurch sicher gefühlt. Es konnte alles, was es sagen wollte, auch erzählen. Oft können Geheimnisse oder noch nicht erzählte Geschichten, die tief im Inneren verborgen liegen, in solchen Situationen erzählt werden.

Viele Eltern glauben, daß vollkommene Akzeptanz ihrer Kinder die positive Entwicklung verhindere. Die Eltern verlassen sich bei der Erziehung der Kinder weitgehend auf die Sprache der Nicht-Annahme und glauben, es wäre der beste Weg, ihnen zu helfen. Vergleichen wir Annahme einen Moment wieder mit dem Boden, der diesen kleinen Keimling nähren sollte. Wir bemerken, daß der Boden bei Nicht-Annahme reich ist an Bewertung, Urteil, Kritik, Predigten, Moralisieren, Ermahnen und Kommandieren. Kinder reagieren im allgemeinen mit Rückzug auf diese Botschaften. Indigo-Kinder reagieren noch empfindlicher darauf, ja manchmal sogar allergisch. Als »Könige und Königinnen« tun sie sich schwer damit, daß man ihnen nicht mit bedingungsloser Liebe und Aufrichtigkeit begegnet. Sie lernen schnell, daß es sehr viel bequemer für sie ist, ihre Gefühle, Gedanken und Probleme für sich zu behalten. Die Sprache der Annahme läßt sie jedoch auftauen. Sie macht den Weg frei, um an ihren Gefühlen und Problemen teilnehmen zu können.

Passive Annahme allein genügt allerdings nicht. Ein Kind kann sich aber nie wirklich sicher sein, daß es akzeptiert ist, bis es ihm der Erziehende auf irgendeine aktive Weise zeigt. Es geht darum, dem Kind in Worten oder Taten Botschaften der Annahme zu senden.

Annahme kann gezeigt werden durch:
1. Wortlose Annahme
   Annahme läßt sich wortlos, z.B. durch Körpersprache, Gesten, Gesichtsausdruck oder andere Verhaltensweisen, übermitteln.

2. Nicht-Einmischung
   Durch Nicht-Einmischung können Eltern zeigen, daß sie das Tun des Kindes akzeptieren. Einmischung wäre z.B., sie zu stören, zu kontrollieren, in ihr Zimmer einzudringen oder die Kinder vor Fehlern zu schützen.

3. Passives Zuhören
   Dies ist ein aufmerksames Zuhören, bei dem man dem Kind aber immer wieder bestätigt, daß man zuhört, z.B. durch ah ja, ich höre, mhm etc.

4. In Worten übermittelte Annahme
   Durch das Gespräch wird dem Kind vermittelt, daß in Ordnung ist, was es denkt und tut.

5. Aktives Zuhören
   Bei dem aktiven Zuhören wird ein Kommunikationsprozeß aufgebaut, bei dem Sender und Empfänger offen füreinander sind und aufmerksam auf das Gegenüber eingestellt. Der Empfänger vermittelt dem Sender in der Wiederholung der Botschaft sein Verständnis. So können Mißverständnisse ausgeschlossen werden. Wir senden oft mehrere Botschaften gleichzeitig und mißverstehen uns.

Thomas Gordon schreibt: »*Beim aktiven Zuhören versucht der Empfänger also zu verstehen, was der Sender empfindet oder was seine Botschaft besagt. Darauf formuliert er sein Verständnis mit eigenen Worten (Code) und meldet es zur Bestätigung an den Sender zurück. Der Empfänger sendet keine eigene Botschaft – zum Beispiel ein Urteil, eine Meinung, einen Rat, ein Argument, eine Analyse oder eine Frage. Er meldet nur das zurück, was nach seinem Gefühl die Botschaft des Senders bedeutete – nicht mehr, nicht weniger.*«

Viele Therapeuten und Berater sind nur erfolgreich, weil sie die Sprache der Annahme beherrschen und anwenden können. Auch Eltern können lernen, ihrem Kind durch ihre Worte und Gefühle zu zeigen, daß sie es akzeptieren. Gelingt ihnen das, sind sie wirklich im Besitz eines wertvollen Hilfsmittels und können erstaunliche Erfolge erzielen. Sie können viel Einfluß darauf nehmen, wie ihr Kind seine Gefühle frei leben und zeigen kann. Es liegt an ihnen, ob es sich an die von ihnen bestimmten Grenzen und Strukturen hält.

Von allen Auswirkungen der Annahme ist keine so wichtig wie das innere Gefühl des Kindes, geliebt zu sein. Denn einen Menschen anzunehmen, »so, wie er ist«, stellt einen wahrhaften Akt der Liebe dar. Sich angenommen fühlen heißt, sich geliebt zu fühlen. Natürlich ist es wünschenswert, daß wir mit allen Menschen und Kindern so umgehen. Aber Indigo-Kinder fordern von uns richtiggehend, daß wir lernen, sie so anzunehmen, wie sie sind. Sie sind sich ihrer Größe und Wichtigkeit bewußt. Sie verlangen von uns den Beweis, daß wir das auch wahrnehmen und annehmen! Weiß ein Indigo-Kind, daß es von seinen Eltern bedingungslos geliebt wird, so hat es die beste

Grundlage für seine Entwicklung. Es läßt sich von der Liebe führen und möchte, daß wir lernen, uns auch von ihr führen zu lassen. Eigentlich braucht ein Indigo-Kind gar keine Eltern, so, wie wir es gewohnt sind. Was es dringend braucht, ist Liebe, liebevolle Führung und klare Strukturen. Hier liegt die neue Aufgabe der Eltern.

- Ich-Botschaften

Es scheint mir sehr wichtig, daß wir in unseren Beziehungen lernen, uns mehr mit Ich-Botschaften zu verständigen. Wir sind es so sehr gewohnt, die Du-Botschaft zu benutzen, daß uns schon gar nicht mehr auffällt, was wir alles in diese Du-Botschaften »hineinpacken«. Die Ich-Botschaften erlauben einem Menschen immer, bei sich und seinen Gefühlen oder Gedanken zu bleiben. Du-Botschaften enthalten meistens irgendwelche unangenehmen Aussagen, Verallgemeinerungen oder Schuldzuweisungen und senden vor allem nicht die Empfindung des Menschen aus, der spricht. Die Verwendung von Ich-Botschaften bietet die Möglichkeit, eine Auseinandersetzung zu neutralisieren. Als Eltern haben Sie ein Recht auf Ihre eigenen Gedanken und Gefühle, und in der Ich-Form können Sie diese Gefühlen ausdrücken, ohne das Kind zu beschuldigen. Ein Beispiel: Mit einer Ich-Botschaft kann eine Mutter sagen: »Ich fühle mich verletzt, wenn du so was tust.« Mit der Du-Botschaft würde sie sagen: »Du tust mir weh, du verletzt mich.« Für das Kind besteht ein erheblicher Unterschied zwischen diesen beiden Botschaften. Bei der Ich-Botschaft teilt ihm die Mutter mit, was sie gerade fühlt und für sie in diesem Augenblick zutrifft, bei der Du-Botschaft hingegen unterstellt sie dem Kind etwas, das es ganz sicher nicht absichtlich herbeigeführt hat.*

---

*(Es gibt ein wertvolles Buch über die Wirkung von Botschaften, das ich Ihnen zu lesen empfehle: Masaru Emoto: »Die Botschaft des Wassers«)

Gespräche, die mit Du-Botschaften angefangen werden, enden meistens im Streit oder werden einfach abgebrochen. Keiner ist dabei glücklich oder zufrieden. Niemand fühlt sich verstanden. Ich-Botschaften haben weniger Aussicht, einen Streit hervorzurufen. Das heißt nicht, daß immer alles in Ordnung ist, was Eltern an Ich-Botschaften senden. Für ein Kind ist es schon hart genug, von der Mutter zu hören, daß sein Verhalten ihr ein Problem verursacht oder sogar weh tut. Es ist aber immer viel weniger bedrohlich, dem Kind zu sagen, was Sie selbst empfinden, als es zu beschuldigen.

Indigo-Kinder unterscheiden sich von anderen Kindern, weil sie normalerweise nicht die emotionalen Muster der Eltern als die ihrigen annehmen. Fühlen sie sich ungerecht behandelt, so sind sie enttäuscht über so viel Unechtheit und Unaufrichtigkeit. Das kann zu extremen Reaktionen führen, z.B.:

1. Ausrasten.
2. Sich vollkommen zurückziehen.
3. Nicht mal mehr versuchen, es den Eltern recht zu machen, da es sich ohnehin nicht zu lohnen scheint.

Im Zusammenleben mit Indigo-Kindern können die Eltern lernen, mehr Mut und innere Sicherheit zu gewinnen, um ihre inneren Empfindungen und Gefühle zu offenbaren. Ein Indigo-Kind weiß sowieso meistens, wie es ihre schwache Stelle findet. Es weiß meisterlich, das »Richtige« zu tun, auf den richtigen Knopf zu drücken, um sie auf hundertachtzig zu bringen. Zeigen Sie Ihrem Kind offen Ihre Gefühlsseite, Ihre Verletzlichkeit, dann wird es Sie achten und ehren. Sie sprechen dann nämlich seine Sprache. Ein Indigo-Kind mit seinem Bedürfnis nach Wahrheit und offener Herzlichkeit wird Sie sicherlich nicht ausnützen oder hintergehen – abgesehen davon, daß jedes

Kind Bereiche braucht, in denen es Grenzen austesten kann.

Für die Eltern ist es schon ein großer Schritt, sich den Kindern gegenüber zu offenbaren. Das ist keine einfache Entscheidung, zumal wenn man damit keine Erfahrung hat. Aber man erntet, was man sät. Aufrichtigkeit und Offenheit begünstigen Vertrautheit – und auf diesem Nährboden kann eine wahrhaft »zwischenmenschliche« Beziehung entstehen. Das Kind lernt die Eltern kennen, wie sie sind, wodurch es wiederum ermutigt wird, ihnen zu offenbaren, wer es selbst ist. Anstatt einander entfremdet zu sein, entwickelt sich eine enge Beziehung, und niemand ist mehr Fremder im eigenen Haus.

- Konfliktbewältigung ohne Niederlage

Im Englischen wird diese Form der Konfliktbewältigung die »Win-Win«-Lösung genannt (engl.: to win = gewinnen). Das bedeutet, daß dabei niemand siegt und niemand unterliegt bzw. beide siegen, weil die Lösung für beide annehmbar ist. Man könnte auch sagen, daß es eine Konfliktbewältigung ist, die zur beiderseitigen Zufriedenheit führt, denn am Ende wird eine Abmachung vereinbart, mit der beide Teile einverstanden sind.

Beispielsweise sind Mutter oder Vater und Kind in einer Bedürfniskonflikt-Situation (das Kind will etwas, der Elternteil aber hat gute Gründe, es ihm zu verweigern). Der Elternteil bietet dem Kind an, sich gemeinsam mit ihm auf die Suche nach einer für beide annehmbaren Lösung zu machen. Dabei kann einer oder können beide mögliche Lösungen vorschlagen. Sie beurteilen sie kritisch und entscheiden sich schließlich für eine für beide annehmbare, endgültige Lösung. Am Anfang ist diese Methode ungewohnt und verlangt von beiden Parteien Experimentierfreudigkeit. Aber sie wirkt und macht das Leben bedeutend einfacher. Da die Indigo-Kinder sehr offen und empfänglich für Ehrlichkeit sind und dafür, daß sie als gleichwertige Partner behandelt werden, werden sie schnell mitmachen und sich an die Absprachen halten. Von ihrem Wesen her lieben und würdigen sie diese Umgangsform.

3.2 Wie geht ein Indigo-Kind mit Problemen um?

Ein Kind, das in seiner Kraft steht, wird anstreben, alle Probleme im Einklang mit seinen höheren Prinzipien zu lösen. Die Antworten müssen ethisch, liebevoll und humanitär sein. Es kann keine Antworten akzeptieren, denen es an Integrität und Aufrichtigkeit fehlt, nur weil diese schnell und bequem erscheinen. Es wird versuchen, sich von seinen inneren Gefühlen führen zu lassen und das Richtige für sich und andere zu tun. Ein Kind, das aus dem Gleichgewicht ist, das nicht in Verbindung mit seinen Gefühlen steht, kann Probleme nur schwer lösen, es ist abgeschnitten von seinem inneren Wissen, es ist verwirrt, desorientiert und traut seinen eigenen Lösungen nicht. Es kann sich nicht vorstellen, wie es sein kosmisches Gewahrsein mit der irdischen Wirklichkeit zusammenbringen kann. Es zieht sich dann zurück, fühlt sich isoliert und unverstanden. Das Problem bleibt ungelöst.

Langeweile

Oft wird gesagt, daß die meisten Indigo-Kinder sich sehr schnell langweilen. Sie scheinen innerlich getrieben, ständig von einem Objekt der Aufmerksamkeit zum nächsten zu springen. Sie brauchen besondere Zuwendung und wechselnde Herausforderungen, damit sie sich nicht langweilen. Dazu kommt, daß sie die innere Gabe haben, viel mehr wahrzunehmen, als es üblich erscheint. Ihre Gedanken werden oft ohne ihr Zutun davongetragen. Sie verstehen nicht, daß wir nicht dasselbe wahrnehmen oder erkennen können. Sie versuchen, sich mit uns auf der Seelenebene zu verständigen, geben aber meistens auf, wenn sie auf Unverständnis stoßen.

Die materielle Welt, so wie wir sie geschaffen haben, scheint sie zu langweilen. Auch Routineaufgaben langweilen sie. Sie würden lieber ihren eigenen Aufgaben folgen, die sie für sich erspürt haben. Sie müssen täglich viel Kraft aufbringen, um nicht das zu tun, was ihnen eigentlich »richtig und wichtig« erscheint. Da es ihnen meistens nicht erlaubt wird »abzuschweifen«, etwas anderes zu tun, fangen sie an, sich zu langweilen. Sie wissen, daß sie besser lernen können, wenn sie selbst aktiv sind und selbst denken dürfen, aber die meisten Lehrsysteme sind nicht darauf ausgerichtet, jedes Kind so lernen zu lassen, wie es ihm entspricht. Die Kinder werden sehr selten ihren spirituellen und geistigen Anlagen gemäß gefordert, und zwar weder von ihren Eltern noch von ihrer Umgebung oder der Schule.

Was ist eigentlich Langeweile? Heißt Langeweile vielleicht, irgendwo »länger zu verweilen«, als es in der hektischen Welt für üblich gehalten wird? Langeweile entsteht meistens, wenn man etwas tun soll, das nicht in Übereinstimmung mit der inneren Überzeugung und Herzensfreude ist. Könnte es sein, daß Indigo-Kinder einfach mehr Raum für sich brauchen? Könnte es sein, daß es nur so aussieht, als ob sie sich langweilten, sie aber eigentlich Zeit brauchen, um sich von unserer Hektik zu erholen, weil unsere Welt nicht ihren eigenen Vorstellungen entspricht?

Indigo-Kinder sind genetisch anders ausgestattet, sie leben in einem erwachten Zustand. Zwischen den irdischen und geistigen Ebenen liegen für sie weniger Schleier. Sie sind schnell im Denken, schnell im Verstehen, ihre

Energie fließt in Form von Ideen und Gedanken in rasantem Tempo durch die geistigen Gitternetze* ihres Gehirns. Alles, was ihnen nicht schnell genug geht, langweilt sie und läßt sie gedanklich abschweifen.

Neben ihrer unterschiedlichen genetischen Ausstattung ist auch ihr Gehirn anders aufgebaut. Sie haben mehr Brücken zwischen ihrer linken und rechten Gehirnhälfte, beide arbeiten leichter zusammen. Dadurch brauchen sie eine andere Herausforderung, um interessiert zu bleiben. Dazu kommt, daß meistens nur Themen mit einem geistigen, ehrlichen, umweltbewußten, aufrechten Inhalt sie wirklich interessieren. Ihre Ideale sind einfach sehr hoch. Indigo-Kinder sind und reagieren anders; sie müssen sich z.B. beim Denken, Lernen und kreativen Schaffen viel bewegen; in der Bewegung ihres Körpers finden sie eine Art Ruhe, in der sie sich besser sammeln und klarer denken können.

Wir leben in einem Zeitalter der schnellen Informationen. Also brauchen wir uns nicht zu wundern, wenn Indigo-Kinder nur kurz mit etwas spielen oder sich damit beschäftigen. Der Drang nach Bewegung oder Veränderung verlangt von ihnen weiterzugehen. Es ist nicht unbedingt so, daß sie alles langweilt, aber die Langeweile setzt unumstößlich ein, wenn sie sich länger mit der gleichen Sache abgeben müssen. Vor allem stete Wiederholung des immer Gleichen kann sie nicht begeistern. Es kann passieren, daß sie z.B. ein liebstes Spielzeug haben, mit dem sie immer wieder einmal spielen. Sie werden aber nie, wie die ältere Generation, stundenlang mit einem Teil spielen, es sei denn, dieses Teil ist beweglich. Es wird in Zukunft sehr viel mehr sich bewegende, sprechende, piepende, antwortende Spielzeuge geben, die diese Kinder fordern und begeistern werden.

---

*(siehe Glossar)

Indigo-Kinder brauchen ihre eigene Form der Ruhe, auch wenn man das nicht immer versteht oder nachvollziehen kann. Beispielsweise können sich viele gerade in der Bewegung ausruhen. Situationen, die für uns eher Streß bedeuten, erlauben es den Indigo-Kindern, sich auszuruhen. Beobachtet man ein Indigo-Kind genau, erlebt man oft, daß es sich gerade bei einem Computerspiel ausruht. Viele Menschen meinen, daß all diese Spielsachen schädlich für die Kinder wären, sie hingegen scheinen sich wirklich dabei auszuruhen und wieder mit Energie aufzutanken. Es ist sicherlich zeitgemäß, daß es so viele Computerspiele gibt (glücklicherweise gibt es neben den negativen Gewaltspielen auch Computerspiele mit durchaus wertvollem pädagogischem Inhalt).

Viele Erwachsene wundern sich, wenn schon kleine Kinder mit Computerprogrammen umgehen können und ihren Eltern, die sich damit vielleicht eher schwertun, bei der Bedienung Anleitung geben können. Die Indigo-Kinder sind zudem in ihrer Kreativität oft so schnell, daß sie die Worte, die sie brauchen, um sich verständlich machen zu können, nicht finden. Aber das sind Aufgaben, die beide Gehirnhälften anregen, die Intuition und die Kreativität – und da gibt es keine Langeweile mehr.

Konzentration und Aufmerksamkeit

Ein sehr aktuelles Thema in der Schule und zu Hause sind Beschwerden über die mangelnde Aufmerksamkeit vieler Kinder. Es wäre jetzt allerdings nicht richtig zu behaupten, daß alle Indigo-Kinder unaufmerksam sind. Genausowenig läßt sich sagen, daß alle unaufmerksamen Kinder – also Kinder mit ADS, d.h. Aufmerksamkeits-Defizit-Syndrom – Indigo-Kinder sind. Aber es ist schon auffällig, wie viele Indigo-Kinder in diese Kategorie fallen. Forschen wir genauer nach, so kommen wir zu dem scheinbar widersprüchlichen Ergebnis, daß Indigo-Kinder eigentlich sehr aufmerksam sind, und zwar wenn sie etwas interessiert. Sie können ihre Aufmerksamkeit jedoch nicht aktiv steuern. Jede kleinste Veränderung in ihrem Umfeld kann sie stören oder ablenken oder auch unbewußt anziehen.

Ein Indigo-Kind bekommt durch seine hohe Sensitivität und hochentwickelte Wahrnehmungsfähigkeit viel mehr Informationen in Form von Gedanken, Vorstellungen, Ideen und Bildern als andere Kinder. Es wird manchmal so überwältigt von diesem Überfluß, daß es total unruhig und verwirrt sein kann. Das läßt sich wie folgt erklären: Hat ein Mensch Verbindung zu höherer Energie, intensiviert sich seine Verbindung mit den geistigen Ebenen. Das wiederum bedeutet, daß er mehr Bilder und Botschaften »im Kopf« empfängt und unter Umständen auch zwischen den Dingen wahrnimmt.

Um Ihnen zu verdeutlichen, wie es den Indigo-Kindern ergeht, möchte ich Sie zu einer kleinen Übung anregen:
Stellen Sie sich einmal vor, Sie sitzen irgendwo und versuchen jemandem zuzuhören, der Ihnen etwas zeigen und erklären möchte:

1. Sie sind so offen, sensitiv und intuitiv, daß Sie schon längst spüren, was Ihr Gegenüber sagen möchte. Alles dauert zu lange und geht zu langsam ... Schließlich ist Ihre Aufmerksamkeit dahin.
2. Sie bekommen zusätzlich so viele Bilder und Botschaften, daß Sie das Besprochene ständig aus einem anderen Blickwinkel betrachten können. Kreative Ideen fließen wie ein Lavastrom direkt aus dem Geistigen in Ihren Kopf hinein. Eine Flut von Informatio-

nen jagt durch Ihren Kopf, und dies so schnell, daß Sie nicht einmal in Worte fassen können, was Sie wahrnehmen und erfahren ... Und Ihre Aufmerksamkeit ist dahin.

Zu dieser Veranlagung kommt hinzu, daß ein Indigo-Kind irgendwie, irgendwo intuitiv schon alles weiß. Es läßt sich dann oft nicht mehr von einem Thema anziehen. Viel lieber folgt es den neuen Erkenntnissen, die durch seinen Kopf schwirren, um zu sehen, welche Lösung dabei herauskommt. Lehrer erkennen dieses Phänomen oft nicht und betrachten das Verhalten der Kinder als Interesselosigkeit. Doch die Indigo-Kinder leben in ihrer Welt, die materielle Welt ist ihnen zu einfach und zu oberflächlich, als daß sie sich damit lange beschäftigen wollen.

Manche der Indigo-Kinder hingegen leiden sicher unter ADS. Sie können schon völlig irritiert sein, wenn Gegenstände aus ihrer gewohnten Umgebung weggenommen oder ihr hinzugefügt werden. Jede Bewegung, jedes Geräusch, jedes Geschehen lenkt sie ab und zieht ihre Aufmerksamkeit auf sich. Gerade in der Schule, wo Kinder extrem lange stillsitzen müssen, kann jeder Stift, der zu Boden fällt, alles, was draußen geschieht, sie ablenken und ihre Aufmerksamkeit vom Lehrstoff abziehen. Ein solches Kind vergißt dann alles andere um sich herum. Für dieses Kind ist es oft sehr schwer, seine schlummernde Aufmerksamkeit bewußt auf das im Moment dargebotene Thema zu konzentrieren.

Hinzu kommt, daß das Indigo-Kind ein aktives Kind ist und beim Lernen Bewegung braucht. Es funktioniert eben anders und teilt seine Kräfte anders ein. Es läßt sich von anderen Anreizen steuern, die lebendig und motivierend sein müssen. Gerät das Kind in ein es nicht überzeugendes Umfeld, möchte es dieses sofort verlassen. Es flüchtet schnell oder versucht, die Situation »umzukehren« oder ihr einen tieferen Sinn zu geben.

Ein Indigo-ADS-Kind braucht Ziele, die es sehen kann. Ziele die motivierend sind, da seine Kräfte kurzfristig auf- und abgebaut werden. Es will frei und selbständig sein. Es kann sich schlecht auf Unbedeutendes konzentrieren und haßt es, ohne starke Reize, ohne Motivierung oder ohne Ansporn etwas »leisten« zu müssen. Manchmal bekommt man den Eindruck, daß ein Indigo-ADS-Kind sich erst lebendig fühlt, wenn es heftige Erfahrungen macht.

Eine Lehrerin, die sehr viel Herz für Kinder hat und die neuen Kinder gut verstehen kann, erzählt: *»Wenn ich eine ruhige, harmonische Unterrichtsstunde haben möchte, ist es wichtig, den wenigen Kindern, die ich in der Klasse habe und die möglicherweise Indigo-Kinder sind, einfach ihre Freiheit zu lassen. Manchmal steht ein Kind auf und läuft einfach ein paar Minuten durch den Raum. Danach setzt es sich wieder und ist erneut aufmerksam beim Unterricht. Oder ein anderes Kind muß aufstehen, zu seinem Schulranzen gehen, alles herausholen, um ihn danach wieder ganz neu einzuräumen. Nach fünf Minuten kommt es von selbst wieder in die Gruppe und nimmt teil. Ich bin gewohnt, in diesen Fällen zu sagen: »So, hast du es?« Die Kinder bestätigen meistens mit einem freundlichen, »Ja, ich hab es!« Meine Erfahrungen damit sind sehr gut, und der Unterricht wird so nicht unterbrochen.«*

Das Fazit der Lehrerin: Man muß den Kindern diesen Freiraum lassen.

Zeichen für ADS:
- Ein Kind versagt oft dabei, einer Sache besondere Aufmerksamkeit zu widmen, außer es ist von ihr regelrecht gefesselt.

- Es macht in der Schule Fehler aus Sorglosigkeit.
- Es scheint oft nicht zuzuhören, wenn es direkt angesprochen wird.
- Es läßt sich leicht durch Reize von außen stören.
- Es verliert, vergißt oder verlegt oft Dinge, die wichtig sind für seine Aufgaben oder Aktivitäten, ist oft vergeßlich bei täglichen Verrichtungen.
- Es kann schwer bei der Sache, im Spiel oder bei einer Aufgabe bleiben.
- Es hört nicht auf Anweisungen oder Instruktionen.
- Es hat oft Schwierigkeiten, Aufgaben oder Aktivitäten zu organisieren.
- Es tut sich schwer damit, neue Regeln zu lernen, weil es bei der Erklärung nicht bei der Sache ist.
- Es kann nur schlecht zuhören; einzelne Satzteile oder Einzelheiten des Gesagten gehen ihm verloren.
- Es hat die Tendenz, leicht gelangweilt zu sein.

Sind zwei oder mehr dieser Symptome ausgeprägter als bei gleichaltrigen Kindern und schon vor dem siebten Lebensjahr aufgetaucht, spricht man von ADS, d.h. Aufmerksamkeits-Defizit-Syndrom bzw. -Störung. Diese Störungen sollte man sich gesondert anschauen und behandeln lassen.

Verschiedene Gruppen, die ADS-Kinder fachlich betreuen, berichten, daß ADS-Kinder sich von anderen Kindern in ihren körperlichen Voraussetzungen unterscheiden, die sie anders reagieren und anders mit Situationen und Zeitabläufen umgehen lassen. Dies kennen wir bereits von den Indigo-Kindern (die andere DNS), die gleichfalls anders reagieren, als wir es gewöhnt sind. Es lassen sich immer wieder Parallelen finden.

Nach meiner Beschäftigung mit dem Thema scheint es mir, daß wir dringend aufgefordert sind, umzudenken und das Neue anzunehmen. Von uns wird jetzt viel Mut, Mitgefühl, Annahme und Umstrukturierung gefordert, damit wir lernen, die neuen Kinder zu verstehen, und neue Formen des Umgangs mit ihnen finden.

Eines der größten Probleme des Indigo-Kindes, das Unaufmerksamkeit auslösen könnte, ist, daß das Kind sich selbst mit anderen Kindern vergleicht, die als normal bezeichnet werden. Sind die anderen »normal«, folgert das Indigo-Kind, daß es wohl »anormal« ist. Das Indigo-Kind sehnt sich aber sehr danach, als »normal« angenommen zu werden. Der Druck, dem sich das Kind ausgesetzt sieht, ist gewaltig. Von frühester Kindheit an stößt es mit seinem Anderssein an die Grenzen seiner Belastbarkeit. Kommt es in die Schule, verstärkt sich der Druck meistens noch. Versagensängste oder das Gefühl, am falschen Platz zu sein, fördern Unaufmerksamkeit und Widerstand. Viele Kinder entwickeln daraus sogar eine Lese- und Rechtschreibschwäche.

Mag. Thomas Burger und Dr. Max Kastenhuber aus Linz, Österreich, beschreiben im Rahmen einer Studie von achtzig lese- und rechtschreibschwachen Kindern, wie gern Kinder mit dem Computer lernen: »... *Kinder arbeiten lieber mit dem Computer als mit anderen Lernhilfen. Nicht Lehrer oder Eltern geben Rückmeldung bezüglich richtiger oder falscher Lösung, sondern eine Maschine. Sie haben zu dieser Maschine keine persönliche Beziehung, die sie durch zu häufiges Versagen aufs Spiel setzen könnten. Sie können eine Kritik des Computers leichter ertragen, solange die Programme es ermöglichen, auch Erfolgserlebnisse zu haben. Das Medium Computer bietet Sicherheit, da viele Komponenten konstant sind; Schrift, Bilder und Töne bieten ein schnell bekanntes und gleichbleibendes Erscheinungsbild. Rückmeldungen sind berechenbar: Fehler werden als Fehler, Richtiges als richtig erkannt. Auch nach vielen falschen*

Versuchen urteilt der Computer bei einem »richtig« nicht mit »na endlich« oder »das wurde auch Zeit«. Für Indigo-Kinder ist dies sehr wichtig, da sie Beurteilungen nicht mögen und nicht anerkennen.

Die Kinder lernen, Probleme zu lösen, dafür selbst Strategien zu entwickeln, Abstand vom Ergebnisdruck zu nehmen; sie bekommen mehr Motivation, lernen länger und lieber und sind stolz auf sich selbst, da sie Erfolgserlebnisse aufweisen können. Wenn die Eltern ihre Aufgabe ernsthaft erfüllen, den Kindern Grenzen im Umgang mit dem Computer zu setzen, haben beide, sowohl Eltern als auch Kinder, viele Vorteile von ihm.«

Wirklich helfen können wir einem Indigo-Kind, indem wir es annehmen und ihm erklären, daß es anders ist und andere Begabungen mitbringt. Wichtig ist, daß das Kind dieses Anderssein annehmen und ein eigenes Selbstwertgefühl aufbauen kann. Es braucht sich dann nicht »zu verstellen« in der Hoffnung, von allen als normal angenommen und geliebt zu werden. Es kann anfangen, seine Fähigkeiten zum Ausdruck zu bringen.

Reden Sie mit Ihrem Kind, und fragen Sie es, was es selbst als Lösung vorschlägt. Ein Gespräch, das auf Annahme und Anerkennung gegründet ist, kann dabei helfen, gemeinsame Denk- und Handlungsstrategien zu entwickeln, die dem Kind Spaß machen und die es erfüllen. Loben Sie Ihr Kind häufig, und nehmen Sie Ihre wahre Elternrolle ein. Ein Kind braucht Lob und eine klare Familienstruktur, um sich wohl zu fühlen. Es kann dann die Last von sich werfen und frei spielen, lernen und heranwachsen.

Belastbarkeit und Ermüdung

Oft wird bemerkt, daß es hinsichtlich der Belastbarkeit und der Ermüdung zwei Sorten von Kindern gibt.

Die Kinder der ersten Gruppe sind oft sehr rasch müde oder klagen tagelang, sie sind zu müde, um aufzustehen, sich anzuziehen, zu frühstücken und in die Schule zu gehen. Diese Kinder sind sehr passiv, leiden an Antriebsmangel und Kontaktarmut. Daß sie so leicht ermüden, führt oft zu Leistungsversagen in der Schule. Ein solches Kind wird vielleicht falsch eingeschätzt und von der Schulleitung in eine andere Klasse eingeteilt. Das wiederum kann dazu führen, daß das Kind völlig unterfordert ist, und dann treten, statt weniger, mehr Probleme auf.

Die Kinder der zweiten Gruppe werden morgens wach, rasen den lieben langen Tag durch das Haus und die Schule, möchten, wenn sie klein sind, mittags nicht schlafen und abends oft erst spät ins Bett gehen, aber dann auch nur, wenn es wirklich keinen mehr gibt, der mit ihnen wach bleiben möchte. Sie erholen und entspannen sich überall, sogar in einer Kneipe oder in einem Restaurant. Sie sind im Gegensatz zu den leicht ermüdenden Kindern sehr aktiv und kontaktfreudig, in der Schule aber schwer einzugliedern, da ihr Bewegungsdrang sie sie zum »unruhigen Geist« macht.

Die Leistungskurve der Kinder, die rasch ermüden und nicht belastbar sind, sinkt meist schon nach wenigen Minuten bedenklich ab. Ihre Leistungsfähigkeit schwankt dadurch enorm. Sie können sich teilweise nicht mehr an das erinnern, was sie gelesen, gesagt oder gedacht haben, und es entstehen große Informationslücken. Gute und schlechte Tage und Zeiten wechseln sich ab, das ist für alle Beteiligten schwierig. Eine Hilfe könnte sein herauszufinden, während welcher Tageszeit ein Kind am stärksten belastbar ist, um es dann in dieser Zeitphase mit noch nicht erledigten Aufgaben zu konfrontieren.

Es ist auffällig, wie viele Eltern von Indigo-Kindern, wenn sie sie von Ärzten oder Therapeuten untersuchen lassen, folgende Diagnose zu hören bekommen: Ihr Kind leide an POS (Psycho-Organisches-Syndrom) oder an einem anderen Defizit-Syndrom. Wobei manche POS-Bezeichnungen auf Indigo-Kinder zutreffen, andere wiederum nicht. Es muß deutlich klargestellt werden, daß in Wirklichkeit nur sehr wenige Indigo-Kinder überhaupt Defizit-Syndrom-Kinder sind.

Es ist wirklich fast unvorstellbar, wie viele Defizit-Syndrom-Bezeichnungen es für die neuen Kinder gibt. Sind sie wirklich alle ein Fall für den Psychiater, oder stimmt vielleicht mit uns etwas nicht? Warum gibt es so viele Kinder, die eigentlich Indigo-Kinder sind, aber als Defizit-Syndrom-Kinder behandelt werden? Eine Erklärung wäre die mangelnde Erfahrung mit diesen Kindern und das daraus folgende Unverständnis, das unsere Welt diesen Kindern entgegenbringt, was wiederum die Kinder sehr belasten und ermüden muß. Seit 1980 die Bezeichnung ADD und 1987 die Bezeichnung ADHD weltweit als Krankheitsbild definiert und anerkannt wurden, wurden diese Störungen innerhalb eines Jahrzehnts Millionen von Kindern zugeschrieben.

Hier einige der Defizit-Syndrom-Bezeichnungen die im Zusammenhang mit den Indigo-Kinder auftauchen:
- ADD – Attention Deficit Disorder (engl. Sprachraum)
- ADS – Aufmerksamkeits-Defizit-Störung oder -Syndrom (ADD im dt. Sprachraum)
- ADHD – Attention Deficit Hyperactivity Disorder (engl. Sprachraum)

- ADSH – Aufmerksamkeits-Defizit-Syndrom mit Hyperaktivität (ADHD im engl. Sprachraum)
- HKS – Hyperkinetisches Syndrom

Weitere Begriffe und Bezeichnungen, die im Zusammenhang mit obigen Defizit-Störungen genannt werden:
- Ambidextrie (Beidhändigkeit)
- Angst vor Neuem, Veränderungen, Umstellungen
- Clumsy Child Syndrom (ungeschickte Kinder)
- Dyskalkulie (Rechenschwäche)
- Dyslexie (Leseschwäche)
- Hyperaktivität (zu aktiv)
- Hypertonie (erhöhter Blutdruck)
- Hypoaktivität (zu wenig aktiv)
- Legasthenie (Schreib- und Leseschwäche)
- Lernstörung
- Übererregbarkeitssyndrom
- Verhaltensstörung, aggressive
- Wahrnehmungsstörungen, verschiedene

Ich habe hier nur die Bezeichnungen aufgelistet, die auch nach meiner Einschätzung einen Bezug zu Indigo-Kindern haben. Die Liste der Defizit-Syndrome ist sehr viel länger. Es wird sich in der Zukunft herausstellen, wie viele Schnittpunkte es zwischen Indigo-Kindern und POS-Kindern oder Indigo-Kindern und anderen Defizit-Syndrom-Kindern gibt. Aber in Anbetracht der Anzahl von betroffenen Kindern und der Menge von Syndromen stellt sich eine weit wichtigere Frage: Ist es nicht an der Zeit, daß wir anfangen umzudenken? Neue Modelle, neue Denkweisen werden in der Zukunft nötig sein, um diesen Kinder gerecht zu werden.

Soziales Verhalten

Indigo-Kinder haben nur ein schwach ausgeprägtes Gefühl für soziale Grenzen. Ihnen wird oft Distanzlosigkeit oder Hemmungslosigkeit im Umgang mit Erwachsenen zugeschrieben, da sie gerne auf »gleicher Ebene« begegnen. Vor allem, wenn sie sich gut verstanden fühlen, sind sie sehr offen und vertrauensvoll und lieben intensive geistvolle und dynamische Gespräche.

Einerseits neigen sie dazu, oberflächliche Bekanntschaften zu haben, andererseits aber klammern sie sich an einen einzigen Freund oder an einige wenige Kameraden. Grundsätzlich mögen sie keine Oberflächlichkeit, aber die meisten anderen Kinder interessieren sie einfach nicht, sie haben nicht die gleiche Wellenlänge. Sie mögen am liebsten wenige, dafür aber tiefgehende Freundschaften, und wenn sie jung sind, kann es gut sein, daß sie nur einen Freund haben, den sie wirklich mögen.

Oft sieht man bei Indigo-Kindern eine starke Bindung zu Haustieren, die sie sehr lieben. Die Tiere vertreten für diese Kinder ein Stückchen Heimat, da sie sie als aufrichtig und ehrlich empfinden. Tiere sind in ihrem Ausdruck direkt, zeigen aber dennoch deutlich Grenzen und lieben bedingungslos. Indigo-Kinder können mit Tieren völlig sie selbst sein und brauchen sich nicht zu verstellen.

Indigo-Kinder können sich ziemlich unsicher fühlen, wenn die ganze Welt ihnen vermittelt, daß sie anders sind als andere Kinder. Diese Unsicherheit kann Aggressivität, Fluchtreaktionen, Depression oder Isoliertheit hervorrufen. Das Kind versteht die Welt oft nicht und kommt sich manchmal vor, als wäre es auf dem falschen Planeten gelandet. Da es auf die Erde kommt, um die Menschen, die Erde, die Pflanzen und Tiere grenzenlos liebzuhaben, ist das für ein solches Kind meist ein großer Schock. Es muß dann einen Weg finden, wie es seine Verunsicherung kanalisieren und ausdrücken kann. Der Druck, der von außen ausgeübt wird, damit es sich der Gesellschaft anpaßt, ist groß, aber das Kind läßt sich nur sehr schwer zwingen, etwas zu tun, an das es nicht glaubt. Sogar sozialer Druck führt bei einem Indigo-Kind nicht zur Unterordnung. Wird es gezwungen, sich sozial anders zu verhalten und sich der Norm anzupassen, verliert es leicht den Kontakt mit seinem inneren Wesen und gerät aus seiner Mitte. Das kann erbitterten Widerstand und Rebellion zur Folge haben.

Da Indigo-Kinder sicher sind, daß es ihnen zusteht, nach ihrer eigenen Überzeugung zu handeln, gibt es Schwierigkeiten, wenn sie gezwungen werden, anders zu handeln. Ein Indigo-Kind hat seine eigene Auffassung von Gruppe und Freundschaft und wird oft als gruppenunreif eingestuft. Aber es ist eher so, daß es dazu neigt, ein Einzelgänger zu sein, weil es von den anderen Kindern selten verstanden oder akzeptiert wird und seine eigenen Ideale und geistigen Ideen nicht mit ihnen teilen kann. Es isoliert sich in der Gruppe, wenn es sich unverstanden fühlt, was ihm und der Gruppe nicht guttut. Am besten ist es, das Indigo-Kind findet Freunde, die es verstehen und seine Ideale mit ihm teilen.

Es gibt viele Geschichten von Müttern, die nicht mehr wissen, wie sie ihr Kind dazu bringen können, sich in der Öffentlichkeit »passend« zu benehmen. Wenn man ein brüllendes Kind im Supermarkt oder in der U-Bahn hinter sich herschleppt und alle einen vorwurfsvoll anschauen, kann leicht Verzweiflung aufkommen. Wenn Eltern anfangen, ihre Lage aus spiritueller Sicht wahrzunehmen, erkennen sie ihr Kind als ein »neues Kind« und verstehen die seelischen Zusammenhänge. Es ist, als ob sie durch eine neue Brille schauen würden, durch die sie alles anders sehen. Sie bemerken, daß sie, statt über eine Situation zu weinen, oft lachen müssen, weil sie so außergewöhnlich ist! Das Leben wird hierdurch erheblich leichter für Eltern und Kind.

Verena Trautwein, Mutter von zwei Indigo-Kindern, Heilpraktikerin und Radionik-Therapeutin, erzählt:

»David ist 7 Jahre alt und ein sehr freundliches und offenes Kind. Beim Spaziergang saß er im Kinderwagen und rief quer über die Straße zu jedem hallo und grüßte jeden freundlich. Er hat ein sehr weites Energiefeld und erlebt sich selbst in allen, mit denen er zusammen ist. Schon im Kindergarten war er wie ein Schwamm. Oft kam er mittags nach Hause und schrie erst mal eine Stunde, um sich von den vielen Eindrücken des Morgens zu befreien.

Später in der Schule hatte er immer wieder Schwierigkeiten mit seinen Mitschülern. Wie zufällig ging er an ihnen vorbei und berührte sie mit seiner Hand oder zwickte sie. Für ihn war das eine Art der Kontaktaufnahme, die von den meisten anderen Kinder nicht positiv erwidert wurde. Sie empfanden das als zu nahe und schubsten ihn oder verhauten ihn sogar. Zu Hause erzählte er dann davon, ohne daß er eine Verbindung zwischen seinem Verhalten und den Ergebnissen erkennen konnte. Es kam auch öfter vor, daß er nur im Raum stand und anderen Kindern zuschaute und diese sich dadurch gestört fühlten. Einige Kinder liefen hinter ihm her und verhauten ihn dann oder drückten ihn auf den Boden. Meist verlief das als Teil eines Spieles, doch öfter wurde es auch ernst, und dann war er sehr durcheinander.

Er hatte einen sehr liebevollen und aufmerksamen Lehrer, und wir besprachen häufig, wie wir David helfen könnten, besser im Kontakt mit seinem Ich und seiner inneren Kraft zu sein. Er kannte keine Grenzen, am we-

nigsten seine eigenen. Wir versuchten immer wieder, ihm die Zusammenhänge zu erklären, doch ein sechsjähriges Kind ist für Argumente nicht zugänglich, sondern lernt durch Tun. Wir alle lernten sehr viel durch seine Schwierigkeiten und erkannten immer klarer, daß auch wir uns verändern mußten, wenn wir ihm helfen wollten. Die in jahrelanger Ausbildung angeeigneten Methoden des inneren Wachstums kamen nun verstärkt im eigenen Heim zum Einsatz. Wir erlebten, daß es uns nicht gutging, wenn es ihm nicht gutging, und daß, wenn er nicht glücklich war, wir auch nicht glücklich waren. So begannen wir zu experimentieren, wie wir unsere Fähigkeiten und unser Wissen zum Wohle der gesamten Familie umsetzen könnten. Wir entdeckten immer neue Aspekte, die sich bislang unserer Wahrnehmung entzogen hatten.

Es war nicht leicht, erkennen zu müssen, daß David durch sein Verhalten Bedürfnisse zum Ausdruck brachte, die wir bisher einfach übersehen oder sogar übergangen hatten, da sie sich unserer Wahrnehmung entzogen oder einfach nicht in unseren Alltag gepaßt hatten. Gestärkt durch unsere Entscheidung, unsere häuslichen Bedingungen so weit wie nötig umzustrukturieren, begannen wir, unseren Umgang mit David zu ändern. Wir nahmen seine Schwierigkeiten zum Anlaß, neue Formen auszuprobieren.

David kannte z.B. keine Grenzen. Dies war auch zu Hause so. Wir sagten etwas, und er reagierte nicht. Dies wiederum ließ uns reflektieren, wie klar wir ihm unsererseits Grenzen setzten. Wir stellten fest, daß wir zu Grenzen eine neue Beziehung finden mußten, und wir erfuhren, daß wir häufig gar nicht wußten, was überhaupt sinnvolle und heilsame Grenzen sind. Wir lernten es im Laufe der Zeit durch Versuch und Irrtum. David forderte geradezu Grenzen von uns, und wenn wir sie ihm nicht gaben, brachte er uns durch sein Verhalten an unsere Grenzen, so daß wir quasi gezwungenermaßen unsere Grenzen und auch seine immer wieder neu definieren mußten.

Zeitweise erlebten wir ein unübersehbares Chaos, in dem David eine Hauptrolle spielte. Wir gaben nicht auf. Wir nahmen uns viel Zeit und hielten an unserem Vorsatz fest, die Familie neu zu strukturieren und jedem genügend Raum und Ausdruck zu ermöglichen. Wir wollten ohne Geschrei gemeinsam essen, wir wollten schöne Dinge zusammen unternehmen, wir wollten ein schönes Zuhause und gemütliches Beisammensein.

Wir Eltern mußten lernen, uns durchzusetzen und unsere eigenen Bedürfnisse wieder wahrzunehmen. Wir mußten feststellen, daß wir unseren Kindern mehr Priorität eingeräumt hatten als uns selbst. Diese Verantwortung wollten diese jedoch gar nicht, sie waren sogar überfordert. Nach und nach nahmen wir unsere Elternrolle ein, und im gleichen Maße begannen unsere Kinder, Kinder zu sein. Ich machte einmal bei einem Elternabend folgende Aussage, die meinen Prozeß gut beschreibt: Meine Kinder sind am glücklichsten, wenn ich glücklich bin und es mir gut geht. Das tut es dann, wenn sie machen, was ich sage.

Heute sitzen wir beim Essen und reden miteinander. Es macht Spaß, den beiden zuzusehen, wie sie unsere liebevolle Führung regelrecht genießen. Sie sind beide große Individualisten und zeigen uns klar, was sie möchten und was nicht. Wir hören zu und entscheiden dann mit unserem größeren Überblick als Eltern, was geht und was nicht. Wir sind immer darauf ausgerichtet, wie wir ihnen das Mögliche ermöglichen können, und sie wissen das. Wir lernen täglich neue und harmonische Verhaltensweisen, die von gegenseitigem Respekt und von Liebe getragen sind.

Es hat einige Monate ständiger Aufmerksamkeit gebraucht, um innerhalb unserer Familie ein neues Klima *und neue Verhaltensweisen im Miteinander zu schaffen, und wir waren erfolgreich. Dennoch hatte David immer noch das Problem mit seinen Mitschülern. Er war nicht voll in seinem Körper und fand seinen Platz in der Klasse nicht. Ich behandelte ihn schließlich radionisch und erstellte ihm ein Seelen-Hologramm. Aus diesem ging unter anderem hervor, daß er in seinem Unterbewußtsein Gefühle von Machtlosigkeit gespeichert hatte. Schon nach einigen Tagen radionischer Behandlung kam er wieder einmal von der Schule nach Hause und berichtete, daß Kinder ihn verhauen hätten. Auf meine Frage, wieso, antwortete er: Ich glaube, ich habe sie geärgert. Diese Selbstreflexion war neu. Bisher war die Antwort immer gewesen: Ich weiß nicht, ich habe nichts gemacht. Tags darauf kam er nach Hause und sagte: Heute haben sie mich nicht verhauen. Ich habe sie nicht geärgert. Von diesem Tag an hatte er etwas begriffen, das wir alle ihm von außen nicht hatten klarmachen können.*

Seither fühlt er seinen Körper täglich intensiver, hat Freunde, äußert seine Bedürfnisse, ist offen und dabei ganz der kleine Junge, der immer wieder versucht, seine Grenzen an unseren Grenzen zu finden, und glücklich ist, wenn wir sie ihm setzen. Sein gesamtes Energiefeld hat sich einer höheren Ordnung entsprechend umstrukturiert, und wir sind glücklich über diese sanfte Heilungsmethode, die ihn von innen heraus stärkt und ihn dabei unterstützt, sein kraftvolles Wesen täglich mehr zum Ausdruck zu bringen.«

Hyperaktivität und motorische Unruhe

Was bedeutet Hyperaktivität eigentlich genau? Warum wird seit einigen Jahren soviel über Hyperaktivität gesprochen? Warum gibt es weltweit so viele neue Kinder, bei denen die Diagnose »hyperaktiv« gestellt wird? Ich möchte das Thema Hyperaktivität der neuen Kinder hier von verschiedenen Seiten beleuchten und darstellen, wie wir diese Kinder ernsthaft annehmen und verstehen lernen können.

Meistens wird Hyperaktivität in der deutschen Sprache ADSH genannt, was Aufmerkamkeits-Defizit-Syndrom mit Hyperaktivität bedeutet. Oder man benutzt die englische Bezeichnung ADHD, was Attention Deficit Hyperactivity Disorder heißt. Das Wort Hyperaktivität selbst bedeutet einfach Überaktivität und wird auch Bewegungsunruhe genannt. Weniger bekannt, aber trotzdem vielfältig vorkommend ist das passive ADHD oder passive ADSH. Hier steht das »H« nicht für Hyper- sondern für Hypoaktivität, was im Grunde das Gegenteil ist, nämlich Unteraktivität oder Bewegungsarmut.

Es wird gegenwärtig soviel über diese Krankheitsbilder gesprochen und geschrieben, weil angenommen wird, daß erschreckend viele Kinder hyperaktiv sind. Das wiederum gibt Anlaß zum Nachdenken, denn je höher die Anzahl der Betroffenen, desto unwahrscheinlicher ist es, daß es sich tatsächlich um ein psychisches Defizit handelt. Problematisch ist ohnehin, daß es kein einheitliches Erscheinungsbild gibt. Jeder, der davon betroffen ist, hat seine ganz spezielle, individuelle Hyperaktivität. Die Merkmale sind ähnlich, aber die Ausprägung ist bei jedem anders. Die Zahl der Kinder, die als hyperaktiv diagnostiziert werden, ist in den letzten Jahren extrem gestiegen, und von den so eingestuften scheinen viele Indigo-Kinder zu sein.

Das typische hyperaktive Kind ist bewegungsorientiert. Es zappelt ständig mit Händen und Füßen herum, zeigt eine übersteigerte Muskeltätigkeit und kann nicht stillsitzen. Es erzählt unentwegt etwas, redet ungewohnt viel. Es verläßt gerne seinen Platz, und zwar in der Schule, zuhause am Tisch oder in anderen Situationen. Es rennt, springt und klettert viel herum und hat oft Schwierigkeiten, sich einmal ruhig zu verhalten. Es scheint irgendwie ständig unterwegs zu sein und angetrieben zu werden, ist voll von überschüssiger, schwer kontrollierbarer Energie. Es fehlt ihm an den sonst üblichen Bewegungshemmungen für die motorischen und die sensorischen Impulse.

Das hyperaktive Kind platzt mit Antworten heraus, bevor die Fragen zu Ende gestellt worden sind, und verbreitet hierdurch Unruhe und Gereiztheit. Dabei betreibt es einen solch enormen Energieaufwand, daß man sich vom bloßen Zuschauen erschöpft fühlen kann. Es wirkt oft gehetzt, fühlt sich unwohl in seiner Haut, ist ruhelos, unstet und unfähig, etwas zu genießen. Dazu kommt oft, daß das Indigo-Kind kein richtiges Körpergefühl und dadurch Schwierigkeiten mit dem physischen Körper hat. Die muskulären statischen Haltefunktionen ermüden rasch und lassen das Kind immer neue Körperhaltungen und Stellungen einnehmen. Wenn es stillsitzen muß, gerät es in eine zusätzliche Streßsituation und wird nervös.

Aber das Kind hat viele positive Eigenschaften, ist meist sehr lieb, offen, kontaktsuchend, gesprächsfähig, einfallsreich, intuitiv und hochintelligent, oft freigiebig und großzügig. Diese guten Seiten scheinen aber immer nur für kurze Momente durch, während das gehetzte Umherschweifen des Körpers und der Gedanken weitgehend die Überhand behält.

Wie kann man das stundenlang ertragen? Und es geht nicht nur ums Ertragen, sondern auch darum, das Kind zu erziehen. Eine fast unmögliche Aufgabe, wenn man noch für andere Kinder sorgen muß! Die Eltern befinden sich wirklich in einer schwierigen Situation, vor allem die Mutter, die überwiegend mit dem Kind zusammen ist. Oft wird die Ursache der Probleme auch nicht erkannt, das verunsichert die Mutter, und sie bekommt tiefgehende Schuldgefühle, die durch das Unverständnis der Umgebung meistens noch verstärkt werden. Für die Mutter ist es erst einmal wichtig zu wissen, daß sie keine Schuld trifft. Aber die Mutter ist natürlich diejenige, die das Kind, das oft schon während der Schwangerschaft sehr aktiv ist, trägt, im Kindesalter begleitet und die am stärksten davon betroffen ist.

Frau Edith Klasen, Dipl.-Psych. Dr. phil. Fachpsychologe für Klinische Psychologie, München, beschreibt in einem Referat für die Elterninitiative zur Förderung hyperaktiver Kinder e.V. die Situation der Mutter und der Familie eines hyperaktiven Kindes so:

»Abgesehen von der besonderen Betroffenheit der Mütter durch falsche psychoanalytische Ansätze sind es ebenfalls die Mütter, die von Anfang an mehr leiden. Sie tragen das Kind, das oft schon im Mutterleib besonders aktiv ist, das als Säugling schon Schwierigkeiten beim Stillen, Schlafen, Essen hat. Sie müssen damit fertig werden, daß es dauernd weint und schreit, im Laufstall rhythmisch den Kopf anschlägt, nicht auf dem Arm gehalten werden will, nicht liebkost werden will, aber die Mutter dauernd in Sorge und auf Trab hält! Anfangs versuchen meist beide Eltern, das Kind, dessen Unarten deutlicher werden, wenn es zu laufen beginnt, mit ganz normalen Erziehungsmaßnahmen zu lenken und zu schützen. Bald merken sie, daß es dem Kleinen trotzdem gelingt, aus dem Gitterbett zu steigen, alles herunter- und herauszureißen, durch Türen und Fenster zu entkommen, jegliche Gefahr zu ignorieren und schon als Krabbelkind bis auf die Fahrbahn draußen zu gelangen. Nun werden die Nachbarn aufmerksam, die Kindergärtnerin, die Verwandten und Bekannten. Sie signa-

lisieren fast ausnahmslos: Ihr versagt bei der Erziehung, ihr paßt nicht auf, habt keine Autorität bei dem Kind; wenn mein Kind sich so benähme! Es regnet nur so Vorwürfe und Schuldzuweisungen, alles zerstörerische Angriffe auf das elterliche Selbstbewußtsein. Man weiß sich immer weniger zu helfen; alle Strafen und Belohnungen, die man schon versucht hat, sind ohne Erfolg geblieben. Erreicht das hyperaktive Kind das Schulalter, so kommen zu seinem ungezügelten Benehmen Aggressionen hinzu. Es lehnt jede Autorität ab, lehnt sich auf gegen Gebote und Verbote, will Spielregeln des familiären Zusammenlebens gewaltsam in seinem Interesse ummodeln. Es benimmt sich aufreizend schlecht bei Tisch; bei Autofahrten quengelt es andauernd; es zerbricht Sachen und schlägt Kinder. Was wie feindselige Aggression aussieht, ist vielleicht in Wirklichkeit nur Überreizbarkeit, Impulsivität, Hilflosigkeit. Tatsache ist, daß das Kind immer und überall aneckt, nicht zuletzt natürlich in der Schule. Von dort werden weitere Klagen und Mahnungen an die Eltern gerichtet. Was immer die Eltern versuchen, nichts fruchtet. Nun beginnen sie, sich gegenseitig Vorwürfe zu machen. Der eine ist zu lax, der andere zu streng. Der Vater verhängt Ausgehverbot, ist aber nicht zu Hause, wenn es ausgeführt wird, und die Mutter beklagt sich, daß sie nun die Last tragen soll. Oft entsteht eine Situation, in der das Kind widersprüchliche Botschaften von Vater und Mutter bekommt: Du gehst sofort ins Bett/du darfst noch zu Ende fernsehen. Wie immer es darauf reagiert, seine Reaktion ist entweder dem einen oder dem anderen Elternteil nicht recht – wo es doch beide lieben und beiden gehorchen soll! Meist sind solche Double-Bind-Botschaften viel subtiler als in diesem Beispiel; desto ärger ist dann ihre Wirkung. Die Geschwister verstehen das hyperaktive Kind nicht; sie hassen es, weil es aufdringlich ist, alle Spiele und Aktivitäten stört, nicht auf die Eltern hört, nie aufräumt, nichts zu

Ende macht, weil es offenbar nur ein Gaspedal, aber keinerlei Bremspedal hat. Das Kind wird isoliert von Geschwistern, Spiel- und Klassenkameraden. Die Eltern isolieren sich und werden isoliert, weil auch Erwachsene ihr Kind ablehnen und diese »Erziehungsfehler« seitens der Eltern nicht billigen; man meidet den Umgang. Ächtung und Isolierung von außen, Unfrieden innerhalb der Familie, völlige Rat- und Aussichtslosigkeit, das sind Belastungen, die häufig zur Scheidung, also zum Zerfall der Familie, und leider wohl auch öfter, als wir wissen, zu Kindesmißhandlungen führen.«

Es scheint, daß Hyperaktivität fast immer in Kombination mit dem Aufmerksamkeits-Defizit-Syndrom auftritt und von den meisten Therapeuten, Psychologen und Ärzten in Richtung einer Störung eingestuft wird. Auch findet man ADSH oft zusammen mit anderen Störungen, wie dem Tourette-Syndrom*, Bleivergiftung, Legasthenie und Zurückgebliebenheit. Dazu kommt, daß viele andere Störungen, wie z.B. Depression, manische Depression, Angstzustände oder Persönlichkeitsstörungen, ähnliche Symptome aufweisen und somit die Erkennung eines einheitlichen, allgemeinen Erscheinungsbildes erschweren.

Allgemein geht man davon aus, daß ADSH-Kinder genetische Abweichungen haben, die in Zukunft noch genauer untersucht werden müssen. Es stellt sich aber doch die Frage, ob die Bezeichnungen ADS oder ADSH nicht hilflose Versuche sind, abweichende Verhaltensmuster

---

(Eine neuropsychiatrische Erkrankung, deren charakteristisches Merkmal Ticks sind, z.B. sowohl multiple motorische (Muskelzuckungen) als auch einen oder mehrere vokale (Lautäußerungen). Bei den Ticks handelt es sich um unwillkürliche, rasche, meistens plötzlich auftretende und mitunter sehr heftige unwillkürliche, ruckartige Bewegungen, die immer wieder in gleicher Weise einzeln oder serienartig auftreten können.)

von Kindern in Kategorien zu pressen, um überhaupt damit umgehen zu können. Könnte es nicht vielmehr sein, daß in unserer neuen Generation eine genetisch-biologische Umstrukturierung stattfindet, die wir noch nicht verstanden haben und auf die wir in unserem Unverständnis auch noch nicht reagieren können?

Alan Zametkin vom National Institute of Mental Health in Amerika sagt, daß die biologische Ursache, die hinter ADSH steht, langsam anfängt, sich an der Oberfläche zu zeigen: »*Wir können nicht genau sagen, welche Struktur oder welche chemische Substanz hier verkehrt ist. ADSH ist wie Fieber – viele Ursachen können es auslösen.*« Zametkin hat in seinen wissenschaftlichen Untersuchungen festgestellt, daß 70 bis 80 Prozent von Menschen mit ADSH einen vom Üblichen abweichenden Rezeptor für das Schilddrüsenhormon haben.*

Die Vereinigung zur Förderung von Kindern und Erwachsenen mit Teilleistungsschwächen »Juvemus« schreibt: »*Nach dem heutigen Stand der Wissenschaft ist ADSH eine angeborene Hirnstoffwechselstörung. Stoffe, die man Neurotransmitter nennt, werden entweder in zu geringer Menge produziert oder zu schnell abgebaut.*«

In Studien an der Universität von Toronto wurde eine Verbindung zwischen ADSH und drei Genen, die Rezeptoren für den Neurotransmitter Dopamin kodieren, festgestellt. In anderen Untersuchungen wurden Abweichungen in der Gehirnstruktur und der Größe bestimmter Hirnteile von ADSH-Kindern entdeckt. Auch werden die verschiedenen Defizit-Störungen in Verbindung gebracht mit Allergie auf Gluten* oder Süßspeisen. Aber all diese

---

*(Mehrere Wissenschaftler haben nachgewiesen, daß es interessante Unterschiede gibt zwischen Menschen mit und Menschen ohne ADSH. Artikel über verschiedene Forschungsarbeiten wurden u.a. in der Zeitschrift »Scientific American« publiziert.)

Untersuchungen sind im Anfangsstadium und benötigen mehr Zeit, um konkrete Beweise zu liefern. Würde man entdecken, daß hyperaktive Kinder physiologisch anders sind, könnte das ein Zeichen dafür sein, daß die neuen Kinder »weiter entwickelt« wären als wir.

Inzwischen wurde bei vielen Indigo-Kindern nachgewiesen, daß sie eine andere Leber haben als wir, ihre »Vorläufer«. Die Wissenschaft hat noch nicht genau herausgefunden, welche spezielle DNS-Änderung bei ihnen stattgefunden hat, aber es ist klar, daß eine erfolgt ist. Diese Leberveränderung ist natürlich u.a. eine Antwort auf die Nahrung, die wir zu uns nehmen, eine Reaktion auf das »junk food«, um es ohne gesundheitliche Schäden verzehren zu können (siehe Kapitel 4 Die Indigo-Gesundheit).

Eltern, die total überfordert sind mit den Situationen, in die sich ihr Kind zu Hause, im Kindergarten oder in der Schule verwickelt, entschließen sich oft in Zusammenarbeit mit ihrem Arzt, ihr Kind mit bestimmten Medikamenten zu unterstützen. Diese können die Konzentration anheben, wenn sie nachläßt, und sollen vor allem dem Kind helfen, mehr im Einklang und in Harmonie mit seiner Umgebung zu sein. Damit wird die Überlastung des Kindes vermieden.

Ein Medikament, ein sog. Psychopharmakum, das normalerweise für ADSH- (und ADS-)Kinder verschrieben wird, ist Ritalin. Andere verordnete Medikamente sind u.a. Dexetrin, Cylert, Tofranil, Norpramin, Catapres, Prozac, Paxil, Luvox, Zoloft, Adderall. Diese Medikamente sind in sich ziemlich komplex und haben meistens massive Nebenwirkungen. Die Meinungen über Ritalin und ähnliche Medikamente gehen weit auseinander; es gibt

---

*(siehe Glossar)

eine Pro- und eine Anti-Ritalin-Bewegung. Das Medikament wird von manchen Therapeuten, Ärzten, Psychologen, Eltern und Lehrern für gefährlich gehalten, während andere meinen, daß es dem Kind die beste Chance biete (siehe Kapitel 4).

Ein Schritt auf dem Weg zu einer Lösung wäre: Aufklärung! An erster Stelle steht dabei natürlich, dem Indigo-Kind zu helfen. Ohne Unterstützung der Eltern kann sich bei dem Kind nichts verändern. Es braucht Hilfe, um sein Verhalten verstehen, annehmen und ändern zu können.

Ein hyperaktives Kind ist ein bewegungsorientiertes Kind, das die Bewegung liebt und braucht. Jeder Mensch kann Streß überwiegend in der Bewegung abbauen. Wenn wir stillsitzen, lädt der Körper sich statisch auf. Diese Aufladung des Körpers möchte uns aber wieder in Bewegung bringen. Im Schlaf geschieht das automatisch. Der Körper dreht sich im Bett, ohne daß wir erwachen, und entlädt sich damit. Ein kleines Kind, das stillsitzen soll, möchte der Aufforderung der Mutter folgen, weiß aber nicht, wie es mit dieser Streßsituation fertig werden soll. Es möchte von der Mutter geliebt und angenommen werden und hat Angst, die Liebe der Mutter zu verlieren. Das Kind gerät in einen fürchterlichen Zwiespalt, und damit der Körper sich nicht statisch auflädt, fängt es an, kleine Bewegungen zu machen, z.B. mit dem Fuß zu wippen, mit einem Bleistift auf den Tisch zu schlagen usw. Das ist so wie ein kleines Sicherheitsventil, mit dem es Dampf abläßt. Diese kleinen Bewegungen lassen das Kind sich so abreagieren, daß es nicht aufstehen muß. Wir Erwachsene haben gelernt, ruhig zu bleiben, wenn es erforderlich ist. Ein Kind, das sich für unser Empfinden dauernd bewegt, ist für unser eingeübtes Verhalten ein zusätzlicher Streß.

Um gesund zu bleiben, muß Streß durch Bewegung

abgebaut werden. Wenn Kinder versuchen, sich gegen ihre Natur und ihr Bedürfnis nicht zu bewegen, bleibt der Streß im Körper. Durch kleine Bewegungen versucht das Kind, sich zu entspannen, damit erscheint es uns als unaufmerksam und unkonzentriert. Nach außen sieht es aus, als ob das Kind sich nicht ruhig verhalten könne, es wirkt nervös. Viele Kinder drehen sich daher sehr oft im Schlaf, bewegen sich andauernd, um diese Anspannung aus dem Körper hinauszulassen. Die Entladung im Schlaf ist aber nicht ausreichend, und der nächste Tag bringt neuen Streß. Das Kind reagiert darauf, indem es versucht, den Situationen, die Streß bedeuten, aus dem Weg zu gehen. Es fängt an aufzufallen. In der Regel werden die Eltern dann benachrichtigt, daß mit ihrem Kind etwas nicht stimmt.

Das Kind sollte um seine Unterschiedlichkeit wissen und erfahren, daß es viele Kinder gibt, die ähnliche Schwierigkeiten haben, und daß es im Grunde »völlig normal« ist. Es muß sich angenommen fühlen und wissen, daß andere erkennen, daß seine Unkonzentriertheit nicht das Ergebnis von Faulheit oder Dummheit ist, sondern seines Andersseins. Dann kann es anfangen, sich selbst wieder als normal wahrzunehmen. Das Kind braucht dringend das Gefühl, daß es in Ordnung ist, aber man muß ihm sein Anderssein auch erklären.

Ein grundlegendes Problem liegt darin, daß das Indigo-Kind sich eigentlich immer an die Vorstellungswelt seiner »normalen« Mitmenschen anpassen muß, die es nicht als normal akzeptieren können, es selbst nimmt sich aber als normal wahr. Nehmen wir an, daß Indigo-Kinder wirklich anders funktionieren, eine veränderte DNS mit neuen Kapazitäten haben, die wir noch nicht richtig kennen. Dann könnte man sich vorstellen, daß viele Kinder fälschlicherweise als Defizit-Syndrom-Kinder eingestuft werden, als Kinder, die unaufmerksam, hyperaktiv oder hypoaktiv sind.

Die meisten hyperaktiven Kinder werden auf Anfrage der Schulen gründlich untersucht, und normalerweise werden keine Hirnschäden oder ähnliches festgestellt. Man entdeckt sogar oft, daß sie einen sehr hohen IQ haben, obwohl sie »schlecht in der Schule« sind. Stehen wir vielleicht wirklich vor einer großen evolutionären Veränderung, und werden in naher Zukunft die Einzelheiten dieser Entwicklung entdeckt werden?

Merkmale hyperaktiver Kinder:
- Sie sind immer in Bewegung, können kaum stillsitzen, sich nicht ruhig verhalten; sie scharren mit den Füßen, ihre Finger berühren unausgesetzt irgendwelche Gegenstände, sie müssen immer wieder aufstehen und herumlaufen.
- Sie zeigen auffallende Konzentrationsschwächen, Aufmerksamkeitsstörungen und die Unfähigkeit, länger bei einer Sache zu bleiben.
- Sie sind sowohl motorisch als auch sensorisch ungehemmt, es fehlt ihnen aber die normale Steuerung; jedem motorischen Impuls zur Bewegung wird nachgegeben, auf jeden sensorischen Impuls (z.B. ein vorbeifliegendes Flugzeug oder eine Lampe, die angeschaltet wird) reagiert das Kind.
- Sie reagieren spontan und unreflektiert, ohne Rücksichtnahme.
- Sie verbreiten Unruhe und Gereiztheit, stören andere und lassen sie nicht aussprechen.
- Sie haben einen verstärkten Rededrang, reden oft anhaltend.
- Sie wechseln oft von einer unerledigten Aufgabe zur nächsten.

Zusätzliche Kennzeichen:
- ungeschickte, tolpatschige Bewegungsabläufe
- mangelhafter Realitätsbezug
- wenig Selbstwertgefühl
- Mutlosigkeit bis zur Depression
- Veranlagung, leicht auszurasten
- höherer Bedarf an Zuneigung durch Eltern und Lehrer
- ihre Leistungen entsprechen oft nicht ihrer Intelligenz
- häufige Beteiligung an gefährlichen körperlichen Aktivitäten, ohne sich um mögliche Folgen zu sorgen

Merkmale hypoaktiver Kinder:
- Sie führen ihre Bewegungen verlangsamt oder gehemmt aus.
- Sie sind sehr passiv, nicht zugreifend, sondern zurückhaltend und scheu.
- Sie leiden an Antriebsmangel und Kontaktarmut.
- Sie sind oft zu müde, um etwas zu unternehmen.

Unsere Welt ist eine Welt der schnellen Informationen und hohen Geschwindigkeiten geworden. Die Medien, das Internet und die Telekommunikation sorgen für einen enormen Informationsfluß. Dieser wird es für uns in Zukunft immer schwieriger machen, linear zu denken. Wir werden gefordert, ganzheitlicher, bzw. nichtlinear, »vernetzt« zu denken. Möglicherweise sind die neuen Kinder schon von Geburt an offen für diese neuen Formen der Informationsübertragung und nur in unserer heutigen Gesellschaft damit überfordert. Sie denken verstärkt in Bildern und können gut mit nichtlinearen Gedankenformen umgehen. Da, wo unser Gehirn noch nicht mitkommt, besitzen sie vielleicht schon »Vernetzungen« der Nervenbahnen im Gehirn. Die Zukunft wird zeigen, ob sie den nächsten evolutionären Quantensprung darstellen.

Furcht und Furchtlosigkeit

Unter idealen gesellschaftlichen und familiären Bedingungen können sich die neuen Kinder furchtlos, offen und ohne Angst für Gerechtigkeit gegen Heuchelei und Scheinheiligkeit einsetzen. Vorausgesetzt, die Kinder sind innerlich ausgeglichen und stehen in Verbindung mit ihrer Seele und ihren Gefühlen, haben keine Selbstwertprobleme und werden im Leben angenommen und anerkannt.

Das Indigo-Kind, das nicht in seiner Mitte ist, nicht anerkannt und angenommen wird und dadurch in seinem Leben Selbstwertprobleme hat, ist oft ängstlich. Es kann vor allem Angst haben, sich dauernd um etwas sorgen, sogar richtige Phobien haben. Kann das Kind sein Leben nicht an den höchsten Prinzipien orientieren, so wie es sie versteht, dann kann es auch depressiv und selbstzerstörerisch werden. Seine Sinne sind so sehr verfeinert, daß es leicht überreizt und überfordert werden kann.

Ein weiteres Problem für das Indigo-Kind sind seine hohen Ansprüche an sich selbst und an andere. Wenn sich diese nicht erfüllen lassen, bekommt es erhebliche Schwierigkeiten mit seinem Selbstwertgefühl. Auch seine hohen Ideale machen es ihm schwer, Dinge zu tun, die für es nicht stimmen oder an die es nicht glauben kann. Versuche, es mit Strafe, vernünftigem Reden oder anderen Methoden umzustimmen, schlagen fehl, das Kind geht voll in den Widerstand. Die Unsicherheit, die sich daraus ergibt, kann zu ständigen, chronischen Angstzuständen führen.

Die Indigo-Kinder kennen außer Angstzuständen, die mit ihrem niedrigen Selbstwertgefühl zu tun haben, nicht viele selbstbezogene Ängste. Im allgemeinen sorgen sie sich eher um andere; sie zeigen einen inneren Hang zur Besorgtheit, wenn es um die Natur, um Gerechtigkeit, um

Tiere, um Mutter Erde, die Pflanzen oder andere Lebewesen geht. Sie möchten nicht, daß andere Lebewesen leiden, und versuchen, dies zu verhindern.

Es kann sein, daß ein Indigo-Kind immer wieder von seinen Schulkameraden verlacht oder gar verprügelt wird, weil es sich z.B. um Bäume oder Pflanzen sorgt. Wenn es sieht, wie Kinder einen Baum einfach aus Spaß verletzen, wird es versuchen, den Baum, der für es ein lebendiges Wesen ist, zu schützen und etwas zu seiner Verteidigung zu sagen. Damit geht es das Risiko ein, daß die anderen Kinder es auslachen und verprügeln. Sind Indigo-Kinder in ihrer Mitte und sich ihrer Aufgabe bewußt, trauen sie sich viel zu und können eine tiefgehende Veränderung im Denken unserer Welt bewirken.

Frust und Aggression

Erste Probleme können im Kindergarten auftreten, wenn von den Kindern gefordert wird, sich in eine Gruppe oder in einen geregelten Tagesablauf einzufügen oder sich mit anderen auseinanderzusetzen. Die meisten Kindergärten bieten heutzutage aber sehr offene Gruppen mit flexiblen Möglichkeiten an und gehen auf die individuellen Bedürfnisse der Kinder ein.

Die Sensibilität und Empfindlichkeit der Indigo-Kinder, aber auch ihre besondere Lärmempfindlichkeit können eine harmonische Eingliederung in die Gruppe erschweren. Das Kind zieht sich zurück oder zeigt Frust. Daraus ergeben sich ungesteuerte aggressive Reaktionen, die darauf hinweisen, daß es sich nicht akzeptiert fühlt und zuwenig Zuwendung oder Verständnis erfährt. Es findet sich mit einem Verbot, einem Gebot oder einer Enttäuschung nicht leicht ab. Wutanfälle (Frustrations-Aggressions-Mechanismus) oder eine depressive Verstimmung folgen.

Oft mag das Kind, das zu Hause in seiner vertrauten Umgebung einfallsreich und ausdrucksvoll war, im Kindergarten nicht mehr malen oder basteln. Angeleitete Angebote lassen die Kinder nach einer bestimmten Zeit unkreativ werden. Der Drang nach freiem Ausdruck von Kreativität, die das Indigo-Kind mitbringt, ist sehr groß und läßt sich nicht leicht in geplanten und zeitbegrenzten Mal-, Spiel- oder »Theater«-Stunden unterbringen. Die geistigen Fähigkeiten der Indigo-Kinder werden auf diese Weise manchmal nicht bemerkt oder berücksichtigt. Ein Indigo-Kind kann sich beim Malen oder Basteln als Versager erfahren, da es langsam und vielleicht ungeschickt ist, vor allem wenn seine natürliche Kreativität nicht gefördert wird.

Wird ein Indigo-Kind in seiner Individualität nicht respektiert, kann es ausrasten. Tagtäglich finden Zerreißproben statt, die der Erwachsene nur gewinnen kann, wenn er dem Kind Achtung entgegenbringt. Eltern und Erzieher scheinen gefordert, sich erst selbst auf ihre eigene höhere innere Wahrheit zu besinnen, um sich von dieser Warte aus mit dem Kind zu verständigen. Gelingt ihnen das, werden sie schnell bemerken, daß sie mit dem Kind gut auskommen.

Die Strukturen der Gesellschaft und der Bildungsinstitutionen, wie sie jetzt existieren, entsprechen nicht den Forderungen der neuen Kinder. Diese können nicht hinnehmen, was die Menschheit all die Jahre übersehen und akzeptiert hat. Sie hassen Autorität, wenn sie nicht demokratisch orientiert ist. Sie lernen vollkommen anders als wir, setzen ihr ganzes Gehirn ein und finden die Lösungen von Aufgaben, ohne den Weg über die Einzelheiten zu gehen. Antworten kommen von allein zu ihnen, und es ist diesen Kindern bewußt, daß sie richtig sind. Der Weg, den wir gehen, um ein Ergebnis zu bekommen, ist ihnen fremd.

Die Kinder versuchen auf vielfältige Weise, uns all dies zu erzählen und unsere Aufmerksamkeit darauf zu lenken. Da sie oft keine Form finden, uns zu erreichen, gehen sie unter anderem in die Aggression. Sie sorgt auf jeden Fall dafür, daß die Erwachsenen anhalten und anfangen zu überlegen, was eigentlich los und was schiefgegangen ist. Die Kinder zeigen in gewisser Weise die Ohnmacht, die sie fühlen, wenn sie nicht zu uns durchdringen, indem sie wütend auf uns oder aggressiv gegen uns werden. Diese Aggression ist ein Hilfeschrei, den wir nicht überhören dürfen.

In den letzten Jahren kam es sowohl in Europa als auch in den Vereinigten Staaten zu mehreren schweren Gewalttaten in Schulen. Indigo-Kinder werden immer erst versuchen, friedlich auf sich aufmerksam zu machen, doch funktioniert dies nicht, so greifen sie zu anderen Mitteln. Da sie nicht sehr emotional in eine Situation hineingehen, können sie auf Gedanken kommen, die wir nie für möglich halten würden. Die Aufgabe der Eltern und Lehrer ist es, den Kindern besser zuzuhören, und zwar bevor diese zu gewalttätigen Hilfsmitteln greifen.

Die Indigo-Kinder stellen hohe Anforderungen an sich selbst und an andere. Sie haben hohe Ideale und wissen manchmal nicht mehr ein und aus, wenn sie diese ständig verletzt sehen. Sind sie von sich und der Welt enttäuscht, kann das bei ihnen aggressive oder depressive Reaktionen auslösen. Da sie große Ideen haben, aber nicht über die Ressourcen oder Menschen verfügen, die sie dabei unterstützen können, diese Aufgaben zu verwirklichen, kann das zu großer Frustration führen.

Emotionen und Gefühle

Emotion bedeutet buchstäblich »Energie in Bewegung« (engl. energy in motion). Der Begriff stammt ab vom lateinischen Wort »movere«, dt. bewegen. Während ein Gefühl die bewußte Erfahrung einer Empfindung ist, erfahren wir in der Emotion eine starke innere Bewegung. Eine Emotion ist die Erfahrung von Energie, die sich durch unseren Körper bewegt und sowohl geistige als auch körperliche Reaktionen erzeugt. An sich ist emotionale Energie neutral. Erst die fühlende Empfindung und die körperliche Reaktion machen eine Emotion positiv oder negativ, und erst unsere Gedanken darüber geben ihr eine Bedeutung.

Emotionen dienen als Träger der gesamten Bandbreite der Gefühle. Wenn das Herz in einem Zustand der Offenheit und Harmonie ist, erfährt ein Mensch leicht Gefühle wie Liebe, Sorge, Freundlichkeit oder Akzeptanz. Gefühle wie Verwirrung, Wut, Verletztheit oder Neid kommen vor, wenn Kopf und Herz nicht im Einklang sind. Das Indigo-Kind ist sehr empfindsam und erkennt die Liebe durch sein offenes, großes Herz. Einengende Gedanken und überholte Überzeugungen sind verantwortlich dafür, wenn es seiner Herzintelligenz nicht mehr vertraut. Es wird dann eher kopflastig und zeigt Frust, Wut, Verletztheit, Neid usw. Die emotionalen Erfahrungen prägen die Hirnzellen und die Erinnerung, wo sie Muster formen, die das Verhalten beeinflussen.

Emotionen bieten die Möglichkeit, Herzensgefühle auszudrücken. Ist das Herz nicht offen und entwickelt, so gewinnt der Verstand die Oberhand. Die neuesten Untersuchungen zeigen, daß unsere Biochemie die emotionalen Reaktionen und auch umgekehrt die Emotionen unsere Biochemie beeinflussen. Um positive emotionale Änderungen zu bewirken, ist es essentiell, daß Kinder ein offenes Herz bewahren und aus ihrem Herzen heraus agieren und leben dürfen. Die neuen Kinder besitzen noch die Fähigkeit, ihre Herzintelligenz zu spüren und danach zu handeln.

Es ist sehr wichtig, daß Sie mit Ihren Kindern über Ihre eigenen Gefühle und Emotionen sprechen und sie ermutigen, das gleiche zu tun. Versichern Sie ihnen, daß es ganz normal ist, traurig, verärgert, sauer oder durcheinander zu sein. Wir leiden alle irgendwann unter solchen Gefühlen, keiner ist immer froh oder glücklich. Gefühle vermitteln uns, daß wir nicht in Harmonie sind, und zeigen uns damit, was wir als nächstes tun müssen. Ihr Kind kann Sie besser verstehen als Sie vielleicht vermuten. Es lernt, auch seine Gefühle zu äußern, was u.a. in Konfliktsituationen hilft, Mißverständnisse auszuräumen. Ist das Kind völlig verärgert und schreit Sie an, dann akzeptieren Sie das Verhalten des Kindes, und anstatt gereizt zu reagieren, sagen Sie: »Mir ist es wichtig zu erfahren, was du empfindest. Ich kann dich nicht gut verstehen, wenn du in diesem Ton mit mir redest. Vielleicht kannst du mir anders sagen, was mit dir los ist und was dich so ärgert.«

Es ist oberstes Gebot, auf die Bedürfnisse des Kindes einzugehen, und das Zuhören ist eines der mächtigsten Mittel, das Ihnen zur Verfügung steht. Wenn Sie sich selbst als offen und verletzlich erweisen und zeigen, daß Sie weit von Vollkommenheit entfernt sind, wird das Kind sich öffnen und mitteilen können. Das Kind kann Sie dann bedingungslos lieben und lernen, sein Herz offenzuhalten. Es gibt dann keinen Grund mehr, es zu verschließen. Weiß das Kind sich verstanden und geliebt, so wird es oft sagen: »Ich weiß, du verstehst das nicht«, oder: »Du bist nun mal so, aber ich liebe dich trotzdem.«

Beim Zuhören, wenn Ihr Kind mit Ihnen spricht, ist es

sehr wichtig, ganz präsent zu sein. Vergessen Sie alles, was Sie noch erledigen wollten, vergessen Sie Ihre ratternden Gedanken, und hören Sie einfach zu. Gutes Zuhören kann Ihre Trumpfkarte sein. Wenn Sie ein Kind haben, das nicht leicht über seine Gefühle und inneren Regungen spricht, planen Sie einen Ausflug mit ihm, auf dem Sie mindestens zwei Stunden mit ihm allein sind. Stellen Sie für den Ausflug einfache, klare Regeln auf, z.B. keine laute Musik, keine Spiele, kein Walkman, und warten Sie. Seien Sie still, und warten Sie. So lange, wie Ihr Kind eben braucht. Aus Langeweile wird das Kind anfangen zu reden. Lassen Sie es reden. Bewerten Sie nicht, geben Sie keine Ratschläge, enthalten Sie sich Ihrer Meinung. Hören Sie einfach zu, und ... lassen Sie sich überraschen!

Zeitgefühl

Jeder, der meditiert, weiß, wie leicht es ist, sich außerhalb von Zeit und Raum zu begeben. Man bekommt ein anderes Gefühl für Zeit und die Bedeutung von Zeit. Eine halbe Stunde kann jemandem in der Meditation z.B. ganz kurz erscheinen, einem anderen vermittelt dieselbe Zeitspanne in der gleichen Situation das Gefühl von drei Stunden. Das heißt, Zeit ist relativ und schwer zu beschreiben. Wartet man beim Arzt oder im Krankenhaus, wird einem die Zeit unheimlich lang, feiert man, wird sie manchmal zu kurz.

Zeit ist ein festgelegtes Maß, mit dem wir alle umgehen müssen. Sie regelt unser Leben, teilt es ein und gibt ihm einen bestimmten Rhythmus. Wir sind in unserer zeitorientierten Welt eingesperrt, und finden wenig Zeit zu »sein«. Zu sein, so wie wir sind, ohne Zeitdruck, Programm oder Anforderung. Aber wenn ein Mensch sich spirituell entwickelt und eine feinere, subtilere Energiefrequenz bekommt, ändert sich für ihn automatisch der Umgang mit der Zeit. Man könnte es vielleicht so erklären: Die meisten Menschen werden von der Zeit regiert, sie hasten und rennen durchs Leben und sind immer spät dran oder im Streß. Jemand, der sich spirituell entwickelt hat, regiert die Zeit, oder, anders gesagt, er wird »Herrscher seiner eigenen Zeit«, weil er einfach im Fluß mit ihr ist.

Für Indigo-Kinder ist die Zeit nicht so wichtig, sie sind mit überdimensionalen, geistigen Konzepten und Ideen beschäftigt und wissen, daß es mehr gibt als das, was sie sehen. Sie reisen durch die Zeit und zurück. Außerhalb unserer Erde und unserer Atmosphäre gibt es keine Zeitrechnung, alles ist eins und findet gleichzeitig statt. Die alten mystischen Lehren besagen, daß auch wir alles gleichzeitig erfahren, daß aber der Faktor Zeit auf der Erde »eingebaut« wurde, damit wir nach vorn und nach hinten sehen können. Darum gibt es Vergangenheit, Gegenwart und Zukunft. Das neue Kind sieht keine Grenzen zwischen gestern und heute, es erlebt oft Augenblicke, in denen es mehrere Leben und geistige Dimensionen gleichzeitig wahrnimmt, und empfindet das als nichts Besonderes. Es fühlt sich meistens sowohl in der materiellen Dimension als auch in der spirituellen Dimension zu Hause und versucht, beide Ebenen zu verbinden. Es hat oft die Fähigkeit wahrzunehmen, was in der Vergangenheit geschah oder in der Zukunft eintreffen wird. Zeit hat für es, für seine Wahrnehmung, eine ganz andere Bedeutung als für uns. Aber es muß natürlich lernen, in unserer Welt mit unserer Zeitrechnung zu leben. Innerlich tut es sich allerdings schwer, sich an einen festen Zeitablauf zu gewöhnen, sich ihm anzupassen und unseren Umgang mit Zeit zu verstehen.

Sie können Ihrem Kind am besten helfen, sich auf unser Zeitgefühl einzustellen, wenn Sie versuchen, ihm zu erklären, was Zeit ist, warum wir sie in unserer materiellen Welt brauchen und wie sie allen Menschen ermöglicht, sich zu treffen oder zu verabreden, etwas gleichzeitig zu tun und das ganze tägliche Leben zu organisieren. Vielleicht wäre es eine gute Idee, dem Kind einen zeitlosen Tag, z.B. den Sonntag, anzubieten, einen Tag ohne Programm, an dem es tun und lassen kann, was es will.

Kennzeichen »zeitloser« Indigo-Kinder:
- Sie achten nicht auf die Zeit, kommen zu spät, zu früh oder zu einer völlig falschen Zeit.
- Sie haben eine Schwäche, zeitliche Abläufe zu erkennen, sind sich unsicher über die Reihenfolge der Tage, Monate, Buchstaben oder Rechensummen.
- Sie meinen oft, sie haben erst zehn Minuten gespielt, wenn sie z.B. nach einer guten Stunde aufgefordert werden, mit ihrem Computerspiel Schluß zu machen.
- Zeit fühlt sich für sie wie Kaugummi an, man kann ihn nach allen Seiten auseinanderziehen und dehnen.
- Sie können sehr zerstreut sein und gar nicht mehr im Bilde, welcher Tag oder welcher Teil des Tages es überhaupt ist.
- Manches geht ihnen nicht schnell genug, und sie verstehen gar nicht, daß andere nicht schneller werden können.
- Sie leben so intensiv, erfahren alles so intensiv, daß ihr Gefühl für Zeit davon völlig ausgewischt scheint.
- Sie schaffen es oft nicht, ihre Sachen zeitlich in Ordnung zu bringen, rechtzeitig zu planen und zu organisieren, laufen ihren Sachen dauernd hinterher, suchen sie, vergessen sie wieder und suchen sie wieder.
- Sie sind oft in Eile, da sie nicht im Einklang sind mit dem Tagesablauf, auf den sie sich nicht einstellen können und wollen.

- Sie machen oft mehrere Verabredungen für den gleichen Tag.
- Sie träumen und vergessen dadurch die Zeit.

Eigentlich ist es ganz natürlich, ohne Zeiteinteilung in Stunden, Minuten und Sekunden, so wie wir sie von der Uhr kennen, zu leben. Der Mensch ist das einzige Wesen auf der Erde, das mit dieser 24-Stunden-Einteilung lebt, und er tut dies auch erst seit einigen Jahrhunderten. Vorher lebte er freier und ungebundener, im Einklang mit Mutter Erde und dem Universum nach dem Rhythmus der Sonne, des Mondes und des Lichts. Die Menschheit kannte keinen Druck, außer dem, mit ihrer täglichen Arbeit vor dem Einbruch der Dunkelheit fertig zu werden. Die Indigo-Kinder werden die Menscheit vielleicht lehren, wieder auf natürliche Art und Weise mit ihrer »Zeit« umzugehen, d.h. im Fluß zu bleiben mit dem kostbaren Leben.

Linkshänder/Rechtshemisphärenkinder

Linkshänder sind in unserer Gesellschaft Menschen, von denen man annimmt, daß sie eine stärkere Verbindung mit der rechten Gehirnhälfte haben, die also intuitiver, empfänglicher und kreativer sind als Rechtshänder/Linkshemisphärenmenschen. Ich lehne es zwar ab, die Menschen grundsätzlich in Links- und Rechtshänder einzuteilen, aber die Beobachtungen, die Forscher bei umgeschulten Linkshändern gemacht haben, beschreiben manche Themen oder Probleme der Indigo-Kinder so treffend, daß ich sie in dieses Buch aufnehmen möchte. Es wäre sicherlich interessant, in der Zukunft einmal einen Test mit mehreren hundert Indigo-Kindern zu machen, um festzustellen, wieviel Prozent von ihnen ursprünglich Linkshänder waren oder noch sind. Frau Johanna B. Sattler hat in ihrem Buch »Der umgeschulte Linkshänder« (siehe Anhang) für diese Menschen erstaunliche Persönlichkeitseigenschaften aufgelistet (siehe nachfolgende Aufstellungen), die teilweise auch auf Indigo-Kinder zutreffen.

Eine Auswahl der Eigenschaften von »umgeschulten Linkshändern«:
- andauernde Neigung zum Widerspruch, »Ja-aber-Haltung«
- Auslassungen und Überspringen von wichtigen Gedankengängen bei Gesprächen und Diskussionen
- betont assoziatives Denken
- Angewohnheit, »ins Wort zu fallen«, den anderen nicht ausreden zu lassen, um nichts zu vergessen
- Haften an den ersten, schnell getroffenen Meinungen und Einstellungen
- Rechthaberei
- undiplomatischer Umgang mit anderen, dem umgeschulten Linkshänder oft nicht bewußt
- Geselligkeitssehnsucht als Kompensation; »small talk« ist dem umgeschulten Linkshänder jedoch meist ein Graus, er bedeutet für ihn mehr Anspannung als Entspannung

Störungen des »umgeschulten Linkshänders«:
- Konzentrationsstörung
- Sprunghaftes Denken
- Vergessen nach Durchdenken
- Lese- und Rechtschreibschwierigkeiten
- Feinmotorische Störungen
- Sprachstörungen

Ich habe nur Eigenschaften und Störungen aus den Listen aufgeführt, die wir auch bei Indigo-Kindern finden. In vielen Ländern ist es jetzt erlaubt, daß Kinder mit der Hand, mit der es ihnen am leichtesten fällt, schreiben oder diese bei Spiel und Sport (z.B. Tennis oder Badminton) einsetzen können. Linkshändigkeit wurde früher als schlechtes Omen, als Krankheit oder als Charakterfehler eingestuft, wird aber heutzutage in unserer westlichen Welt nicht mehr so gesehen. Allerdings gibt es noch Kulturen, in denen Linkshänder als unrein angesehen werden.

Vielleicht gibt es inzwischen auch mehr Kinder, die beidhändig sind? Beobachten Sie Ihr Kind, und wenn Sie bemerken, daß es ein Linkshänder ist, und Sie nicht wissen, was Sie machen sollen, suchen Sie fachkundige Hilfe. So, wie der Linkshänder in unserer Gesellschaft allmählich als genauso »normal« wie der Rechtshänder angesehen wird, wird auch das Indigo-Kind seinen Weg gehen müssen, bis die Gesellschaft es als vollkommen »normal« annimmt.

3.3 Elf goldene Regeln, ein glückliches Indigo-Kind aufzuziehen

Liebe und Fürsorge sind die wichtigsten Pfeiler, auf denen die Fähigkeit ruht, alle Streßzustände, Herausforderungen und Änderungen zu bewältigen, die ein Indigo-Kind, während es heranwächst, erleben wird. Die folgenden elf Regeln basieren auf bedingungsloser Liebe und Fürsorge.

1. *Fangen Sie bewußt an, Ihr Kind von dem Augenblick an zu lieben, in dem Sie es in Ihrem Körper wahrnehmen* (bei manchen von uns ist das wunderbarerweise ab dem Zeitpunkt der Zeugung der Fall). Reden Sie mit ihm, während es im Bauch heranwächst, und laden Sie seine Seele ein, immer näher zu kommen. Versorgen Sie Ihren Körper mit guter, gesunder Nahrung, unterstützen Sie ihn mit Übungen, Spaziergängen an der frischen Luft und mit viel Ruhe.

2. *Geben Sie Ihrem Kind von Anfang an tägliche eine Körpermassage.* Sie unterstützt die Verdauung und hilft dem Kind dabei, gut zu schlafen und sich rundum wohl, gesund und in Harmonie mit der Welt zu fühlen (es gibt ausgezeichnete Bücher über Babymassage).

3. *Beobachten Sie Ihr Kind, und hören Sie ihm zu.* Finden Sie seine Eß- und Schlafgewohnheiten genau heraus, lernen Sie, seine Reaktionen auf die Umwelt, was Lärm und sonstige Eindrücke betrifft, zu erkennen. Achten Sie auf seine Interaktion mit anderen

Kindern. Viele ganzheitliche Heilungssysteme, wie z.B. Ayurveda, Farbtherapie u.a., bieten Einsichten in verschiedene Typendeutungen, die Ihnen das Verständnis und die Unterstützung für Ihr Kind erleichtern.

4. *Zeigen Sie Ihrem Kind, wie es bewußt atmen kann.* Wir Menschen hören oft auf zu atmen, wenn wir in Situationen kommen, die traumatisch oder schmerzhaft sind, weil wir mit der Unterbrechung der Atmung auch die Verbindung mit unseren Gefühlen unterbrechen. Mit einfachen Yogaübungen oder Atemtechniken können Sie Ihr Kind lehren, solche Situationen leichter zu bewältigen. Das Kind wird zusätzlich klarer und koordinierter und kann sich selbst in schwierigen Situationen besser helfen.

5. *Indigo-Kinder haben andere Eßgewohnheiten als wir und wissen meistens ganz genau, was sie brauchen und was ihnen guttut.* Sorgen Sie dafür, daß gesunde, wenn möglich biologisch angebaute Nahrungsmittel zur Verfügung stehen, aber erlauben Sie Ihrem Kind, »junk food« zu essen, wenn es dies »braucht« – meistens kann Ihnen das Kind erklären, warum ihm gerade das jetzt guttut (sein Körper kann es aufgrund der genetisch anderen Leber verwerten). Lernen Sie, Vertrauen zu haben. Ich habe Indigo-Kinder gesehen, die seit ihrem 3. Lebensjahr oft Cola trinken wollten, und die Mutter hat es zugelassen. Diese Kinder sind jetzt ältere Jugendliche und sind gesund und stark. Ein Indigo-Kind wird oft weniger essen, dafür aber öfter (haben Sie schon bemerkt, daß der Kühlschrank einem Selbstbedienungsladen gleicht?).

6. *Lernen Sie, mit Meditation, Gebet oder Zentrierungsübungen in Ihrer Mitte zu sein.* Ein Indigo-Kind erwischt Sie sofort, wenn Sie es nicht sind. Da ein Kind nicht unbedingt Meditation braucht, können Sie sanfte und beruhigende Übungen mit ihm machen, damit es selbst ruhiger und zufriedener wird. Schöne Musik, Sitzen in der Natur, vielleicht am Wasser, weit entfernt von jeglichem Elektrosmog, oder die Verwendung von Düften und Aromen unterstützen das Kind dabei, Harmonie und Frieden zu finden.

7. *Hören Sie zu.* Ein Indigo-Kind weiß, was es tut, was es will und was es braucht. Unvoreingenommenes Zuhören schafft wunderbare Situationen. Oft können Sie mit Widerstand ohnehin nichts ändern, und dann ist Zuhören ein wirksames Hilfsmittel.

8. *Bitten Sie Ihr Indigo-Kind, Ihnen zu helfen, zeigen Sie ihm, wenn Sie etwas nicht wissen oder nicht verstehen können.* Behandeln Sie es wie eine gleichwertige Seele (die ist es ja auch, nur eben in einen kleinen Körper gesteckt), und Sie werden eine echte Hilfe in ihm entdecken.

9. *Lassen Sie Ihrem Indigo-Kind viel Freiraum, aber geben Sie ihm von Anfang an (dem Tag Null!) eine deutliche, klare Struktur.* Es braucht klar definierte Grenzen, aber innerhalb des gesteckten Rahmens braucht es alle Freiheit, die Sie fähig sind, ihm zu ermöglichen. Das ist nicht leicht und erfordert viel emotionale Ausgeglichenheit und Klarheit von beiden Eltern und ihrer Beziehung zueinander. Holen Sie sich, wenn nötig, fachkundige Unterstützung. Das Indigo-Kind wird Ihre emotionale Unzulänglichkeiten immer

sofort erkennen und es Ihnen nicht leicht machen. Mit professioneller Hilfe können Sie selbst wachsen und sich spirituell weiterentwickeln.

10. *Wir müssen unsere Kinder lehren, wie sie denken, aber nicht, was sie denken sollen.* Wenn wir ihnen nur Wissen vermitteln, sagen wir ihnen, was sie denken sollten, was sie wissen sollten, was sie tun sollten und daß das, was wir ihnen zeigen, die Wahrheit ist. Sie lernen damit aber nicht »zu denken«. Wir können sie aber dabei unterstützen, selbst Lösungen zu finden, sich selbst Wissen anzueignen, entweder mit Hilfe von anderen oder indem sie aus ihrem inneren Reichtum schöpfen. Geben wir ihnen die Möglichkeit, ihre eigene Wahrheit zu entdecken, ihre eigenen Fehler zu machen, lernen sie von allein selbstverantwortlich zu denken.

11. *Und zum guten Schluß: Knüpfen Sie an Ihre Liebe keinerlei Bedingungen.* Sie haben sowieso keine andere Wahl. Das Kind wird Sie so lange »erziehen«, bis Sie bereit sind zu lernen, was bedingungslos bedeutet. Und: Berühren Sie Ihr Kind; ein Indigo-Kind liebt es, berührt zu werden und dadurch seinen Körper zu spüren. Umarmen Sie es oft, es braucht mehr Berührung als andere Kinder.

3.4 Lernschwäche oder Begabung?

Jedes Kind hat seine ganz speziellen Gaben. Indigo-Kinder fallen oft durch Verhaltensweisen auf, an die Eltern, Lehrer und Erzieher nicht gewöhnt sind. Einerseits machen sie den Eindruck, daß sie nicht lernen können und möchten. Andererseits, wenn man sich allein mit dem Kind hinsetzt und den Lernstoff durchgeht, entdeckt man, daß es schlauer und intelligenter ist, als man annahm. Oft versteht es sogar viel schneller als andere Kinder. Die eigentliche Schwierigkeit, die Indigo-Kinder haben, ist, die Informationen, die sie bekommen, in einem Klassenraum zu verarbeiten, der bis zum Rand gefüllt ist mit anderen Kindern (sprich: mit vielen verschiedenen Energien). Sie sind oft taktile Schüler, sie lernen mit ihren Händen.

In jungen Jahren können sie viel vortäuschen, da sie sehr schlau sind. Später fangen dann aber oft die Schwierigkeiten an. Bekommen sie keine individuelle Hilfe, fangen sie an, ihre Hände zu benutzen, wollen sich dauernd bewegen und aus dem Raum hinaus. Die unterschiedlichen Energien im Klassenraum wirken zu stark auf das Indigo-Kind ein, auch der stündliche Wechsel des Raumes bringt wieder eine andere Energie. Zusätzlich bekommt das Kind noch seine eigenen Bilder (geistige Bilder oder Vorstellungen, die in seinem Kopf in Ideen, Gefühle oder Emotionen usw. umgesetzt werden), die es ablenken, überwältigen und die es nicht immer einordnen kann.

Gelegentlich gibt es Kinder, die besonders schlechte Schüler sind, und irgendwann entdeckt man dann, daß sie begabter und intelligenter sind als alle ihre Klassenkameraden. Begabung ist nicht automatisch mit Leistung gleichzusetzen, und ein Kind, das in der Schule nicht mitkommt, ist nicht automatisch dumm. Auch ein Indigo-Kind ist nicht automatisch begabt oder dumm. Da die Indigo-Kinder erst jetzt in großer Zahl kommen, konnte man noch nicht untersuchen, ob sie allgemein intelligenter sind als die anderen. Noch leisten wir Pionierarbeit, vieles wird sich erst in den nächsten Jahren feststellen lassen, wenn die Indigo-Kinder nicht mehr in der Minderzahl sind, sondern in der Überzahl. Auffällig ist, daß Indigo-Kinder häufig sowohl als dumm, als auch als begabt eingestuft werden und weder Eltern noch Schule genau wissen, was sie mit ihnen anfangen sollen.

Begabte Kinder sind anstrengender und fordern mehr von ihren Eltern (und Erziehern), als dies »normale« Kinder tun. Für viele Lehrer, Therapeuten und Diplompsychologen ist das Thema Indigo-Kinder oder Begabung immer noch Neuland. Die Eltern stoßen deshalb leider nicht immer auf das rechte Verständnis für ihre Sorgen.

Was ist eigentlich Begabung?

1. *Die allgemeine intellektuelle Begabung oder Intelligenz* umfaßt
- eine schnelle Auffassungsgabe,
- gute Lernfähigkeit,
- räumliches Vorstellungsvermögen,
- hohe Gedächtnisleistung,
- die Fähigkeit zu besonderen geistigen Leistungen in vielen Bereichen, wie Naturwissenschaften, Sprachen oder logischem Denken (z.B. Schachspielen).

2. *Die musisch-künstlerische Begabung* ist die besondere Befähigung zum Malen, Musizieren/Singen, Theaterspielen, Dichten.

3. *Die psychomotorische Begabung* spielt in allen Bereichen eine Rolle, in denen es auf körperliche Geschicklichkeit ankommt, wie beim Sport (z.B. Tanzen) oder bei der Feinmechanik (z.B. Basteln).

4. *Die soziale Begabung* ist die Fähigkeit, besonders gut mit Menschen umzugehen, sich in sie hineinzufühlen, ausgleichend auf sie zu wirken oder ihnen zu helfen.

Begabungen treten nur selten voneinander isoliert in Erscheinung, meistens sind sie ineinander verwoben. Nun ist die allgemeine intellektuelle Begabung eines Kindes nicht mit allgemeingültigen Meßinstrumenten zu bestimmen wie die Länge seines Körpers mit einem Zollstock oder sein Gewicht mit einer Waage. Wenn mehrere Kinder aber denselben Test mit Denkaufgaben lösen, kann man relative Abstufungen feststellen. Dies wird beim sogenannter IQ-Test gemacht; IQ steht für Intelligenzquotient (siehe Kapitel 3.5, darin können Sie mehr über den IQ-Test lesen).

Eine angeborene Befähigung zu besonderen Leistungen bedeutet noch nicht, daß diese Leistungen auch tatsächlich erbracht werden. Neben der Begabung ist für herausragende Leistungen die Kreativität von Bedeutung. Damit sich Begabung und Kreativität entfalten, müssen aber noch weitere Faktoren hinzukommen, nämlich: Motivation und förderliche Umweltbedingungen.

• Kreativität
Kreativität ist die Fähigkeit, Ideen, Informationen und Dinge auf originelle, d.h. ungewöhnliche und neuartige, Weise miteinander zu verbinden. Kreative Leistungen weisen mehrere typische Merkmale auf:

1. *Divergentes Denken:* ein Denken in die verschiedensten Richtungen, das sich nicht mit der nächstliegenden Lösung eines Problems zufriedengibt, sondern nach ungewöhnlichen Lösungswegen Ausschau hält.
2. *Originalität:* die Einmaligkeit von Ideen, die etwas Besonderes, ganz und gar nicht Alltägliches bezeichnen. Die Phantasie des kreativen Menschen überschreitet oftmals die Grenzen des bisher Möglichen und führt auf neue, unbekannte Gebiete.
3. *Flexibilität:* die geistige Wendigkeit, die bewirkt, daß ein Mensch schnell auf verschiedene Denkebenen umschalten und ein Problem sofort aus unterschiedlichen Blickwinkeln betrachten kann.

• Motivation

Jemand hat einmal gesagt: »Kinder müssen zum Lernen nicht motiviert werden, sie sind von sich aus wißbegierig, wenn man sie nur läßt.« Motivation läßt sich beschreiben als Interesse und Ausdauer eines Kindes, die darüber entscheiden, wieviel Kraft und Zeit es in eine Arbeit steckt. Die Motivation wird dauernd durch Eltern, Erzieher, Lehrer, Freunde, Ausbilder usw. beeinflußt. Damit ein Kind seine Anlagen entwickeln kann, sollten die Leistungserwartungen von Elternhaus und Schule den Fähigkeiten und intellektuellen Bedürfnissen des Kindes entsprechen. Leistungen werden vor allem dann erbracht, wenn sie auch gefordert werden. Da der normale Schulstoff und die auf herkömmliche Weise strukturierte Art des Lehrens die Indigo-Kinder unterfordern und langweilen (und sie somit natürlich auch überfordern), ist es an den Eltern, Lehrern und Erziehern, den Wissensdrang und die Neugier des Kindes zu stärken.

Es sind oft auffällige Verhaltensweisen, die zeigen, daß ein Kind nicht dumm, sondern, im Gegenteil, begabt ist. So kann ein Kind z.B. schwierigere Aufgaben im Handumdrehen lösen, obwohl es bei leichten vielleicht versagt. Alles, was nach Routine aussieht, stellt keine Herausforderung dar und vermag das Kind nicht zu fesseln. Ein Kind, das sich zuwenig gefordert fühlt, reagiert häufig mit Störung des Unterrichts und fordert außerdem viel Zuwendung. Wird ein Kind unterfordert und werden Defizite des häuslichen Milieus nicht ausgeglichen, kann es passieren, daß ein Kind in Schwierigkeiten gerät. Ein kleines Kind fällt z.B. auf durch seine vielen Ideen und seine Lebendigkeit. Bei Tests schneidet es allerdings unterdurchschnittlich ab, und einmal in der Schule, prügelt es sich mit seinen Kameraden, bekommt hysterische Anfälle und weigert sich, auch nur irgend etwas zu lernen. Es kann vielleicht am Ende der ersten Klasse nicht einmal lesen. Bekommt es zu Hause Interesse am Lesen, kann es sich das in kürzester Zeit wiederum selbst aneignen, wird es aber dem Lehrer nicht erzählen. Es wird vielleicht weiter ablehnen, in der bzw. für die Schule zu lesen. Ein solches Kind landet schließlich auf einer Sonderschule für Lernbehinderte, wobei das anfängliche Problem nur war, daß der Lehrstoff viel zu leicht für es war. Oft schafft so ein Kind in Minuten, wozu andere Stunden brauchen, und zeigt in Tests einen überdurchschnittlich hohen IQ. Begabtere Kinder sind eben häufig unbequeme Kinder und bedürfen größerer Aufmerksamkeit.

3.5 IQ-Test

Allgemeine intellektuelle Begabung (kurz: Intelligenz) kann man nicht mit Meßinstrumenten messen. Man kann wohl relative Abstufungen feststellen, indem man mehrere Menschen denselben Test mit Denkaufgaben lösen läßt. Es gibt in der Welt viele Tests, jedes Land hat seine eigenen, und es ist leider unmöglich, eine Schlußfolgerung, wie z.B. »heute sind die Menschen intelligenter als vor 5 Jahren« oder »heute gibt es mehr begabte Kinder als vor 10 Jahren«, zu ziehen. Das Ergebnis solcher Tests läßt sich jedoch in Zahlen ausdrücken und auf die durchschnittliche Leistung von Gleichaltrigen beziehen; auf diese Weise errechnet man den Intelligenzquotienten (abgekürzt IQ), einen relativen Wert.

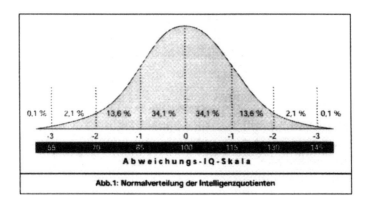

Abb.1: Normalverteilung der Intelligenzquotienten

Abb. aus der Broschüre des Bundesministeriums für Bildung und Forschung: »Begabte Kinder finden und fördern. Ein Ratgeber für Eltern und Lehrer« (www.bmbf.de)

Demgemäß haben Kinder, die in ihrer Intelligenz dem Durchschnitt ihrer Altersgruppe voraus sind, einen IQ über 100, Kinder mit Entwicklungsrückständen einen IQ unter 100. Es wird immer innerhalb einer Gruppe gemessen, die relative Häufigkeit der Intelligenzquotienten in einer Gruppe läßt sich dann graphisch darstellen. Man erhält eine glockenförmige Normalverteilung, wobei der Mittelwert 100 ist und die Streuung oder Standardabweichung 15 nach beiden Seiten (siehe Grafik). Das heißt, in dem Bereich von 100 plus/minus 15 (85–115) liegen rund 68% oder gut zwei Drittel der Gruppe. Etwa 95% haben einen IQ zwischen 70 und 130. Die anderen liegen darüber oder darunter. Intelligenztests mit denen man den IQ feststellt, sind seit 90 Jahren in Gebrauch, aber nicht ganz unumstritten. Sie messen nur einen Teil der intellektuellen Fähigkeiten, die wiederum nur einen Abschnitt aus dem gesamten Begabungsbereich darstellen. Meiner Ansicht nach sollten bei der Beurteilung der Testergebnisse zusätzlich immer einige beeinflussende Umstände berücksichtigt werden, wie:
1. Wie ist das Kind am Tage des Tests in Form?
2. Wie verstehen sich Tester und Kind?
3. Mit welchen Erwartungen kommt das Kind (und die Mutter/der Vater) zur Testprüfung?
4. Was hängt für das Kind vom Testergebnis ab?

Viele Eltern werden von der Schulleitung gebeten, ihr Kind testen zu lassen, wenn es störende Verhaltensweisen zeigt. Es ist wichtig, sich vorab über die Testmöglichkeiten und die damit erzielbaren Ergebnisse zu informieren. Dafür gibt es professionelle Beratungsstellen. In den letzten Jahren wurden viele neue Intelligenztests mit individuellen Aufgabenstellungen für jede Altersstufe entwickelt, die gute Ergebnisse zeigen.

3.6 Alternatives Lernen

Montessori- und Waldorfschulen

Ein Kind lernt am besten, wenn es selbst tätig ist und selbst denkt.
JEAN PIAGET

Schulen, die sich besser auf die individuelle Förderung des Kindes einstellen können, sind wesentlich interessanter für Indigo-Kinder als die Standardschulen. Aber die Frage, welche Schulform Indigo-Kinder besser auffängt und durch unser westliches Lehrsystem begleitet, ist nicht leicht zu beantworten. Es hängt sehr von den betreffenden Lehrern, dem Schuldirektor und der Einstellung der Schule zu Indigo-Kindern ab. Eine Verallgemeinerung ist hier nicht angebracht. Was ein Indigo-Kind entschieden benötigen würde, ist eine auf es eingestellte Form des Unterrichts. Die Schule, die sich hierauf umstellt, die dazu ihre Lehrer speziell für die Indigo-Kind-Verhaltensweisen ausbilden läßt und sich mit neuen Arbeitsmaterialien vorbereitet, ist sicherlich die »richtigere« Adresse.

Es scheint jetzt mehr denn je an der Zeit, die Kinder in den Ausbildungsprozeß mit einzubeziehen. Es wäre ideal, wenn sie selbst wählen könnten, in welche Schule sie gehen. Wenn sie gemeinsam mit den Eltern schauen könnten, wo es ihnen gefällt, wo sie das Gefühl haben, etwas lernen zu können, und wo sie positive Unterstützung bekommen. Es gibt viele Kinder, die sich tagtäglich weigern, zur Schule zu gehen. Seit einiger Zeit gibt es in Berlin (vielleicht auch in anderen deutschen Städten?) eine spezielle Abteilung der Polizei, die die Straßen nach Jugendlichen »durchkämmt«, die nicht zum Unterricht gegangen sind. Sie werden dann von den Beamten zur Schule gebracht. Hört man die Kommentare der Kinder dazu, warum sie schwänzen, fällt auf, daß sie meistens meinen, der Unterricht sei zu blöd und sie könnten das Gequassel der Lehrer nicht mehr aushalten.

Erinnern wir uns doch nur, wie wir das zu unserer Zeit empfanden! Doch die Situation hat sich im Vergleich zu damals wesentlich verschlechtert. Etwas ist völlig aus dem Lot geraten. Prallen hier vielleicht zwei Welten aufeinander? Unsere Kinder lassen sich insgesamt von alten Regeln und der »Man muß«-Ideologie nicht mehr zwingen, das zu tun, was wir wollen. Sie hassen Autoritätsgehabe und undemokratische Gedanken. Bevor unsere ganze Jugend sich einfach weigert, in die Schule zu gehen, scheint es eher angebracht, daß wir uns an die neuen Kinder anpassen. Es ist ja schließlich unser aller Wunsch, daß eine Generation heranwächst, die weiß, warum und wofür sie lebt. Eine Generation, die ihre Träume umsetzen kann und Lust hat, das Leben zu meistern.

Jemand hat einmal gesagt: »Schauen Sie sich die Kinder eines Landes an, dann wissen Sie, was im dem Land los ist.« Es wird viel über Gewalt und Aggression in der Schule gesprochen. Auch über Unaufmerksamkeit, Dummheit, Begabtheit oder das hyperaktive Reagieren der Kinder. Früher schienen mehr Kinder eines Jahrgangs auf demselben Lern- und Intelligenzniveau zu sein. Die heutigen Kinder hingegen scheinen sehr unterschiedlich zu sein. Sie fordern von der Schulleitung verschiedene Klassen, da sonst keine der Gruppen mit dem Lehrstoff weiterkommt.

Es ist erschreckend zu sehen, wie viele Straßenkinder es gibt.

Nicht nur im Ausland, auch in Deutschland – allein in Berlin schätzt man sie auf ca. drei- bis fünftausend. Unabhängig davon, welche Aurafarben diese Kinder haben, ob Indigo oder eine andere, es zeigt, wie groß die Kluft zwischen den Generationen werden kann. Meiner Meinung nach ist es höchste Zeit zu überlegen, in welche Richtung wir uns entwickeln wollen. Gehen wir unseren Weg weiter wie bisher, oder nehmen wir die universellen Veränderungen zur Kenntnis und fangen an, auch uns zu verändern?

Es gibt in der Welt Schulsysteme, die andere Wege gegangen sind, z.B. die Montessori-Schulen, die Waldorf-Schulen, die Freinet-Schulen u.a. Nachfolgend eine kurze Vorstellung der ersteren beiden.

• Montessori

Das ursprüngliche Montessori-System nach der Philosophie von Dr. Maria Montessori scheint auf die Indigo-Kinder zugeschnitten zu sein. Es ist sehr strukturiert, aber gleichzeitig enorm flexibel in seinem Aufbau. Die Lehrer und das sonstige Personal bekommen über mehrere Jahre eine spezielle Montessori-Ausbildung. In Amerika haben einige Montessori-Schulen das »Problem« Indigo-Kinder erkannt und angefangen, ihre Lehrer über Indigo-Kinder und darüber, wie sie sie begleiten können, zu unterrichten.

Wichtigstes Prinzip bei Montessori ist eine »Pädagogik des Handelns«, wie bei allen Richtungen der humanistischen Pädagogik. In der Montessori-Schule hat das Kind viel Raum, den Ablauf des Tages selbst zu bestimmen. Es lernt spielerisch, Dinge selbst zu machen. Der Lehrer ist ein wahrer Begleiter des Kindes, er stellt neue Themen vor, betreut die Kinder bei der Gruppenarbeit und vermeidet es, die Kinder zu kritisieren. Ein Kind kann wählen, an welchem Thema es arbeiten möchte.

Die Kinder lernen dort schreiben, rechnen u.a., und zwar mit beweglichen Gegenständen, wie im Spiel. Kunsterziehung ist ein wichtiger Bestandteil des Unterrichts. Dazu lernen sie praktische Dinge, wie Essen zuzubereiten, Bekleidung zusammenzulegen, zu putzen oder andere alltägliche Beschäftigungen. Sie lernen, ihre Sinne zu entwickeln, z.b. mit ihren Händen die Oberfläche verschiedener Gegenstände oder Stoffe zu spüren. Sie lernen, ihr eigenes Gefühl der Kreativität zu entwickeln, in ihrem Rhythmus zu arbeiten und sich selbst zu vertrauen.

Wichtigstes Lernziel für diese Kinder, neben den gängigen Kulturtechniken, ist es, zu lernen, wer sie sind, was sie lieben und nicht lieben, was sie schätzen und nicht schätzen und wovon sie überzeugt sind.

Momentan ist die einzige Schwäche des Montessori-Systems der Übergang nach dem Schulabschluß in das richtige Leben. Da prallen Alt und Neu aufeinander, und die Kinder tun sich schwer, sich unserer materialistischen Leistungsgesellschaft anzupassen. Aber wer weiß, wie das in zehn oder fünfzehn Jahren sein wird, wenn die Indigo-Kinder in Massen erwachsen sein werden?

• Waldorf
Die Waldorfschule erlebt eine stetig steigende Entwicklung, seit sie von Rudolf Steiner (1861–1925) 1919 in Stuttgart gegründet wurde. Die Waldorfschulen sind »Elternschulen«. Sie bedürfen der ideellen und materiellen Unterstützung der Eltern. Die Anthroposophie, als Wissenschaft von der menschlichen Natur als Leib, Seele und Geist, dient als Grundlage der Waldorfpädagogik. Das Erziehungskonzept, das sich an den Entwicklungsschritten der Kinder orientiert, ist eine Erziehungskunst, die den jungen Menschen zu sich selbst führen soll. Das Erziehungsklima, das den heranwachsenden Menschen ganzheitlich anspricht

und in seinen individuellen Fähigkeiten und Schwächen ernst nimmt, unterstützt die Entwicklung zur eigenständigen Persönlichkeit. Die Kindergarten- und Schulzeit wird als wesentlicher Abschnitt des Lebens gesehen und nicht nur als Vorbereitung auf das Leben. Wichtige Grundfertigkeiten wie ein tatkräftiges, phantasiereiches und verantwortungsvolles Handeln, ein waches Wahrnehmen, ein klares Denken, ein eigenständiges Beurteilen und ein lebendiges Fühlen sollen in diesen Jahren in den Kindern heranreifen.

Die Kinder durchlaufen einen einheitlichen Bildungsgang, in dem nicht die Lernprogramme in der Schule die Autorität darstellen, sondern die Lehrerpersönlichkeit die zentrale Figur ist (die Lehrer/innen führen ihre Klassen meist acht Jahre lang). Sie befassen sich über längere Zeit mit einem Thema, damit sie lernen, sich ganzheitlich mit ihm auseinanderzusetzen und nicht nur auf Verstandesebene. Ab der Oberstufe (9.–12./13. Klasse) orientieren sich die Schüler an den Fachgegenständen und den zugrundeliegenden Ideen und nicht mehr an der bis dahin im Vordergrund stehenden persönlichen Autorität des Klassenlehrers. Bevor Erklärungen und Modelle zum Verständnis erarbeitet und angeboten werden, müssen die Schüler lernen, durch Beobachtung und Beschreibung ihrer Aufgabe näherzukommen.

Die Entwicklung des Individuums ist in der Waldorfpädagogik sehr wichtig, und neben den mehr kognitiv* orientierten Fächern gibt es Musik, Kunst, Handwerk, Singen, Holzarbeit u.a. Zum Ende der Schulzeit wird eine individuelle Projektarbeit gemacht. Danach wird der Zugang zu den staatlich anerkannten Abschlußprüfungen ermöglicht.

---

*(auf der Erkenntnis durch den Verstand beruhend)

Eutonie

In Belgien hat die eutonische Arbeit ihren Weg in die Schulen gefunden. Eutonie unterstützt die Kinder in ihrem Selbstwertgefühl, indem sie sie durch einen dynamischen Prozeß der Körpererfahrung führt, durch den sie sich ihrer verschiedenen Körperzonen bewußt werden. Dies hat zur Folge, daß die Kinder sich auch ihres Ausdruckes und ihrer Haltung bewußt werden. Durch diesen Integrierungsprozeß lernen sie, ihre emotionalen Erlebnisse und Blockaden ins Bewußtsein hineinfließen zu lassen, und können somit ein neues Vertrauen in die eigenen Gefühle aufbauen. Ein Kind erfährt sich so als Teil des Ganzen, spürt bewußt sein Umfeld, das als lebendig und gleichzeitig als ruhig und sicher erlebt wird. Eutonie öffnet den Kindern eine Welt, mit der sie besser kommunizieren können.

Begründet wurde die Eutonie von Gerda Alexander. Als junger Mensch saß sie selbst im Rollstuhl. In dieser Zeit begann sie, ihren Körper zu erforschen, zu fühlen und vor allem zu erleben. Sie genas durch ihre eigene Methode vollständig. Eutonie (»eu« ist griechisch und bedeutet: recht, wohl, harmonisch; das ebenfalls griechische »tonos« bedeutet Spannung) wird auch als westlicher Weg zur Erfahrung der körperlichen Einheit des Menschen gesehen, um den Körper bewußt zu spüren, von innen, von außen und in Zusammenhang mit seiner Umgebung. Wir sind daran gewöhnt, unseren Körper nicht allzusehr zu beachten, und spüren ihn meistens erst, wenn wir Schmerzen haben. Eutonie lehrt uns unsere Unabhängigkeit von der Außenwelt und die vertrauensvolle Hingabe an uns selbst.

Durch die Arbeit mit eutonischen Übungen lernt das Kind, seine Situation mitzugestalten und Teil von ihr zu sein. Die Arbeit am eigenen Körper bringt Wohlgefühl und persönliche Sicherheit. Das Kind wird selbstsicherer, fühlt sich wohler, ruhiger und bewußter. Es kann sich besser auf seine Aufgaben und Pflichten konzentrieren und erlebt das Leben mehr aus seiner Mitte heraus. Die einfachen eutonischen Bewegungen strahlen Schönheit aus, sie entstehen im Inneren. Mit der Zeit erfährt sich das Kind intensiver im Hier und Jetzt und kann sowohl seine geistigen als auch seine körperlichen Möglichkeiten frei erforschen und erleben. Das Leben wird mehr als Einheit erlebt, aus der heraus alles leichter wird und zum vollkommenen Ausdruck führt.

Ziele der eutonischen Arbeit:
- den Körperinnenraum zu erleben
- die Haut als lebendige Hülle zu spüren
- sich der Knochen, seines Skeletts, bewußt zu werden, um die innere Kraft zu entdecken
- den ganzen Körper bewußt zu spüren und sich seines Ausdrucks bewußt zu werden
- durch bewußte Ordnung – von Tonus, Atmung, Haltung und Bewegung – das gestörte psychische Gleichgewicht wiederherzustellen
- zu erkennen, wie alle Arbeit, sei sie »positiv« oder »negativ«, sich immer entsprechend auf das Ganze der Persönlichkeit auswirkt
- zu erfahren, daß Körper, Geist und Seele eine Einheit sind

Erfahrungsberichte über die Arbeit mit Indigo-, hyperaktiven oder Defizit-Syndrom-Kindern und eutonischen Übungen gibt es meines Wissens leider noch nicht; diesen Zusammenhang zu überprüfen wäre aber meiner Meinung nach sehr interessant, da ich Eutonie als eine wertvolle Unterstützung für diese neuen Kinder erachte.

Kleine Klassen in den USA und zusätzliche Speziallehrer

Viele Schulen in den USA haben Klassen mit acht oder zehn Schülern und nicht, wie bei uns üblich, im Durchschnitt mit siebenundzwanzig Schülern. Diese Situation wäre für Indigo-Kinder ideal, da sie dann von dem Lehrer individuell begleitet werden könnten.

Es gibt dort auch Schulen, in denen der Hauptlehrer von zwei Assistenzlehrern unterstützt wird. Die Kinder können in kleinere Gruppen eingeteilt werden und bekommen damit mehr Aufmerksamkeit. Auch gibt es spezielle Klassen für Kinder, die sich in der Schule schlecht benehmen (Kinder mit Hyperaktivitäts-Syndrom u.ä. können hier landen). Die Eltern müssen mit einer Unterschrift die Erlaubnis erteilen, daß ihr Kind in diese SBH-Klasse (Schlechtes-Benehmen-Handikap) gesteckt wird.

Einige amerikanische Schulen haben sich auf die Situation mit den neuen Kindern eingestellt und ein neues Unterrichtssystem eingeführt. Sie beauftragen einen speziellen SBH-Lehrer, der zweimal am Tag jede Klasse besucht und mit den Kindern und dem Lehrer die Probleme, die während des Tages entstanden sind, bespricht und versucht, Lösungsstrategien zu erarbeiten. Der Lehrer fühlt sich dadurch unterstützt, und die Kinder wissen, es kommt zweimal am Tag jemand, der zuhört und sich ihrer Probleme annimmt. Das wäre meiner Meinung nach eine recht interessante und auch realistisch durchführbare Lösung für unsere europäischen Schulen.

Yoga in der Schule

Yoga-Unterricht wird heutzutage in einigen Schulen angeboten. Die Kinder lernen einfache Yoga-Übungen in der Gruppe. Diese Dehn- und Kräftigungsübungen bringen den Kindern ein Gefühl für das, was in ihrem Körper und was außerhalb des Körpers abläuft. Sie entwickeln dabei Konzentration und Aufmerksamkeit, bekommen ein besseres Selbstwertgefühl und mehr Selbstvertrauen, was wiederum Harmonie zwischen Körper und Geist fördert. Das Kind entwickelt sich zu einer ausgeglichenen Persönlichkeit, die in ihrer Mitte ist.

Yoga ist ideal, um kräftige Muskeln und bewegliche Gelenke zu erhalten, und regt das Kind zu einer guten Körperhaltung an. Sogar scheue und unsportliche Kinder lernen beim Yoga, ihre Gefühle auszudrücken und ihrer Phantasie freien Lauf zu lassen.

Hirngymnastik in den USA

Unter Hirngymnastik (engl. Brain Gym®) versteht man einfache sanfte Übungen und Bewegungen, die entwickelt wurden, um die Aufmerksamkeit und die Lernfähigkeit der Kinder zu steigern. Sie ziehen sich z.B. selbst an ihren Ohren, reiben ihre Brust, zeichnen Figuren mit der liegenden Acht (Lemniskate, Unendlichkeitszeichen), klopfen mit ihrer linken Hand auf das rechte Bein und umgekehrt; dabei lernen sie, sich besser zu konzentrieren und zu zentrieren. Diese sanften Übungen und Koordinationstechniken haben eine sehr positive Auswirkung auf Kinder. In der Oakley Elementary School, USA, werden die Übungen zweimal am Tag, einmal morgens und einmal nachmittags, für insgesamt fünfzehn Minuten durchgeführt. Die Ergebnisse, die damit erzielt wurden, sind weit positiver als mit anderen Methoden.

Dr. Paul Dennison entwickelte diese ganzheitliche Methode aus der Heilpädagogik, der angewandten Kinesiologie und der modernen Gehirnforschung. Ziel war es, Lernen, Entwicklung und Freude auf ursprüngliche Art zu gewährleisten. In den amerikanischen Schulen hat man die Erfahrung gemacht, daß gerade hyperaktive Kinder einen großen Gewinn aus diesen Übungen ziehen. Sie werden ruhiger, gelassener und machen nicht mehr so viele Schwierigkeiten während des Unterrichts. Diese »Hirngymnastik« hat sich auch als interessante Alternative zu Medikamenten wie Ritalin herausgestellt.

Hirngymnastik wird wie folgt beschrieben: *»Ein System von einfachen Bewegungen und Übungen, die zwei Dinge bewirken: Sie reduzieren Streß beim Lernen und in neuen Situationen, und sie erhöhen die Hirnfunktionen, so daß Integration stattfinden kann.«* Der Gedanke, der dahintersteckt, ist, die zwei Gehirnhälften zu verbinden, damit sie besser miteinander im Einklang arbeiten, und zu vermeiden, daß ein Hirnteil dominanter wird und die Führung übernimmt. Die Indigo-Kinder lösen von Haus aus lieber Aufgaben mit beiden Gehirnhälften gleichzeitig und sind hier deutlich in ihrem Element.

In Taiwan läßt man die Schüler lehren!

Von einem europäischen Freund, der halbjährig in Taiwan lebt, erfuhr ich, daß in Taiwan bestimmte Schulen seit vielen Jahren dazu übergegangen sind, die Kinder selbst lehren zu lassen. Der Lehrer versucht während der ersten fünf Minuten, den Kindern den Lernstoff für seine Stunde zu vermitteln, danach übergibt er den Schülern die restliche Zeit der

Stunde. Bei meinen Recherchen fand ich folgenden interessanten Artikel von Thom Hartmann:

»*Taiwan ist die unternehmerischste ADD*-kulturelle Gesellschaft, die ich jemals in meinem Leben angetroffen habe. Es ist entweder ein ADD-Himmel oder eine ADD-Hölle, ich bin zu keinem Ergebnis gekommen, was von beiden, aber es ist einfach unglaublich. Taipee ist eine Stadt wie ein Irrenhaus ... In Amerika und Australien scheint es, daß wir darum ringen, was wir mit ADD anfangen sollen. Taiwan, wo dieses Verhalten mindestens genauso ausgeprägt ist wie bei uns (wahrscheinlich sogar stärker), weist die höchsten mathematischen und wissenschaftlichen Lernerfolge weltweit auf. Woher kommt das?*

Der »*Independent of London*«, *der mein Interesse fand, hatte einen Reporter nach Taiwan gesandt, um einen Artikel darüber zu schreiben, den ich der Zeitung entnommen habe:*

Menschen, die auf das Lernen versessen sind/Taiwan
Sie sagen, wenn in Taiwan ein Lehrer einen Klassenraum betritt, arbeiten noch einige Schüler an den Aufgaben der vorherigen Stunde, innerhalb von 45 Sekunden sind sie voll aufmerksam, sehen nach vorn auf die Tafel und beginnen zu arbeiten. Der Lehrer erklärt vielleicht ein Element der Arithmetik. Der Unterricht ist schnell und sogar leicht unverständlich, mit vielen Fragen – Antworten werden durch die Klasse zurückgerufen. Alle Kinder sind voll ein-bezogen, kommen nach vorn, geben ihre Antworten, schreiben sie an die Tafel, manchmal sind sechs oder sieben Kinder der über vierzig Kinder einer Klasse gleichzeitig auf ihren Füßen.

---

*(Attention Deficit Disorder, engl. Sprachraum), ADS – Aufmerksamkeits-Defizit-Störung oder -Syndrom, ADD im dt. Sprachraum)

In Taiwan wird das Schulsystem grundlegend darauf aufgebaut, daß die Arbeit des Lehrers darin besteht, seine Lern-Informationen innerhalb der ersten fünf Minuten vorzustellen. – Sie werden sich erinnern, es gab auch in Ihrer eigenen Schule keinen Stoff einer Stunde, den man nicht in fünf Minuten hätte zusammenfassen können. – Der Lehrer nimmt die ersten fünf Minuten und sagt »hier ist die Information« und übergibt dann das Lernen an die Schüler. »Wer von euch versteht das vollständig, du? Wer nicht, du nicht? Okay, du bringst es ihm bei, und du bringst es ihr bei ...!«-

Die Kinder unterrichten einander. Die Kinder, die der Klasse voraus sind, sind nicht gelangweilt, weil sie sich im Lehrer-Modus befinden. Die Kinder, die der Klasse hinterherhinken, sind nicht gelangweilt, weil sie von ihren besseren Mitschülern unterrichtet werden. Der Lehrer bleibt offen, bewegt sich zwischen den Kindern, hilft und rät und vergeudet keine Zeit damit, für Ruhe und Ordnung zu sorgen. Sie haben kein Problem mit ADS und keine Kinder, die Medikamente einnehmen müssen. Sie haben ein Schulsystem, das funktioniert: das öffentliche Schulsystem von Taiwan. Eine radikale Idee, die eine für alle gute Lösung darstellt.

Dasselbe System gab es vor einigen hundert Jahren in den USA, so war das Lernen in den Schulhäusern aufgebaut. Schauen Sie in die Unterrichtsbücher des 18. Jahrhunderts. Dort wird klar gesagt, daß es nicht die Aufgabe des Lehrers ist, die Kinder zu unterrichten. Seine Aufgabe ist es, die notwendigen Unterrichtsmaterialien zur Verfügung zu stellen, so daß die Kinder einander unterrichten können. Die Kinder sind in diesen Prozeß voll einbezogen ...!

__KAPITEL 4:__

Die Indigo-Gesundheit

4.1 Die Gesundheit der Indigo-Kinder

Indigo-Kinder sind erst seit zehn Jahren in größerer Anzahl auf der Erde, von daher können noch keine fundierten Aussagen über die Gesundheit gemacht werden. Normalerweise kommen die meisten Kinder kerngesund zur Welt. Sie bekommen im Laufe ihrer Kindheit die üblichen Kinderkrankheiten und erst später eventuell individuelle Krankheiten. Zwar wurden physische Kollektiv-Krankheiten wie Asthmaleiden, Allergien verschiedenster Art oder die Tendenz zu Hals-Nasen-Ohrenleiden bei den neuen Kindern vermehrt festgestellt, aber inwieweit das nun spezifisch auf Indigo-Kinder zutrifft, kann nicht mit Sicherheit gesagt werden, da es keine entsprechenden Untersuchungen gibt. Es ist nur festzustellen, daß Hyperaktivität, Legasthenie und das Aufmerksamkeits-Syndrom häufig auftreten, was ich aber bewußt nicht als Krankheit bezeichnen möchte. Es scheint, daß Indigo-Kinder oft »Krankheiten« oder Syndrome wählen, die man einfach nicht übersehen kann. Damit zwingen sie ihre Eltern und ihr Umfeld, wirklich hinzuschauen, zu handeln und Verantwortung für die Situation zu übernehmen.

Indigo-Kinder kommen mit einer höheren Energiefrequenz* zur Welt als die vorhergehenden Generationen. Aus allem, was ich über diese Kinder weiß, aus meiner eigenen Erfahrung mit ihnen und aus den vielfältigen Informationen, die ich überall auf der Welt gesammelt habe, entwickelte sich bei mir folgende Vermutung sehr stark: Könnte es sein, daß die Indigo-Kinder ihre feine, hohe Energie stetig an die Erwachsenen um sie herum abgeben – unbewußt? Daß sie selbst dadurch ständig völlig »ausgebrannt« und »fertig« sind? Während sie noch im Elternhaus sind, kann es sein, daß sie so viel Energie haben, daß Eltern und Familienmitglieder abends erschöpft sind. Werden die Kinder aber älter, gehen zur Schule und nehmen oft an anderen Aktivitäten teil, so fangen sie an, viel Energie zu verlieren. Sie sind immer müde und ausgebrannt.

Energetisch könnte man dieses Phänomen so erklären: Wenn ein Mensch mit einer hohen Energiefrequenz einem anderen mit einer niedrigeren Frequenz begegnet, können zwei Dinge passieren:

1. Ein Mensch mit der hohen Energiefrequenz wird angezapft von dem mit der niedrigen Frequenz. Ersterer fühlt sich beraubt und sagt vielleicht: »Er/sie zieht mir die Energie ab«, oder: »Er/sie kostet mich soviel Kraft«, während letzterer sich endlich einmal gut fühlt, er hat sozusagen aufgetankt.
2. Ist sich ein Mensch seiner Energiefrequenz bewußt, kann er anderen ruhig erlauben, seine hochschwingende Energie zu nutzen, da er weiß, daß sie der göttlichen Quelle entspringt und sich nie erschöpft. Er bleibt einfach auf seiner Frequenz und teilt sie mit anderen, ohne ausgelaugt zu werden. Ein anderer Mensch mit niedrigerer Schwingung fühlt sich in dieser Situation auch wieder wohl und aufgetankt.

---

*(siehe Glossar)

Es gibt viele Zeichen dafür, daß Indigo-Kinder mit einer Aufmerksamkeits-Defizit-Störung, die zusätzlich hyperaktiv sind, eine chronische »umgekehrte Polarität« haben (auch CRP, chronic reversed polarity, genannt), also ständig Energie abgeben. Das könnte der Grund dafür sein, daß diese Kinder anfälliger für allerlei Krankheiten sind. Bei diesen Kindern sind Krankheiten schwer zu therapieren, solange das Kind polar »umgekehrt« ist. Die Kinder, die vielleicht schon von Geburt an ihre Energie unausgesetzt den Eltern und ihrer Umgebung zur Verfügung gestellt haben, geraten in einen chronischen Streßzustand.

Keith Smith, ein Iridologe* und Kräuterkundiger aus Escondido, Kalifornien, der sich in seiner Praxis auf umgekehrte Polarität spezialisiert hat, sagt in dem Buch »The Indigo Children« von Lee Carroll und Jan Tober: *»Die Kondition der umgekehrten Polarität schwächt die »elektrische Kraft« des Körpers. Langanhaltender Streß ist die wichtigste Ursache hierfür. Wenn die elektrische Ladung des Körpers schwächer wird, treten Symptome wie Rückenschmerzen, angespannte Muskeln oder Kopfweh als Warnsignale auf. Fällt die körperliche Spannung unter 42 Hertz ab, dann kann das Immunsystem** Krankheiten nicht abwehren. Wichtig ist, daß die Person ihre elektrische Ladung oder Spannung immer wieder auflädt, wie wir das von Batterien kennen. Vernachlässigt man die Symptome, so können extreme Müdigkeit, Depression, Ängste, Migräne, Taubheit, Bindegewebsprobleme oder chronische Schmerzen in einer ohnehin geschwächten Zone auftreten. Das normale Selbsterhaltungssystem des Körpers funktioniert nicht mehr. Die üblichen elektrischen Signale, die an sein Immunsystem gesendet werden, scheinen dann, statt zu beschützen, zu zerstören.«*

---

*(Iridologie: Augendiagnostik), **(siehe Glossar)

Smith stellt sich auch folgende Frage: »*Ist es möglich, daß diese chronische umgekehrte Polarität ein letzter Versuch des Körpers ist, um darauf aufmerksam zu machen, daß wir uns in eine ruhigere Situation begeben sollten, so wie ein Krankenhausbett oder das Zuhausebleiben uns zwingen würden, es zu tun?*«

Wichtig ist, daß Sie Ihrem Kind den energetischen Vorgang, warum es sich so »ausgebrannt« fühlt, erklären und z.B. die Übung »Energie-Aufladen« (siehe Kapitel 8) mit ihm machen. Da chronische umgekehrte Polarität nicht leicht zu erkennen ist, sollten Sie sich auf jeden Fall fachkundige Unterstützung suchen.

Aufgrund therapeutischer Erfahrungen und Hinweisen von Eltern konnte man feststellen, daß Indigo-Kinder für folgende »Krankheiten« oder kranke Zustände anfälliger sind:

- Chronische umgekehrte Polarität (CRP – chronic reversed polarity)
- Hals- und Ohrenprobleme, häufige Erkältung und Grippe
- Allergien
- Seelische Erschöpfung
- ADS und ADSH (durch Test ermittelt)
- Asthma und Bronchitis
- Depressionen
- Chronische Schmerzen in/an wechselnden Stellen
- Chronische Müdigkeit und Unbelastbarkeit
- Häufige Kopfschmerzen

Indigo-Kinder haben im weitesten Sinne eine normale Gesundheit und Vitalität. Es könnte sein, daß sie durch ihre hohe Energie Krankheit anders erfahren und ausdrükken. Meiner Meinung nach benutzen sie Grippe- und Erkältungszustände, um wieder mit sich in Einklang zu kommen und sich organisch und psychisch ausruhen zu können.

Das Indigo-Kind braucht im allgemeinen sehr wenig Schlaf, meistens gerade genug, damit sich der physische Körper erholen kann. Was es belasten und krank machen kann, ist sein Gefühl, anders zu sein oder nicht angenommen zu werden. Das Indigo-Kind nimmt das Leben anders wahr, und diese Wahrnehmung macht es ihm nicht leicht. Es betrachtet eigentlich alles anders, als wir es tun. Wir nennen das eine Wahrnehmungsstörung, weil sie unserer Sicht nicht entspricht. In der Regel verstehen wir sie auch nicht. Gehen wir nicht auf das Kind und seine Wahrnehmung ein, so empfinden wir es als eine Störung. Wir drängen mit unserem Verhalten dem Kind förmlich diese Störung auf. Sie prägt das Kind leider dauerhaft und beeinflußt seine gesamte Entwicklung.

Was ist eigentlich Wahrnehmung? Wahrnehmung ist ein aktiver Vorgang der Wechselwirkung zwischen dem einzelnen Menschen und seiner Umwelt, um Informationen und Bedeutungen zu erzeugen. Wahrnehmen geschieht durch die Sinne Sehen, Hören, Schmecken, Riechen und Fühlen. Ist die Zusammenarbeit dieser Sinne nicht optimal (so wie wir sie als »normal« kennen und deuten), so kann die Interaktion zwischen dem Menschen und seiner Umwelt gestört sein. Die Folgen können sich im Sozialverhalten, in Lernstörungen, in unangepaßtem Bewegungsverhalten und in physischen Anfälligkeiten oder Krankheiten zeigen.

Man sagt, daß die Wahrnehmung mancher Indigo-Kinder gestört ist, aber ist sie das wirklich? Ist es nicht eher so, daß die neuen Kinder weiter entwickelt sind als wir? Daß ihr Gewahrsein nicht eingeschränkt ist wie das unsere? Sie bewegen sich leicht auf verschiedenen energetischen Ebenen und können ganzheitliche geistige Prinzipien besser und schneller wahrnehmen als wir. Werden sie nun von uns immer abgelehnt, als »Spinner« abgewiesen und sogar verspottet, dann ziehen sie sich in ihr Schneckenhaus zurück. Auf Dauer werden sie krank.

Es ist interessant, daß die Farbenlehre die Farbe Indigo mit der Eigenschaft »Wahrnehmung« verbindet. Die Farbe Indigo, die dem Dritten Auge* zugeordnet wird, besagt auch, daß durch das Öffnen des inneren Auges eine andere, spirituellere Sicht der Dinge ermöglicht wird. Dies ist eine Sichtweise, die die Indigo-Kinder mitbringen. Für sie ist alles eins, sie erfahren sich als vollkommen, so wie sie sind, als göttliche Wesen und verstehen oft nicht die übliche Art, die Dinge als getrennt voneinander zu betrachten. Werden sie durch dauerndes Meckern, Urteilen, Zurechtbiegen, Strafen und »nicht Anerkennen« von ihrem innersten Wesenskern getrennt, so werden sie krank. Sie leiden dann körperlich, emotional oder seelisch. Unsere Aufgabe ist es, sie anzuregen, diese ganzheitliche Sicht und ihre angeborene Wahrnehmungsweise zu pflegen und weiterzuentwickeln.

Wissen Kinder, daß sie auf Ablehnung stoßen, so werden sie, um ihr aus dem Weg zu gehen, hundertundeine Ausrede finden wie z.B.: »Mama, mein Bauch tut sooo weh«, »Ich kann mich nicht bewegen, mein Knie schmerzt«, oder: >Ich hab so Kopfweh«, »Mir schmerzt der Magen so, ich kann wirklich nicht in die Schule (oder sonstwohin) gehen.« Sie erfinden irgendwelche Schmerzen – die sie dann auch wirklich physisch spüren – um Ablehnungssituationen zu vermeiden.

Leider wird, meiner Meinung nach, viel zuwenig auf das Zusammenspiel der »niederen« Körper (physischer,

---

*(siehe Glossar)

emotionaler, mentaler und ätherischer Körper) geachtet, die feinstofflichen Zusammenhänge dieser Körper aus Unwissenheit meistens unterschätzt. Fühlt ein Kind sich dauernd unwohl, abgelehnt, nicht anerkannt oder geliebt, so zeigen sich in den verschiedenen Körpern Störungen. Diese Störungen finden letztlich als Krankheit in dem dichtesten, nämlich dem physischen, Körper Ausdruck. Krankheit ist sozusagen der Warnschrei des Körpers, daß irgend etwas nicht in Ordnung ist. Lange vorher kann man schon andere Zeichen im Verhalten des Kindes wahrnehmen, die auch darauf hindeuten, daß etwas nicht stimmt. Eine Betreuung durch Therapeuten oder Ärzte wäre hier für das Kind wichtig. Sie läßt sich nicht durch chemische Medikamente ersetzen. Das Kind braucht eine Bezugsperson, die ihm vorbehaltlos zuhört, es ernst nimmt; eine Person, die es mit Blick aus einer höheren Perspektive führen kann. Es ist für das Indigo-Kind wichtig, daß seine Seele klar in sein Leben eingeladen wird, um in Verbindung mit ihr zu bleiben. Geschieht dies, wird sich sein Leben damit leichter gestalten und verwirklichen lassen. Viele Krankheiten und unangenehme Zustände ließen sich hierdurch vermeiden.

4.2 Ernährung

Die neuen Kinder zeigen völlig neue Eßgewohnheiten, und manche meckern gar dauernd am Essen herum. Vieles schmeckt ihnen nicht, und regelmäßige Mahlzeiten empfinden sie als Qual. Der Kühlschrank ist auf diese Weise in vielen Familien zu einem Selbstbedienungsladen geworden. Eines ihrer Hauptgerichte scheint Joghurt zu sein. Mehrere Anzeichen deuten darauf hin, daß es für die Eltern an der Zeit ist, sich von alten Mustern bezüglich Nahrung zu lösen. Das Kind will selbst bestimmen, was und wann es ißt. Dazu möchte es auch noch selbst bestimmen, wie es ißt. Das ist nicht leicht, wenn man gemütlich mit der ganzen Familie an einem frischgedeckten Tisch essen möchte. Am besten läßt man das Indigo-Kind wählen, was es essen möchte, notfalls jeden Tag das gleiche. So vermeidet man absehbaren Streß. Es kann dann lernen, intuitiv zu spüren, was sein Körper braucht, und bekommt auf diese Art ein Gefühl für Nahrung. Zusätzlich können Nahrungsergänzungsmittel gereicht werden, die die Versorgung mit allen lebenswichtigen Nährstoffen sichern.

Kinder, die wegen Hyperaktivität oder ADS das Medikament Ritalin bekommen, haben meistens keinen Hunger, streiken total und wollen oft gar nicht essen. Das Kind bekommt dann erst abends Hunger, wenn die Wirkung des Ritalins nachläßt und alle anderen Familienmitglieder schon seit Stunden mit dem Essen fertig sind. Es hat dann gewöhnlich einen »Bärenhunger«. Für die Eltern ist es wichtig zu verstehen, daß es dann wirklich Nahrung braucht. Das Medikament ist als appetithemmend bekannt. Das Kind über den Tag zum Essen zu zwingen wäre in diesem Fall genau das falsche Verhalten.

Indigo-Kinder, die in ihrer Mitte sind, wissen, was ihnen guttut. Sie lieben es, ihre Nahrung selbst auszuwählen und können schon ab dem 2. oder 3. Lebensjahr mit einer unglaublichen Genauigkeit sagen, wie sie ihre Nahrung zu sich nehmen möchten. Wenn sie z.B. auf einem ganz bestimmten gelben Teller verteilt für das Kind bereitsteht, und zwar exakt in 5-Millimeter-Stückchen geschnitten, mit der Soße am Rand und nicht in der Mitte, dann ... ißt der Indigo-König (oder die -Königin) den Teller leer. Aber wehe, Sie machen es anders, oder jemand schneidet die Stückchen in der falschen Größe oder rührt die Soße unter das Essen, dann gibt es einen Aufstand! Das kann unter Umständen noch milde ausgedrückt sein, denn was dann geschieht, gleicht manchmal eher einer mittleren Katastrophe: Der Teller fliegt durch die Gegend oder an Ihren Kopf.

Ein Indigo-Kind bestimmt auch am liebsten seinen Platz am Tisch und, wer neben ihm sitzen darf. Eines seiner wichtigsten Themen ist, daß es gern ein vollintegriertes Mitglied der Familie sein möchte. Meistens können sie es darum doch überreden, sich an den Tisch zu setzen, um gemeinsam mit der Familie die Mahlzeit zu genießen. Es kann aber sein, daß es am Tisch keinen Hunger hat, um aber dann nach einer halben Stunde klagend mitzuteilen, wie hungrig es jetzt sei und was genau es essen wolle. Dann möchte das Kind am liebsten sofort bedient werden.

Einerseits sind Indigo-Kinder Nahrung gegenüber sehr empfindlich. Andererseits essen sie oft einseitig, ohne daß es schädliche Auswirkungen zeigt. Wie bereits dargelegt, hat man inzwischen festgestellt, daß viele dieser neuen Kinder eine andere Leber haben als wir, was eine evolutionäre Anpassung an die neue Nahrung der letzten Jahrzehnte zu sein scheint. Diese neue Leber ist »gemacht, um junk food zu essen«, ohne davon krank zu werden. Die

Natur sorgt in ihrer Entwicklung immer dafür, daß wir uns anpassen und daß Menschen, Tiere und Pflanzen »mutieren«, um entsprechend den geänderten Umweltbedingungen zu überleben.

Am besten gibt man dem Kind so oft wie nur möglich natürliche, organisch gewachsene Nahrung. Der physische Körper ist sein Gefährt, seine Verbindung zur Erde und zur materiellen Welt. Er muß gut versorgt und ernährt werden. Natürliche Nahrung entspricht am ehesten seiner hohen Schwingung und läßt das Kind in guter Gesundheit heranwachsen. Die meisten unserer Nahrungsprodukte sind heutzutage leider so aufbereitet, daß die Nährstoffe von unserem Körper nicht mehr richtig aufgenommen werden können.

Lichtarbeiter, Therapeuten und Ärzte haben jahrelang am eigenen Leib mit Nahrung und Fasten experimentiert. Sie sind vielen Richtungen und Theorien gefolgt, haben aber nie eindeutig festgestellt, ob es wirklich eine einheitliche optimale Ernährung für alle gibt. Was sie allerdings feststellen konnten, ist, wie wichtig die Verbindung zwischen Bewußtsein und der Nahrungsverarbeitung im Körper ist.

Der Mensch ißt viele Nahrungsmittel, um emotionale und mentale Schwankungen auszugleichen. Ein Beispiel dafür wäre: Sie werden von jemandem tief verletzt, sind unglücklich und ... greifen nach Schokolade, Eis oder anderen Speisen. Dieses Verhalten wird »Essen für den Emotionalkörper« genannt. Schokolade sorgt im Körper dafür, daß vom Hirn Endorphine, sogenannte Glückshormone, abgegeben werden, wodurch Sie sich wieder besser fühlen und Ihren täglichen Verpflichtungen weiter nachgehen können.

Es gibt viele Gründe, warum der Mensch etwas essen möchte. Wir essen nicht nur, um unseren physischen

Körper instand und am Leben zu halten, sondern auch, weil wir uns sonst nicht frei, harmonisch und lebendig fühlen würden. Aber am allerwichtigsten ist, daß wir mit Freude und Appetit essen – und das gilt insbesondere für Kinder.

Bei der Nahrungsaufnahme geht es darum, die Stärke des Immunsystems zu erhalten. Das Kind muß sich frei und gesund entwickeln können und sollte alle Krankheiten abwehren können. Nehmen wir an, daß die Indigo-Kinder wirklich andere geistige und emotionale Eigenschaften mitbringen, daß ihre DNS von unserer verschieden ist und ihre »elektrische Stromleitung« anders funktioniert, dann ist die logische Folge, daß sie auch körperlich und chemisch-biologisch andere Stoffe brauchen, um ihren Körper mit seinen Millionen chemischer Prozesse zu nähren.

Grundsätzlich gibt es nur drei Substanzen, die wir aufnehmen: Luft, Wasser und feste Nahrung. Auf einer höheren Ebene könnte man sagen, wir nehmen mit unserer Nahrung bestimmte Informationen auf, die wir brauchen, um unser System in Balance zu halten.

Wir wenden viel Zeit auf, um alles, was wir essen, zusammenzutragen, einzukaufen, zuzubereiten, zu essen und zu verdauen. Wenn wir uns darüber klar wären, wie wenig wir über das wissen, was wir zu uns nehmen, müßten wir uns eigentlich fragen, ob nicht vielleicht etwas aus dem Gleichgewicht geraten ist. Wir haben den Kontakt zu unserer Nahrung, unsere ursprüngliche Beziehung zu ihrer Qualität, und zur Natur ganz allgemein verloren. Unsere natürlichen Instinkte sind durcheinandergeraten. Den Kontakt zur Informationsebene der Nahrung haben wie gänzlich verloren. Es hat sich eher eine materialistische Vorstellung von Ernährung etabliert, der wir einfach folgen, weil sie uns so beigebracht wurde. Deutliches Kennzeichen dafür ist, daß ein Großteil der Menschen, hauptsächlich in den Industrienationen, zu dick ist und dauernd Diäten macht, während woanders Menschen am Verhungern sind.

Viele Nahrungsforscher haben in den letzten zwei Jahrzehnten versucht, die alten mystischen Grundlehren über unsere Nahrung wiederzubeleben. Ein für seine Ernährungseinsichten sehr bekannter amerikanischer Arzt, Dr. Gabriel Cousens, sagt in seinem Buch »Gesundheitliche Ernährung«: »*Das neue Paradigma besagt, daß Nahrung nicht länger als Kalorien, Proteine, Fette und Kohlenhydrate betrachtet werden kann. Nahrung ist die dynamische Kraft, die mit menschlichen Wesen auf der körperlichen, mental-emotionalen, energetischen und der spirituellen Ebene in Wechselwirkung tritt.*« In der Einführung seines Buches schreibt er: »*Wenn wir uns gesund und harmonisch ernähren, sind wir fähiger, uns auf das Göttliche einzustimmen und mit ihm zu kommunizieren. Aus diesem Blickwinkel heraus schlage ich vor, daß wir nicht* »*leben, um zu essen*« *oder* »*essen, um zu leben*«, *sondern daß wir essen, um unser Einswerden mit dem Göttlichen zu intensivieren.*«

In dem Maße, wie die Schwingungsfrequenz der Erde angehoben wird, wird der menschliche Organismus leichtere oder höherschwingende Kost brauchen. Der allgemeine Trend geht auch deutlich nach leichterer Kost. Viele Menschen fasten ein- oder zweimal im Jahr, und andere leben sogar von Luft und Wasser. Die alten Glaubensvorstellung, daß man viel essen muß, um zu überleben, ist überholt. Sie hat ihre Gültigkeit, zumindest für die westlichen Industrienationen, verloren. Aber wie sieht »das Neue« aus? Aufgestiegene Meister* und hohe Lichtwesen*

---

*(siehe Glossar)

vermitteln uns, daß wir immer mehr von Licht leben werden. Sie sagen auch, daß wir dabei sind zu entdecken, wie wir länger leben können. Noch gibt es zu viele verschiedene Richtungen und Meinungen. Täglich werden Tausende von neuen Nahrungsergänzungsmitteln, Vitaminen oder Nährstoffen entdeckt und auf den Markt gebracht. Die Branche boomt wie nie zuvor. Schon allein das sollte uns zeigen, daß sich etwas verändern möchte.

Es hat den Anschein, als ob die Indigo-Kinder keine komplizierten Gerichte mögen, sie bevorzugen eher einfache, schnelle Gerichte. Sie brauchen andere Nahrung als wir, um ihren spirituellen Weg zu gehen. Sie essen weniger auf einmal, nehmen dafür öfter am Tag etwas zu sich.

Das Ritual des Essens verliert langsam seine Wichtigkeit. Warum? Entwickeln wir uns alle zu Wesen, die von Licht und Luft leben werden? Sollten wir uns auf Vollwertnahrung oder auf rein pflanzliche Nahrung umstellen? Sollten wir keine Tiere mehr in großen Anlagen halten, damit wir sie essen können? Viele Fragen tauchen auf, Fragen, die in der Zukunft sicherlich beantwortet werden. Aber eins ist wichtig: Haben Sie Vertrauen zu Ihrem Kind und seiner Intuition. Lassen Sie es essen (natürlich im Rahmen Ihrer Möglichkeiten), was es möchte.

Eine Mutter erzählt: *»Selbst als mein Kind noch klein war, sagte es mir immer genau, was und wie es essen wollte. Ich wollte alles richtig machen und mein Kind gut ernähren, aber jeden Tag aufs neue gab es einen schrecklichen Terror. Nach einiger Zeit beschloß ich einfach, Vertrauen in es zu haben und es zu lassen. Ich bereitete das zu, was es haben wollte. Eines Tages sagte es mir, es müsse Cola trinken, das wäre gut für es. Wenn ich anfing zu erklären, daß Cola nicht gesund sei usw. sagte es mir ganz ernsthaft: »Mama, das stimmt, es ist für dich auch* *nicht gesund, du sollst es nicht trinken, aber für mich ist das anders, ich brauche es für meinen Körper. Für mich ist es das Richtige.« Ich mußte wählen und wählte wieder, meinem Kind zu vertrauen. Jetzt ist mein Sohn 19 und kerngesund. Er hat viel Cola getrunken und immer gegessen, was er wollte, natürlich im Rahmen der familiären Möglichkeiten. Jetzt im nachhinein bin ich sehr froh, daß ich dieses Vertrauen gewählt habe. Ich selbst habe dabei gelernt, besser zu horchen, ob und was ich essen möchte und was mein Körper wirklich braucht.«*

Eine andere Mutter erzählt: *»Seit vielen Jahren ernähre ich mich nach der Instincto-Methode, die besagt, daß der Mensch nur sonnengereifte Früchte wie Tomaten, Obst, Avokados, Nüsse usw. essen sollte. Man wählt sie nach Gefühl und Geruch täglich aus. Mein jüngstes Kind wurde ebenfalls immer nach dieser Instincto-Methode ernährt und kennt es nicht anders. Es ist jetzt 10 Jahre alt und sehr gesund. Was uns vor allem große Freude macht, ist, daß es sehr intuitiv, sehr selbständig und selbstbewußt, mit sich selbst verbunden, hochenergetisch und trotzdem ein völlig »normales« Kind ist. Eines Tages, während wir über Essen und Ernährungsweisen sprachen, sagte es plötzlich: Na klar, du mußtest damit anfangen, damit ich auf die Erde kommen konnte und du schon vorbereitet warst, weil ich mir in diesem Leben vorgenommen hatte, mich von Früchten zu ernähren, und wie hätte ich das ohne dich tun können?«*

Nahrungsergänzungen

Da unsere Grundnahrung nicht mehr die nötigen Nährstoffe wie Mineralien, Vitamine u.a. enthält, die wir brauchen, um gesund und in Harmonie zu bleiben, wäre es sinnvoll, diese zusätzlich einzunehmen. Nachfolgend einige Empfehlungen/Produkte, mit denen Sie Indigo-Kinder bei ihrer Entwicklung unterstützen können. Dabei ist es wichtig, sich darüber im klaren zu sein, daß es keine allgemeinen Richtlinien mehr gibt; jedes Kind muß individuell unterstützt werden.

• Moderne Naturprodukte als Nahrungsergänzung
In vielen Studien wurde belegt, daß unsere Nahrungsmittel einen alarmierenden Mangel an Mineralstoffen aufweisen: Teilweise sind über 85% der Mineralien, die sich in landwirtschaftlichen Böden befinden sollten, nicht mehr vorhanden. Das heißt, sie sind also auch nicht mehr in unserer Nahrung enthalten. Inzwischen sind viele Firmen auf dem Markt, die Nahrungsergänzungsmittel herstellen, um dem Mangel entgegenzutreten (Lifeplus ist z.B. eine dieser Firmen und gehört meiner Ansicht zu den besten, da sie extrem hohe Ansprüche an die natürliche Produktgewinnung und ihre Verarbeitung stellt; weitere Angaben siehe Anhang).

Eindeutig steht fest, daß alles, was der Mensch zu tun vermag, auf biochemischen Prozessen gründet: die Fähigkeit des Gehirns zu denken; die Fähigkeit des Kreislaufsystems, Blut zu befördern und dabei alle Organe mit Nährstoffen zu versorgen und die Abfallstoffe zu entsorgen; die Fähigkeit des Immunsystems, Infektionen zu bekämpfen usw. Fehlt nur ein Baustein der dabei benötigten biochemischen Substanzen, funktioniert unser Körper nicht mehr optimal. Diese Bausteine können wir letztlich alle aus unserer Nahrung aufnehmen, vorausgesetzt, sie sind darin vorhanden. Der Anteil vieler wichtiger Inhaltsstoffe in unseren Nahrungsmitteln hat sich aber von Jahrzehnt zu Jahrzehnt dramatisch verringert und die Kinder, die ihren

Körper noch aufbauen müssen, trifft es am härtesten. Je nach Charakter und Zustand des Kindes, wäre es sinnvoll, ihm täglich ausgewählte Zusatzprodukte zu geben. Mit einem älteren Kind können Sie vereinbaren, daß es selbst in seinen Körper hineinspürt und prüft, welche Zusatzstoffe es braucht, und können ihm die Verantwortung übergeben, diese selbst entsprechend einzunehmen.

• Blau-Grün-Algen
Eine sehr wertvolle Nahrungsergänzung findet das Indigo-Kind in der Blau-Grün-Alge, auch Aphanizomenon Flos Aquae oder kurz AFA genannt. Sie wird auf natürliche Weise in dem amerikanischen Staat Oregon, im Klamathsee geerntet. Dieser See ist basisch und die einzige Stelle auf der Erde, wo diese Algen in natürlicher Form vorkommen. Die Algen wachsen während der Sommermonate so schnell, daß man täglich viele Tonnen ernten kann. Die Blau-Grün-Alge hat eine starke Heilwirkung und entspricht den feinstofflichen Bedürfnissen der neuen Kinder.

Das Wertvolle für Indigo-Kinder an den Blau-Grün-Algen ist nicht nur deren konzentrierte Nährstoffhaltigkeit, sondern vor allem ihre Wirkung auf das Nervensystem, insbesondere auf die Hirnanhangdrüse*, die Zirbeldrüse* und den Hypothalamus*. Menschen, die AFA nehmen, berichten allgemein über eine höhere geistige Aufmerksamkeit, ein besseres geistiges Durchhaltevermögen, ein besseres Kurz- und Langzeitgedächtnis. Sie lösen ihre Probleme leichter, sind kreativer, fühlen sich besser und mehr in ihrer Mitte.

Die Algen gehören mit ihrer dreieinhalb-Milliarden-jährigen Existenz zu unseren Urpflanzen und sind bekannt

---

*(siehe Glossar)

als Quelle des Lebens auf der Erde. Sie enthalten alle Vitamine, Mineralien, Aminosäuren und Nährstoffe, die wir zum Leben brauchen. Sie enthalten u.a. fünfmal mehr Kalzium als Milch, dreimal mehr Proteine als Fleisch, Fisch oder Geflügel und fünfzigmal mehr Eisen als Spinat. Sie haben keine Kalorien und enthalten kein Cholesterol.

Bei Kindern, die regelmäßig Blau-Grün-Algen einnahmen, konnte man folgendes feststellen:
- Sie hatten mehr Energie, Vitalität und Durchhaltevermögen.
- Sie konnten besser mit Streß umgehen.
- Ihr Immunsystem war gestärkter, so daß weniger Krankheiten auftraten oder sie sich schneller von Krankheiten erholten.
- Es gab Verbesserungen bei chronischer Müdigkeit, bei Gemütsschwankungen und Allergien.
- Sie hatten eine bessere Verdauung.
- Sie zeigten weniger psychosomatische Symptome.
- Es gab eine dramatische Verbesserung in ihrer Fähigkeit, zu fokussieren und sich zu konzentrieren.
- Es gab eine Verminderung ihres argumentierenden, fordernden und streitlustigen Verhaltens.
- Sie zeigten weniger Symptome von Angst und Depression.
- Sie wiesen eine eher positive Gefühlslage auf.

Blau-Grün-Algen haben eine stark reinigende Wirkung und gehören zu den nahrhaftesten Nährstoffen der Welt. Die weiche Zellwand der Alge und ihre ursprüngliche Molekülform sorgen dafür, daß ihre Nährstoffe sofort vom Körper aufgenommen werden können. Die Algen haben eine starke Wirkung auf unser Immun-und Nervensystem. Sie werden u.a. zur Heilungsunterstützung eingesetzt bei:

Depressionen, Aufmerksamkeits-Defizit-Syndrom, schlechtem Gedächtnis, Irritationen und allgemeinen Schlafstörungen, Autismus, chronischer Müdigkeit, Anämie, Geschwüren, Hepatitis. Überzeugend ist, daß viele Behandelte sich schon nach wenigen Tagen besser fühlen (Bestellinformationen siehe Anhang).

• OPC
Viele Kinder zeigen »Verhaltensweisen und Krankheiten«, die möglicherweise durch einen Mangel an Vitamin C und/oder OPCs (Oligomerische Proanthocyanidine) auftreten. Dazu gehören ADS, Hyperaktivität, Lernschwierigkeiten durch Konzentrationsschwäche, Antriebslosigkeit, Immunschwäche, Stoffwechselprobleme, Neigung zu Entzündungen, Allergien, Depressionen, Müdigkeit, Wetterfühligkeit, Umweltfühligkeit, Neurodermitis, Psoriasis, Nasenbluten, Übergewicht und Asthma.

OPCs gehören zu den wirksamsten Antioxydantien, die heute bekannt sind. Diese OPCs zerstören außerordentlich wirksam freie Radikale, aktivieren und verzehnfachen die Wirkung von Vitamin C und steigern dadurch die Produktion von Hormonen und Neurotransmittern im Gehirn entsprechend. Weiterhin helfen sie dem Kreislaufsystem dabei, die Blutgefäße gesund zu erhalten. Durch Aktivierung der Neurotransmitter können OPCs die Konzentrationsfähigkeit, die Gedächtnisleistung und Zentriertheit beträchtlich erhöhen und die Reaktionsfähigkeit verbessern, was ideal für ADS-Kinder scheint. Auch können sie durch die Optimierung des Kalziumumsatzes zu einer Verbesserung der Situation bei Depressionen führen. Neurotransmitter können nämlich nur in optimaler Menge hergestellt werden, wenn die Kalziumsynthese einwandfrei funktioniert. Weiterhin sorgen OPCs anscheinend dafür, daß Nährstoffe wie Zink, Mangan, Selen oder

Kupfer, die hilfreich bei ADS und Hyperaktivität sind, zum Gehirn geführt werden.

Proanthenols nach Dr. Jack Masquelier enthält OPCs. Marion Sigurdson, eine Psychologin aus Tulsa, USA, hat die Wirkung von Dr. Masqueliers OPC-85-Produkt an ADS-Kindern getestet und herausgefunden, daß es genauso gut wirkt wie Ritalin.

- *Fallbeispiel:* Ein Junge, 9 Jahre, hatte große Lernschwierigkeiten, weil er sich nicht lange konzentrieren konnte. Ein Jahr nachdem seine Mutter begonnen hatte, sein Essen mit OPC zu ergänzen, kommt er in der Schule besser mit und hat mehr Freude am Lernen. Seine schlechtesten Noten sind jetzt zwei Zweier.

- *Fallbeispiel:* Eine Mutter erzählt: »*Meine Tochter hat ADS und ist allergisch gegen bestimmte Lebensmittel. Sie war sehr verletzlich, hatte Sprachprobleme, zeigte auffälliges Verhalten, Konzentrationsschwäche, hatte Kopf- und Leibschmerzen. Nach drei Monaten Einnahme von Proanthenols hatte sie keine Angstzustände und keine Verhaltensstörungen mehr. Sie macht ihre Hausaufgaben jetzt eigenständig und hat keine Kopf- und Leibschmerzen mehr.*«

- Omega-3-Fettsäuren

Interessant für hyperaktive und ADS-Kinder können auch Omega-3-Fettsäuren sein. Dies sind sogenannte essentielle Fettsäuren (Linol- und Linolensäuren), die so genannt werden, weil der Organismus sie nicht herstellen kann und sie deshalb mit der Nahrung oder durch Nahrungsergänzungsstoffe zugeführt werden müssen. Sie haben im Körper sowohl strukturelle als auch funktionelle Aufgaben zu erfüllen. Nach der Aufnahme mit der Nahrung werden sie im Körper unter anderem auch in die Omega-3-Fettsäuren Eicosapentaensäure (EPS) und Decosahexaenosäure (DHA/DHS) umgewandelt. Mehrfach ungesättigte Fettsäuren werden z.b. zu Aufbau und Instandhaltung der Zellwände benötigt. Zuwenig DHA/DHS und andere Omega-3-Fette in den Zellmembranen des Gehirns können die Hirnfunktionen negativ beeinflussen. Haben Sie ein Kind mit ADS oder ADSH, dann versuchen Sie herauszufinden, ob es ihm an Fettsäuren fehlt. Sie scheinen vor allem bei Jungen gut zu wirken, da sie mehr ungesättigte Fettsäuren brauchen als Mädchen. Diese Fettsäuren werden auch eingesetzt zur Heilungsunterstützung bei Entzündungen, Arthritis, Asthma und Psoriasis.

Dr. Norman Salem vom amerikanischen National Institute of Mental Health sagt: »*Bestimmte Fischöle haben einen Einfluß auf unser Gehirn und können Verhaltensstörungen wie Depression, Aggressivität, Aufmerksamkeitsstörungen u.a. harmonisieren.*«

• Silberkolloid*

Dieses Silber hilft bei allen entzündlichen Vorgängen im Körper. Da es sich dabei nicht um ein chemisch hergestelltes Mittel handelt, sondern um ein echtes Kolloid, ohne Chemikalien und Stabilisatoren, ist es geradezu ideal für Indigo-Kinder. Silber wird der einwandfreien Funktion unseres Immunsystems zugeordnet und kann als Antibiotikum eingenommen werden, auch von kleinen Kindern. In bezug auf seine Fähigkeit, Wasser zu reinigen, hat Silber eine lange erfolgreiche Geschichte. Da es auch leicht verletzbares Gewebe wie die Augen nicht angreift, kann es bei empfindlichen Kindern auch als Erste-Hilfe-

---

*(Kolloid: Flüssigkeit mit Eigenschaften zwischen einer Lösung und einer Suspension/Aufschwemmung)

Spray für Schnitt- und offene Wunden, Verbrennungen, Insektenstiche etc. verwendet werden. Es wird auch oft zur Heilungsunterstützung bei Grippe und Schnupfen eingesetzt.

Da jedes Kind anders »funktioniert« und in einer anderen Umgebung mit anderen Herausforderungen lebt, ist es wichtig herauszufinden, welche Vitalstoffe ihm fehlen, damit es auf natürliche Weise, ohne negative Nebenwirkungen, schnell gesunden und wieder in seine Mitte kommen kann. (Wir vom Indigo Kinder Lichtring beraten Sie gerne über die verschiedenen Produkte und Möglichkeiten, Ihr Kind zu unterstützen; siehe Anhang.)

4.3 Psychopharmaka oder Naturheilverfahren?

Wenn wir uns die verschiedenen Kulturen auf der ganzen Welt anschauen, entdecken wir so vielfältige Ansichten über Heilung, Genesung, Gesundheit, chemische Produkte oder Kräuter- und Pflanzenheilmittel, daß leicht Verwirrung entstehen kann. Die westliche materielle Welt hat ein mehr oder weniger mechanisches Gesundheitssystem entwickelt. Der Mensch wird weniger als Einheit, sondern mehr in seinen Einzelteilen betrachtet. Es werden eher Symptome einer Krankheit behandelt als ihre Ursachen. Naturvölker verstehen den Menschen als Ganzheit und behandeln ihn aus dieser Perspektive: Er wird sowohl körperlich als auch geistig betreut. Bei dieser Heilweise geht es um die harmonische Ausrichtung der körperlichen, emotionalen, geistigen und spirituellen Bereiche der Persönlichkeit.

In den westlichen Industrienationen neigen wir dazu, unser Unwohlsein ohne eigenes Zutun nur mit Medikamenten zu lösen. Wir sind in der Regel zufrieden, wenn der Schmerz weg ist, und nicht groß daran interessiert herauszufinden, was das Problem hervorgerufen hat. Wir sind auch größtenteils wenig bereit, die Gewohnheiten, die unsere Gesundheitsprobleme verursachen, aufzugeben.

Man kann nicht sagen, daß Medikamente besser oder schlechter sind als Naturheilmittel, jede Situation bedarf des ihren. Wichtig für den behandelnden (Arzt, Heilpraktiker, Psychologe, Heiler u.a.) ist, die Situation richtig zu analysieren. Der Mensch, der zu ihm kommt, möchte in seiner Ganzheit (emotional, geistig, seelisch und körperlich) wahrgenommen werden. Er hofft, daß der Behandelnde sich ihm liebevoll öffnet und die richtigen Hilfsmittel für ihn findet; heilen kann sich aber im Prinzip nur jeder Mensch selbst. Dem vorausgehen muß aber immer eine Aufklärung über seinen Zustand und seine Situation. Erst wenn ein Mensch versteht, warum er krank ist, kann er auch wirklich entscheiden, ob er sein Leben, seine Einstellung und seine Gewohnheiten verändern möchte, um für immer zu gesunden.

Es wird sehr viel über Hyperaktivität, Unaufmerksamkeits-Syndrom und andere Defizit-Störungen bei Kindern geredet und noch mehr darüber geschrieben. Viele Indigo-Kinder gelten als hyperaktiv, haben Aufmerksamkeits- oder andere Störungen. Es ist zu vermuten, daß unangepaßtes Verhalten allzuleicht in die Schublade von Hyperaktivität und anderen Syndromen gesteckt wird. Damit wird vermieden, sich näher mit dem auffälligen Kind zu beschäftigen.

Hyperaktive Indigo-Kinder, bekommen vom Arzt häufig starke Methylphenidat-Medikamente verschrieben, wie z.B. Ritalin (oder auch Adderall, Prozac, Luvox, Paxil, Zoloft). Es scheint, daß die Schulen häufig an Eltern mit der Bitte/Aufforderung herantreten, daß sie ihren Kindern beruhigende Medikamente verabreichen mögen, da man dort sonst überlegen müsse, ob man die Kinder länger am Unterricht teilnehmen lassen könne. Die Frage, die sich hier aufdrängt, ist: Brauchen die Kinder solche starken »psychiatrischen Drogen«, damit wir unsere Ruhe haben oder weil sie sich dadurch besser fühlen? Unterdrücken wir nicht durch Verschreibung von chemischen Medikamenten die Signale, die diese Kinder unserer Gesellschaft geben? Wäre nicht eher eine ausführliche Aufklärung über das Phänomen der neuen Kinder sinnvoll? Doch in unserer Gesellschaft zählt das Sprichwort: »Selbst ist der Mann«, und Hilfe in Form von pädagogischer oder psychologischer Beratung oder ganzheitlicher Begleitung in Anspruch zu nehmen wird noch oft als Schwäche angesehen.

Ist ein Kind krank oder die Eltern wissen nicht genau, was es hat, führt der erste Weg zum Arzt oder Heilpraktiker. Ist ein Indigo-Kind zwar gesund, fühlt sich aber (in seinem Leben) nicht richtig wohl oder macht allen das Leben schwer, empfehlen sich folgende Schritte:

1. Machen Sie sich klar: Ein Indigo-Kind ist ein Geschenk Gottes. Es möchte angenommen werden, sich geliebt fühlen, Zeit und Aufmerksamkeit von seiner Familie bekommen, und es möchte gehört werden, egal ob es gerade gesund oder krank ist. Ein Indigo-Kind besitzt ungeahnte Fähigkeiten, sich selbst zu heilen, und kann genau spüren, was ihm hilft – nutzen Sie seine Fähigkeiten. Es liebt alle natürlichen Heilmittel, wie z.B. die bunten Flaschen von Aura-Soma, aromatische Extrakte & Essenzen, Musik & Klang, Blütenessenzen (Bachblüten) u.a. Es spürt ihre Energiefrequenz, kann damit in Resonanz gehen und findet so heraus, was ihm Heilung bringt. Therapeuten und Lichtarbeiter, die mit diesen ganzheitlichen Therapien arbeiten, erkennen und verstehen die Indigo-Kinder. Sie sprechen ihre Sprache, erkennen ihre Energie und können auf das Kind eingehen. Die Kinder finden hier ein offenes Ohr für ihre Probleme, Gefühle, Gedanken und Ideen. Oft erleben Eltern ein kleines Wunder, nachdem ihr Kind sich einmal mit jemandem aussprechen konnte, der es versteht. Das Kind bewältigt dann seine Situation leichter und kann sich nach ihr ausrichten. (Im folgenden

Unterkapitel »Alternative Heilmethoden für Indigo-Kinder« finden Sie einige alternative Behandlungsweisen, unter denen Sie eine für ihr Indigo-Kind auswählen können.)

2. Wenn Kinder schon sehr lange hyperaktiv, aggressiv, unaufmerksam, wütend oder in Widerstand sind, keinen Kontakt mehr mit ihrem Umfeld haben, nicht geerdet sind, wenn die Eltern völlig überfordert und fix und fertig sind, muß man überlegen, wie sich erst einmal Ruhe in die Situation bringen läßt (evtl. auch mit Medikamenten), um danach, aus der Ruhe heraus, den richtigen Weg für das Kind und die Familie zu wählen.

3. Drängt die Situation nicht und ist das Kind soweit gesund, wäre es gut, wenn sich die Eltern ausführlich über die verschiedenen Möglichkeiten der Hilfe informieren. Erkundigen Sie sich in allen möglichen Bereichen: Sie können Bücher lesen, die die chemischen Medikamente und ihre schädlichen Nebenwirkungen ausführlich erklären; Sie können mit Fachärzten, mit pädagogischen Fachkräften, mit Psychologen reden, die sich auf ADS- und ADSH-Kinder spezialisiert haben; Sie können Eltern mit Kindern, die unter Hyperaktivität oder anderen Defizit-Syndromen leiden, fragen, welche Lösung sie gefunden haben; Sie können im Internet surfen und sich informieren (z.B. www. indigokinder.de); Sie können Ihrem Kind zuhören und mit ihm die Situation von Mensch zu Mensch besprechen, bevor Sie eine Entscheidung fällen. Vor allem wäre es sinnvoll, sich tiefgehend mit dem Thema zu befassen und zu versuchen, die Verantwortung für die Situation zu übernehmen, bevor Sie sich ent-

scheiden, Ihrem Kind schwere Psychopharmaka zu verabreichen.

Die folgenden Aussagen sind von Ärzten und anderen Fachleuten zum Thema Kinder und Psychopharmaka gemacht worden, ein Thema mit dem sie sich jeweils seit vielen Jahren beschäftigen:

- Dr. Lawrence Diller, Autor des Buches »Running on Ritalin« sagt: »*Wenn wir uns für Ritalin entscheiden, zeigt es, daß wir es vorziehen, die Probleme unserer Kinder in ihrem Gehirn, statt in ihrem Leben zu lokalisieren.*«
- Dr. Breggin, Direktor des Center of the Study of Psychiatry and Psychology, Maryland, USA, bekannter Psychiater und Autor zahlreicher Bücher über das Pro und Kontra von chemischen Medikamenten (wie z.B: »Talking back to Prozac«, »Talking back to Ritalin«, »Your Drug may be your Problem« und »Reclaiming our Children, A Healing Plan for a Nation in Crisis«), schreibt: »*In vielen Fällen bekommen Eltern durch die Verschreibung von »Drogen« die kurzzeitige Erleichterung, nach der sie suchen. Aber Verhaltensweisen sind Signale, die interpretiert und verstanden und nicht unterdrückt werden sollten.*« Weiter schreibt er: »*Ritalin schädigt das Gehirn, reduziert den Blutstrom, stört den Glukose-Metabolismus* und verursacht wahrscheinlich eine dauerhafte Schrumpfung oder Athropie des Gehirns. Psychiatrische Drogen verursachen Psychosen** und Aggression bei Kindern, die zu Schulgewalttaten führen könnten.*« Er möchte allen ans Herz legen, wieder Verantwortung für die

---

*(Metabolismus = Stoffwechsel), **(Psychose = krankhafter Angstzustand)

Kinder zu übernehmen. Er betrachtet es als notwendig, daß wir uns selbst und unsere Gesellschaft transformieren, um sowohl dem Bedürfnis all unserer Kinder nach sinnvollen Beziehungen mit Erwachsenen, als auch ihrem Bedürfnis nach bedingungsloser Liebe, vernünftiger Disziplin, inspirierender Erziehung und anregendem Spiel zu begegnen.

Dr. Breggin hat nach den schweren Gewalttaten an amerikanischen Schulen ausführliche Untersuchungen über ihre Ursachen angestellt und seine Schlußfolgerungen in dem Buch »Reclaiming our Children, A Healing Plan for a Nation in Crisis« beschrieben. Er erklärt darin, wie gefährlich Psychopharmaka sind und wie schwer es für Kinder ist, mit deren Einnahme wieder aufzuhören. Die Medikamente führen beim Einnehmenden oft zu Verwirrung, Aggression, Feindseligkeit, Entfremdung, Distanzierung, Aufgeregtheit und Energielosigkeit. Dr. Breggin wurde des öfteren als medizinischer Fachmann bei Teenager-Mordfällen, in denen immer Psychopharmaka im Spiel waren, zu Rate gezogen.

- Dr. Nadine Lambert, Psychologin an der Universität von Berkeley, USA, sagt: »*Bei Kindern, die Ritalin einnehmen, ist die Wahrscheinlichkeit, daß sie eine Vorliebe für Kokain entwickeln, dreimal höher [als bei Kindern, denen man es nicht verabreicht].*«
- Die DEA – Drug Enforcement Administration, die nationale Anti-Drogen-Behörde der USA – berichtet: »*Es gibt einen erhöhten Ritalinmißbrauch unter Jugendlichen, die es zu Pulver zerdrücken, um es zu »schniefen«, was allerdings zu Herzinsuffizienz führen kann.*«
- Dr. Richard G. Foulkes, B.A., M.D., Abbotsford, Canada, früherer Ratgeber des Gesundheitsministers des kanadischen Bundesstaates Colombia, berichtet

von folgender interessanter Beobachtung: *»Die Wirkung von bestimmten Drogen wie Ritalin und Prozac wird durch die Kombination mit Fluor verstärkt. Ein Kind ist wehrlos gegen die Schäden, die Fluor sogar vor der Geburt anrichtet und die in einem niedrigen IQ resultieren können. Außerdem ist es wahrscheinlich, daß Fluor im Trinkwasser mit Aluminium oder mit anderen Chemikalien »reagiert« und Medikamente wie Ritalin verstärkt.«*

Nimmt man all diese Aussagen von Fachleuten ernst, ist es sowohl seitens der Eltern als auch der Therapeuten, Ärzte etc. entschieden angebracht, sich den Schritt zur Medikamentenverabreichung sehr genau zu überlegen.

Die Indigo-Kinder haben als kollektive Aufgabe, uns auf allen Gebieten neue Einsichten zu bringen. Die wissenschaftlichen, medizinischen, biologischen und metaphysischen Entdeckungen überschlagen sich in den letzten Jahren. Wenn wir die besondere Gabe der Indigo-Kinder anschauen, nämlich ihre Fähigkeit, Liebe und Technologie (Spiritualität und Wissenschaft) zu vereinen, sollten wir uns fragen, ob nicht ebendiese Kombination unsere Zukunft gesund und lebendig machen wird.

Es gibt mittlerweile zahlreiche alternative Heil- und Behandlungsmethoden, die relativ neu sind und zur Medizin des 21. Jahrhunderts gehören. Sie scheinen für diese neuen Kinder wie geschaffen und erzielen gute Heilerfolge. Meist werden die Eltern in den Heilungsprozeß mit einbezogen, und die ganze Familie kann so miteinander wachsen. Das ist das Ziel der Indigo-Kinder! Lassen wir uns überraschen.

4.4 Alternative Heilmethoden für Indigo-Kinder

Seit Jahrtausenden ist in der chinesischen Medizin bekannt, daß unser Leben in Energiebahnen verläuft, die wir mit unseren bewußten Sinnen nicht fassen können. In den letzten Jahrzehnten sind viele alternative Heilmethoden aus jenen alter fernöstlicher und anderer Kulturkreise entwickelt worden. Sie nutzen und aktivieren die natürlichen Heilkräfte des Menschen.

Die nachfolgend genannten ganzheitlichen Behandlungsmethoden arbeiten mit körpereigenen Energien. Sie verursachen keine Nebenwirkungen, erzeugen keinerlei Schmerzen, und es lassen sich mit ihnen unglaubliche Heilerfolge erzielen. Bei diesen Methoden wird der Mensch als göttliches Wesen betrachtet, dem man mit ihnen dabei hilft, seine Lebensenergie wieder ins Gleichgewicht und ins Fließen zu bringen. Grundlage der Heilmethoden ist die Annahme, daß es zu jeder Krankheit eine Entsprechung auf Ursachenebene gibt. Krankheitssymptome sind die allerletzten Zeichen dafür, daß etwas zwischen den verschiedenen niederen Körpern nicht im Fluß ist. Einige Heilmethoden, die inzwischen allgemein Anerkennung finden, sind auch die nachfolgend kurz beschriebenen: Kinesiologie, Bio-Resonanz, Radionik, Neuro-Feedback und Bachblüten. Sonstige Heilmethoden, die bei Indigo-Kindern erfolgreich eingesetzt werden, sind: Ernährungstherapie, Polarity*, Farbtherapie, Aromatherapie, Eutonie.

---

*(Therapieform basierend auf der Arbeit mit den, Polaritäten, Gegensätzen, mit dem Ziel, die Harmonie, das Gleichgewicht, zwischen den Extremen wiederherzustellen)

Da wir Menschen im Grunde biochemische Wesen sind, deren Funktionen auf ähnlichen Prozessen basieren, wie sie in Computern ablaufen, können wir davon ausgehen, daß alles im Leben auf dem Fließen von Informationen aufbaut. Die Hauptessenzen unserer Welt sind: Licht, Bewußtsein, Liebe und Information. Wenn wir unser Bewußtsein auf unsere Blockaden richten, bringen wir gleichzeitig Licht und Liebe dorthin. Die Information kommt wieder in Fluß, und wir können anfangen zu fühlen. Der Emotionalkörper reinigt sich von emotionalen Unebenheiten und gewinnt seine Strahlkraft wieder, die aus frei fließenden Gefühlen entsteht.

Kinesiologie

Die Kinesiologie entstand Anfang der 60er Jahre in Amerika nach den Erkenntnissen des Chiropraktikers Dr. George Goodheard. Er hatte festgestellt, daß das Stärken des »Gegenspielers« eines verkrampften Muskels ein sofortiges Verschwinden der Verkrampfung brachte. Es wird also nicht beim Symptom etwas geändert, sondern bei der »schwachen« Gegenseite. Dieses Prinzip zieht sich durch die gesamte Kinesiologie.

Der Muskeltest wird dabei als Biofeedbackinstrument eingesetzt, er gibt Hinweise auf den Energiefluß im menschlichen Körper, dient als Sprachrohr für die innere Intelligenz des Körpers. An gewissen Stellen kann ein Zuviel, das sich vielleicht als Schmerz spürbar macht, oder ein Zuwenig, das sich eventuell als Müdigkeit äußert, an Energie vorhanden sein. Kinesiologie ist heute eine Synthese von fernöstlichem Erfahrungswissen und modernen westlichen Wissenschaften. Sie zielt darauf ab, die körpereigenen Selbstheilungskräfte anzuregen.

John Thie überarbeitete die angewandte Kinesiologie für Nicht-Mediziner. Diese Arbeit ist unter dem Namen »Touch for Health« (Gesundheit durch Berührung) bekannt. Das Ziel von TFH ist, energetische Unausgewogenheiten im muskulären System festzustellen und auszugleichen. Dazu werden meridianspezifische Muskeln getestet. Der Körper reagiert sehr schnell und fein auf äußere Einflüsse, und der Muskeltest ist ein präzises Rückmeldesystem. Er zeigt nicht nur, wo die Ursachen von körperlichen oder seelischen Ungleichgewichten liegen, sondern auch, was dem Kranken am besten helfen könnte, und ist eine wirklich optimale Therapiemethode für Indigo-Kinder. Kinesiologie wird eingesetzt bei: Hyperaktivität, Lernblockaden, Unaufmerksamkeit, Streß und chronischen Krankheiten u.a.

Kinesiologie gilt bei der Gesundheitsvorsorge als Methode, die ...
... die persönliche Entwicklung und Lernfähigkeit durch eine bessere Zusammenarbeit der beiden Gehirnhälften unterstützt.
... die Lebensqualität erhöht durch Lösung von unbewußten emotionalen Konflikten, die manchmal zu körperlichen Erkrankungen führen.
... die unterschiedlichen alternativen Heilmethoden, wie z.B. emotionaler Streßabbau, Akupressur, Heilung durch Essenzen, Farben, Ernährung, Essenzen, Reflexzonentherapie und vieles mehr, integriert.

Antje Ertl, Kinesiologin und Mutter von zwei Söhnen, beschreibt aus ihrer kinesiologischen Sicht: »*Indigo-Kinder, die ja sehr sensibel sind, berührt es sehr, wie die Eltern sich fühlen. Sie reagieren schon während der Schwangerschaft stärker auf die Hormone, die ihre Mütter in Streßsituationen ausschütten. Ein Großteil der Stoffe (ca. 80%)*

für allergische Reaktionen des Kindes entstehen, nach kinesiologischer Ansicht, in den ersten drei Monaten der Schwangerschaft. Die restlichen 20% entwickelt das Kind später und reagiert dabei auf die Streßsituation der Mutter. Hat die Mutter Streß, reagiert das Kind automatisch darauf. Macht sich eine Mutter z.B. dauernd Sorgen um ihr Kind, so zieht sie ihm damit Energie ab. Das Kind hat diese Energie nicht mehr, um sich zu heilen oder gut in der Schule zu sein. Bei dem Kind kommt an: Meine Mutter vertraut mir nicht, also kann ich mir auch nichts zutrauen. Eltern sollten darauf vertrauen, daß ihr Kind aufsteht, nachdem es hingefallen ist. Nur müssen sie das Aufstehen auch einmal geübt haben. Probiert das Kind es selbst, kann es stolz auf seine Leistung sein und wird sicherer.

Es ist wichtig, sich klarzumachen, daß Fehler die Quelle für Wissen und Wachstum sind. Wenn wir etwas Neues machen, sind Fehler geradezu normal. Wir sollten uns auf die Lernerfahrung konzentrieren und nicht auf die Bewertung. Wenn wir Fehler auseinanderpflücken, ist die Lernerfahrung längst vorbei. Es geht darum, Fehler zu erkennen und zu fragen: Was haben wir jetzt gleich zu verändern oder zu verbessern? Und das sofort zu tun. Ein positives Verhalten danach – also eine Korrektur des Fehlverhaltens – sollten wir laut der Kinesiologie siebenmal eintrainieren, bis es uns wieder gehört.

An Schwächen zu arbeiten kann richtig Spaß machen. Unterschiede bei den Menschen machen sie erst menschlich und liebenswert. Wir sollten nicht bestrafen, sondern unterstützen. Kinder, die nicht sprechen, Hautausschlag haben oder hyperaktiv sind, fordern, aus kinesiologischer Sicht, die Eltern auf, andere Kommunikationskanäle zu wählen. Sie wählen oft äußerlich sichtbare »Leiden«, da sie die Eltern wachrütteln und sie auffordern möchten, für sich und ihr Kind zu sorgen.

Sie wollen, daß sie so angenommen werden, wie sie sind. Bedingungslos!
Indigo-Kinder sind starke Seelen, die zu ihren Fehlern stehen, wenn sie richtig geführt werden. Sie können mit ihrer Stärke helfen, Eltern und auch die Umwelt für Veränderung zu interessieren und sie dabei zu unterstützen.«
(aus: Antje Ertl, »Kinesiologie für Gesundheit und Lebensenergie«)

Ein Fallbeispiel: *»Vor kurzem habe ich mit einem Vater gearbeitet, dessen Sohn Neurodermitis im Gesicht hat. Von medizinischer Seite hat er u.a. einige Diäten empfohlen bekommen, doch ohne Erfolg. Die Eltern bemühten sich sehr um das Kind. Der Vater erzählte: Wenn der Ausschlag nur in der Windel wäre, wäre es ja nicht so schlimm, aber der Bub hat ihn ja im Gesicht, und jeder spricht mich darauf an. – Ich habe mit dem Vater zusammen erarbeitet, daß es seine Scham ist, die das Kind spürt, und daß es wichtig ist, daß er zu seinem Kind steht, auch mit Hautausschlag. Es »schlägt solange aus« bis der Vater sich vor seinen Sohn stellt und die Verantwortung für sich und die Situation übernimmt. Der Vater gab zu erkennen, daß er so etwas schon vermutet hatte. Aber er habe sich nicht getraut, es den Leuten zu sagen.«*

Bioresonanz

Das Prinzip der Bioresonanztherapie, die Dr. Franz Morell 1977 entwickelte, ist sehr einfach. Aus der Biophysik weiß man, daß die chemischen Abläufe im Körper von einem elektromagnetischen Energiefeld gesteuert werden. Dieses Energiefeld umhüllt und durchdringt den Menschen, dessen elektromagnetische Schwingungen mit einem elektronischen Gerät gemessen werden können. Diese Schwingungen werden bei der Therapie über Elektroden erfaßt und verändert. Die Wellen lassen sich in physiologische (gute, normale) und pathologische (krankhafte, nicht normale) Schwingungen aufteilen. Die krankhaft veränderten Signale werden dann »invers«, d.h. spiegelverkehrt, über Elektroden zurück an den Patienten geschickt. Die kranken Schwingungen können dadurch neutralisiert werden, und der Körper kann selbst zurück zur Gesundheit finden. Der Patient wird nicht mit Fremdenergie, sondern mit körpereigener Energie »behandelt«, die nach Bedarf gedreht, verstärkt, abgeschwächt oder auf andere Weise bearbeitet wird. Durch diese Rückführung der durch das Gerät veränderten körpereigenen Schwingungen können Störfelder beseitigt werden. Auf diese Weise werden die Selbstheilungskräfte angesprochen und aktiviert. Es ist eine Behandlungsform, die vor allem auf der physischen Ebene große Wirkung hat, vollkommen schmerzfrei ist und u.a. eingesetzt wird bei: Allergien, Bronchialasthma, chronischen Infektionen, Schmerzzuständen oder ganz allgemein bei erhöhter Infektanfälligkeit.

Radionik

Radionik ist ein System der Ferndiagnose und Fernbehandlung, das sich der menschlichen Fähigkeit der außersinnlichen Wahrnehmung bedient. Dies geschieht in Verbindung mit speziell konstruierten Instrumenten, die helfen, die einer Krankheit zugrunde liegenden Ursachen in einem lebenden Organismus zu bestimmen.

Die Lehre der Strahlenwirkung belebter und unbelebter Objekte wurde um 1900 von dem amerikanischen Arzt Albert Abrams aufgestellt und u.a. von David V. Tansley weiterentwickelt. Sie wird für die medizinische Diagnose und Therapie angewendet. Mittels der elektronisch induzierten Aussendung von Wellen, Skalarwellen genannt, läßt sich selbst ein mehrere hundert Kilometer entfernt wohnender Mensch anhand von ein paar Haaren, einem Blutstropfen oder einem Foto analysieren, behandeln und »heilen«.

Radionik ist eine Heilkunst, die ihre Wurzeln in der Medizin des zwanzigsten Jahrhunderts hat. Sie bedient sich dabei bewußt der höheren geistigen Fähigkeiten, deren Existenz von der Wissenschaft langsam anerkannt wird. Es ist allerdings wichtig, sich an einen erfahrenen Radionik-Therapeuten zu wenden. Das Instrument muß sorgfältig gelenkt werden, damit es Heilerfolge erzielen kann.

Eine Weiterentwicklung der Radionik, die für Indigo-Kinder sehr interessant und erfolgversprechend scheint, ist das radionische Quantum-Hologramm, das durch die moderne Software möglich gemacht wird. Diese Methode ist bestens geeignet für Indigo-Kinder, da diese oft in bewußtem Kontakt mit ihrer Seele und anderen geistigen Ebenen stehen. Störungen werden (völlig ohne Nebenwirkungen) auf hoher Ebene ausgeglichen, wodurch z.B. Verhaltensstörungen wie Streß, Hyperaktivität oder Unaufmerksamkeit harmonisiert werden, bevor sie zum physischen Problem werden können. Ein weiterer Vorteil dieser Vorgehensweise ist, daß ein Kind zur Behandlung nicht zum Therapeuten gehen muß, sondern zu Hause bleiben kann.

Durch diese Methode können Sie auch Ihre Umgebung, Ihr Haus oder die Schlafräume der Kinder von krankheitserregenden elektromagnetischen Störungen befreien lassen. Sie wird u.a. eingesetzt bei: Verhaltensstörungen, seelischen und psychologischen Leiden, chronischen Problemen aller Art, Hyperaktivität, Lernblockaden,

Krankheiten und Blockaden auf der physischen Ebene, Schock und Traumata sowie zur Erweckung des inneren Potentials (Kontaktadresse siehe Anhang).

Neurofeedback

Neurofeedback ist eine moderne Methode, die auf dem Feedback des Gehirns basiert. Sie bietet einen Einblick in das Bewußtsein und wurde aus der Technik des EEGs (ElektroEncephaloGramm) entwickelt. Die Gehirnaktivität wird mittels der Gehirnwellen, die mit Hilfe von Sensoren und speziellen Computerprogrammen auf den Computerbildschirm projiziert werden, visuell und akustisch wahrnehmbar gemacht. Damit ist es möglich, die Gehirnaktivität zu messen und sie über Energieschwingungen zu beeinflussen. Sie macht jeden Gedanken, jedes Gefühl und jede emotionale Blockade sichtbar, wodurch diese anschließend ins Gleichgewicht gebracht werden können. Das Ziel der Neurofeedback-Therapie ist die Harmonisierung des Frequenzspektrums, das Training der Widerstandsfähigkeit und eine höhere Flexibilität des zentralen Nervensystems.

Durch Neurofeedback lernen Indigo-Kinder sich selbst besser kennen, spielerisch ihr Bewußtsein, ihr Denken, ihre Wahrnehmung und ihre Emotionen positiv zu beeinflussen und zu steuern. Es unterstützt die körpereigene Selbstheilung; hindernde Verhaltensmuster lassen sich damit auflösen und in positive umwandeln. Beim Neurofeedback können bestimmte Frequenzbereiche der elektrischen Gehirnaktivität ganz gezielt trainiert und entwickelt werden.

Neurofeedback wird u.a. eingesetzt bei Streß, mangelnder Konzentrations- und Merkfähigkeit, um die Symmetrie zwischen der linken und der rechten Gehirnhälfte zu fördern, bei Lernstörungen und Hyperaktivität, zur Unterstützung der Entwicklung von Kreativität, um Bewußtseinszustände zu verändern, und zur Visualisierung.

Bachblüten

Die Bachblütentherapie wurde 1928 von Dr. Edward Bach entwickelt. Er entdeckte, daß bestimmte Blüten den physischen, emotionalen und psychischen Körper beeinflussen. Er ordnete 38 Blüten, Bäume, Büsche jeweils bestimmten Phänomenen zu.

Edward Bach beschreibt es selbst so: »Bestimmte wildwachsende Blumen, Büsche und Bäume höherer Ordnung haben durch ihre hohe Schwingung die Kraft, unsere menschlichen Schwingungen zu erhöhen und unsere Kanäle für die Botschaften unseres spirituellen Selbst zu öffnen, unsere Persönlichkeit zu erheben und uns unserer Seele näher zu bringen. Dadurch schenken sie uns Frieden und entbinden uns von unserem Leiden.« (Aus: Mechthild Scheffer, Bach Blütentherapie)

Gerade Kinder sprechen sehr positiv auf diese sanfte Therapiemethode der Bachblüten an, weil sie ihnen helfen, zu sich zu finden und selbstbewußter zu ihrem Sosein zu stehen.

Im Quellennachweis sind einige Bücher über alternative Heilweisen aufgeführt. Auch auf der Internet-Website des Indigo Kinder Lichtrings – http://www. indigokinder.de – finden Sie viele Informationen und Adressen zu diesem Thema.

Kapitel 5:
Der Indigo-Selbsttest

Aus den ganzen Informationen und der Fülle der Aussagen, die ich gesammelt habe, ebenso wie aus meiner Erfahrung mit Indigo-Kindern, habe ich die nachfolgend aufgeführten Beobachtungen zusammengestellt und sie nach Altersgruppen sortiert. Dieser erste Selbsttest wird Ihnen helfen, herauszufinden, ob Ihr Kind ein Indigo-Kind ist oder eine indigofarbene Überschicht hat, was bedeutet, daß Indigo als Nebenfarbe auftritt.

Dieser Indigo-Selbsttest wurde zur Verdeutlichung in drei Altersgruppen eingeteilt. Bitte gehen Sie die folgende Liste von Verhaltensauffälligkeiten durch, und bewerten Sie Ihr Kind in bezug auf jede Verhaltensweise. Überprüfen Sie die nachfolgenden Aussagen, und geben Sie jeweils den Grad an, in dem sie zutreffen. Wichtig ist dabei, daß es sich nicht nur um Zufälligkeiten handeln darf, sondern daß das beschriebene Verhalten über einen längeren Zeitraum anhält. Auch sollten Sie überprüfen, wie ausgeprägt es im Vergleich zu dem Verhalten anderer Kinder gleichen Alters in ähnlichen Lebenssituationen ist.

Meiner Ansicht nach sollte ein Test immer an möglichst vielen Kindern überprüft werden, bevor man über einen offiziellen Maßstab des Testergebnisses sprechen kann. Das wird sicherlich in Zukunft möglich sein, wenn die Indigo-Kinder mehr Aufmerksamkeit bekommen werden.

Neue Entwicklungen auf diesem Gebiet werden wir auf der Website des Indigo Kinder Lichtrings – http://www.indigokinder.de oder http://www.indigo-kind.com – veröffentlichen.

Verwenden Sie bitte folgende Einteilung für die Antworten:
0 = niemals
1 = gelegentlich (Verhalten an der Grenze zur Auffälligkeit)
2 = häufig (Verhalten so häufig, daß es nahestehenden Personen auffällt)
3 = sehr häufig (Verhalten so häufig, daß es das Leben des Kindes nachhaltig beeinflußt hat)

Alter: 0–5 Jahre	Wertung			
• Es hat beim Aufwachen oft physische Schmerzen, da es lieber in »seiner Welt« geblieben wäre.	0	1	2	3
• Es braucht extrem wenig Schlaf und ist sehr energetisch.	0	1	2	3
• Es ist irgendwie anders als andere Kinder.	0	1	2	3
• Es läßt sich nicht emotional in eine Situation hineinziehen.	0	1	2	3
• Es behandelt Gegenstände, als ob sie lebendig wären und es ihnen weh tun könnte.	0	1	2	3
• Es hat ein extrem großes Verlangen nach Zuwendung und Geborgenheit, möchte sich immer im selben Raum aufhalten.	0	1	2	3

- Es ist extrem einfühlsam und intuitiv. Es weiß oft im vorhinein, was Sie sagen wollen. 0 1 2 3
- Es konnte als erstes Wort »Nein« sagen und benutzt es häufiger als andere Wörter. 0 1 2 3
- Es spielt oft mit unsichtbaren Freunden, die es wirklich wahrnimmt. 0 1 2 3
- Es möchte dauernd in der Nähe der Eltern sein und dauernd Aufmerksamkeit bekommen. 0 1 2 3
- Es kann sich so richtig langweilen. 0 1 2 3
- Es ist ein typischer Einzelgänger. 0 1 2 3
- Es weiß genau, was es will, und läßt sich schwer davon abbringen. 0 1 2 3
- Es fängt im Redealter zu stottern an, weil es die Wörter nicht schnell genug findet. 0 1 2 3
- Es sagt Dinge, die es eigentlich gar nicht wissen kann, mit großer Überzeugung. 0 1 2 3
- Es kommuniziert mit Tieren, Pflanzen und Steinen. 0 1 2 3

- Es hat mediale Fähigkeiten und spürt, was »echt« ist. 0 1 2 3
- Es sieht mit dem inneren Auge Bilder, Farben und Formen, die es nicht richtig erklären kann. 0 1 2 3
- Es kann sich an Situationen aus früheren Leben erinnern. 0 1 2 3

Alter: 6–10 Jahre

- Es hat andere Eßgewohnheiten als Sie; es weiß genau, was es braucht und was es essen möchte. 0 1 2 3
- Es wird ständig angetrieben, ist voll mit überschüssiger, schwer kontrollierbarer Energie. 0 1 2 3
- Es ist oft zu müde, um aufzustehen, sich anzuziehen, in die Schule zu gehen, einfach zu müde für alles. 0 1 2 3
- Es ist unaufmerksam, abgelenkt, unkonzentriert. 0 1 2 3
- Ungerechtigkeit macht es richtig krank. 0 1 2 3
- Es reagiert nicht auf Schuldzuweisungen. 0 1 2 3

- Es zeigt Toleranz gegenüber allen und allem.   0   1   2   3
- Es hat ziemlich wenig Angst um sich selbst, kann sich aber sehr um andere ängstigen.   0   1   2   3
- Es bringt Sie täglich an Ihre Grenzen, emotional und geistig.   0   1   2   3
- Es ist extrem sozial, redet mit jedem, überall und zu jeder Zeit.   0   1   2   3
- Es neigt dazu, ein Einzelgänger zu sein.   0   1   2   3
- Es ist lieber mit Erwachsenen zusammen als mit gleichaltrigen Kameraden.   0   1   2   3
- Es strebt in allen Situationen nach Liebe, Gerechtigkeit, Toleranz, Urteilslosigkeit.   0   1   2   3
- Es protestiert bei jeder Gelegenheit und zeigt einen sehr ausgeprägten Willen.   0   1   2   3
- Es läßt sich von überholten Überzeugungen nicht einschränken.   0   1   2   3
- Es ist schwer zu bändigen, fühlt sich wie ein König/ eine Königin und will entsprechend behandelt werden.   0   1   2   3

- Es möchte lieber die Wahrheit als irgendeine Lüge erfahren.   0   1   2   3
- Es fühlt sich oft von anderen Kindern und von Erwachsenen nicht verstanden und angenommen.   0   1   2   3
- Unsere materielle Welt ist ihm zu einfach, zu langweilig.   0   1   2   3
- Es liebt intensive, geistvolle Gespräche.   0   1   2   3
- Es wirkt heilend auf andere Menschen.   0   1   2   3
- Es hat keinen großen Bezug zur materiellen Wirklichkeit.   0   1   2   3
- Es versteht menschliche und seelische Zusammenhänge.   0   1   2   3
- Es ist gegenüber der Familie und engen Freunden sehr loyal und treu, als ob es verstünde, daß sie auf ewig zusammengehören.   0   1   2   3
- Es fühlt sich oft am falschen Platz auf der Erde und sagt: »Ich möchte wieder zurückgehen.«   0   1   2   3

Alter: 11–Erwachsenenalter

- Sie können es nicht hetzen, das ist unmöglich.   0   1   2   3
- Es muß sich viel bewegen. Wenn es lernt, ist es ständig in Bewegung oder ist hyperaktiv.   0   1   2   3
- Es leidet öfter an Allergien und/oder Hautausschlägen.   0   1   2   3
- Es ist manchmal über längere Zeiträume hinweg völlig erschöpft und erholt sich nicht.   0   1   2   3
- Es ist oft nicht genügend geerdet, schwebt dahin.   0   1   2   3
- Es kann völlig emotionslos, logisch und selbstsicher argumentieren.   0   1   2   3
- Es läßt sich nicht bestrafen, kennt aber selbstauferlegte Strafe.   0   1   2   3
- Es ist extrem einfühlsam und leidenschaftlich, aber stark und unabhängig.   0   1   2   3
- Es fühlt sich kreativ und spirituell »weiter« als andere Kinder.   0   1   2   3
- Es zeigt in schwierigen Situationen Stärke und kann Schwächeren Mut machen.   0   1   2   3

- Es leidet unter Oberflächlichkeit im Kontakt mit Mitmenschen. 0 1 2 3
- Es fordert klare Konzepte und klare Linien von seinen Mitmenschen. 0 1 2 3
- Es will als vollwertiges Familienmitglied behandelt werden. 0 1 2 3
- Es tut meistens, was es selbst für richtig hält. 0 1 2 3
- Es toleriert nicht, daß Sie Entscheidungen für es treffen, ohne es vorher zu informieren. 0 1 2 3
- Es lehnt das meiste ab, was man ihm sagt, und man stößt bei ihm auf taube Ohren. 0 1 2 3
- Es ist offen für integre Vorschläge und ehrlich gemeinte Anregungen. 0 1 2 3
- Es möchte von Ihnen nach seiner Meinung und Überzeugung gefragt werden. 0 1 2 3
- Es versteht spirituelle Konzepte besser als materielle. 0 1 2 3
- Es lebt innerlich nach höheren geistigen Prinzipien und Idealen. 0 1 2 3

- Es kennt seine Lebensaufgabe und wartet ungeduldig darauf, endlich »erwachsen« zu sein.   0   1   2   3
- Es weiß, daß spirituelle Energie in allen Dingen ist, daß alles eins ist und wir miteinander verbunden sind.   0   1   2   3

Haben Sie hauptsächlich 0 und 1 angekreuzt, können Sie davon ausgehen, daß Ihr Kind kein Indigo-Kind ist. Es zeigt vielleicht nur manchmal ähnliche Verhaltensweisen.

Fällt Ihr Kind in die Wertung 2, können Sie davon ausgehen, daß ihr Kind mit einem Indigo-»Überzug« auf seiner Hauptfarbe zur Welt gekommen ist. Es hat dann viele Indigo-Farb- und Persönlichkeitseigenschaften, ist ein wahres Kind der neuen Zeit und hilft der Menschheit, die Umwandlung im neuen Jahrtausend zu ermöglichen. Es ist aber kein hundertprozentiges Indigo-Kind.

Haben Sie auffällig oft die 3 markiert, dann können Sie davon ausgehen, daß Sie ein »reines« Indigo-Kind in der Familie haben.

Bei den Kindern der Wertung 2 und 3 ist es sehr wichtig, daß Sie sich Zeit nehmen und darüber nachdenken, was das für Sie bedeutet. Ein Kind der neuen Zeit zu erziehen ist eine große Aufgabe, die sehr lohnenswert ist, wenn Sie bewußt damit umgehen. Stellen Sie sich vor, alle Eltern von Indigo-Kindern hätten den Mut, ihre Kinder völlig angstfrei, traumafrei, schuldfrei und aggressionsfrei heranwachsen zu lassen und in zwanzig Jahren würden sie unsere Regierungen und andere Führungsposten übernehmen. Wir sollten uns klarmachen, was für eine schöne Welt damit in unmittelbarer Nähe vor uns läge.

Kapitel 6:
Wandlung im Zeichen von Indigo

6.1 Die weltweiten Wandlungsprozesse

Wir leben in einer Zeit, in der das Leben auf der Erde immer mehr aus dem Gleichgewicht gerät. Wir leben in einer Welt, die Macht und Geld vor Liebe und Zufriedenheit stellt. Dennoch hat diese Welt in den letzten Jahren angefangen zu zerbröckeln. Religionen, Regierungen und andere Instanzen verlieren ihre Glaubwürdigkeit und dadurch auch ihre Mitglieder oder Unterstützer. Unsere Wertesysteme zeigen ihre Hohlheit. Die wenigsten sind wirklich glücklich und haben ihre Träume bewahrt, die meisten sind zerstört. Die Menschheit hat durch eingegangene Kompromisse und Verdrängungen auf vielen Ebenen ihre Selbstachtung und die Verbindung zur Natur verloren. Unsere Beziehungen sind oft flach und oberflächlich, zu sehr beherrscht von Stolz, Eifersucht, Schuldzuweisung und Bedürftigkeit. Statt Liebe herrschen eher Lust und Egoismus. Viele trauen sich nicht mehr, tiefgehende Vertrautheit zuzulassen, spielen ihre Rollen und vergessen ihren Traum: »den Himmel auf Erden zu leben«. Eltern verschieben ihre Träume, bis die Kinder erwachsen sind, um dann oft herauszufinden, daß sie inzwischen zu alt dafür geworden sind.

Die Verbindung mit unserem höheren Selbst*, dem göttlichen Funken in uns, ist verkümmert. Die Hilfe der geistigen Welt wird nicht in Anspruch genommen, weil die meisten gar nicht erst an ihre Existenz glauben. Unser Zusammenleben ist oft nicht auf wirkliche Lebensqualität ausgerichtet. Unsere Geschäfte liegen voller Waren, die wir nicht wirklich brauchen, und viele Nahrungsmittel sind ungesund und häufig mit Pestiziden, Konservierungsmitteln oder Bestrahlungen verseucht. Viele empfinden eine Leere in ihrem Leben, die sie mit äußerlicher Unterhaltung und materiellen Dingen anzufüllen versuchen. Wir bemühen uns zwar, zu unserem Körper den inneren Kontakt wiederherzustellen, den wir seit langem verloren haben, aber richtig auf ihn zu hören, haben wir verlernt und können es also auch nicht an unsere Kinder weitergeben.

Wir leben eben in einer »unwirklichen« Welt, aber tief in uns hat das Verlangen nach Frieden und Liebe sich immer weiterentwickelt und auf den feinstofflichen Ebenen für eine Wende gesorgt. Wir wissen, daß diese Zeit sehr wichtig ist. Für die geistige Welt gab es in den letzten Jahrzehnten genügend Zeichen, daß die Menschheit bereit war zu wählen, welchen Weg sie gehen möchte.

Nach dem Zweiten Weltkrieg gab es in Europa einen richtigen »Kinderboom«. Neue Wesen fingen an, zur Erde zu kommen, um eine neue Zeit einzuleiten. Diese Generation hat die Demonstrationen der 68er Bewegung bewirkt; sie hat an vielen Strukturen gekratzt und war auf allen Gebieten ein Vorreiter. Es war ein kraftvoller Anlauf, die Dinge auf der Erde zu ändern. Die Blumenkinder, die Hippies und andere Gruppierungen haben den Samen für Veränderung gesät. Ob es sich um neue Formen des Zu-

---

*(siehe Glossar)

sammenlebens, Musik, Mode oder biologische Nahrung handelt, diese Generation war immer dabei, Neues auszuprobieren und zu erforschen. Mitte der fünfziger Jahre waren viele »Heiler und Helfer« für die Menschheit geboren worden. Beide Gruppen (die Vorreiter und die Heiler/Helfer) haben gemeinsam bewirkt, daß sich die Schwingungsfrequenz der Erde erhöhen konnte.

Im August 1987 fand eine massive planetarische Aktivierung statt, harmonische Konvergenz genannt. Es standen sieben Planeten im Feuerzeichen, und viele spirituelle Menschen hatten die Vorstellung, daß, wenn genügend Menschen auf alten heiligen Kraftplätzen zusammenkommen würden, Mutter Erde auf ihr Bewußtsein und ihre Kreativität reagieren würde. Es war ein Wendepunkt, der die Menschheit zurück zur Quelle geführt hat. Hunderttausende von Menschen auf der ganzen Welt waren Teil dieser planetarischen Aktivierung und begannen zu erwachen. Eine ungeahnte Welle von Lehren, Büchern über spirituelle Lehren, Gruppen, Seminaren, Workshops und Kursen entstand. Überall auf der Welt erwachten Leute und fingen an, sich ihres inneren Potentials zu erinnern.

Dieser Schlüsselzeitpunkt war von den Maya und Azteken in ihrem Kalender vorausgesagt worden. Er hatte die richtige planetarische und astrale Konfiguration, um eine globale Bewußtseinsaktivierung zu ermöglichen und zu bewirken. Der Maya-Kalender* besagt weiterhin, daß wir uns im Jahr 2012 am Ende eines Zyklusses von 26000 Jahren befinden werden, einem Punkt in unserer Zeitrechnung von ganz besonderer Bedeutung.

Die weltweiten Veränderungen haben für die Menschheit zur Folge, daß unsere DNS sich langsam transformiert und wir zu viel mehr imstande sein werden als noch im

---

*(siehe Glossar)

Augenblick. Viele Indigo-Kinder kommen mit einer anderen DNS zur Welt als die Generationen vor ihnen. Haben sie wirklich mehr DNS-Stränge aktiviert, dann kann es gut möglich sein, daß das, was Forscher »spontane Mutation« nennen (eine plötzliche genetische Veränderung), stattfinden wird. Wir werden alle erleben, daß die Erde wieder in das weibliche, intuitive Energiefeld von vollkommener Liebe und Mitgefühl eintreten und uns ein Leben in geistiger Freiheit möglich wird.

Da die Energietore sich erst auf feinstofflichen Ebenen öffnen, dauerte es einige Jahre, bis sie sich auch deutlich in den niedrigeren physischen Bereichen offenbarten. 1989 war vielen klar, daß wirklich eine Veränderung in vielen Menschen stattgefunden hatte, die Welt wurde mit anderen Augen gesehen. (In Deutschland erlebten wir z.B. das Ende der Berliner Mauer.) Seit 1992 werden wir förmlich mit übersinnlichen Botschaften und Informationen von New-Age*-Philosophien überschüttet. Das geschieht so geballt, daß dadurch manche den Wald vor lauter Bäumen nicht mehr sehen können.

Die wahre Möglichkeit, die die Erde uns bietet, ist jetzt aber immer deutlicher zu erkennen: nämlich aufzusteigen, heimzukehren, aus der Dualität* herauszuwachsen, etwas, das der Mensch seit langen Zeiten herbeisehnt und nur erleben kann, wenn er die geistigen Lehren verinnerlicht. Die Zeit ist jetzt reif, um uns von alten Überzeugungen und von der Vergangenheit zu befreien. Wir haben diese energetische Frequenzerhöhung verdient, und es geht jetzt darum, uns weiterzuentwickeln. Deshalb sind die Indigo-Kinder zu uns gekommen. Sie sind unser Geschenk, wir haben ihre Anwesenheit verdient, sie werden uns als wahre geistige Meister in den Aufstiegsprozeß führen.

---

*(siehe Glossar)

Unser Planet bewegt sich zur Zeit in ein sogenanntes transformatives Zeitalter hinein, in dem das Selbst aktiviert werden soll, damit es erwacht und ein neues Erkennen stattfinden kann. Dieses Erwachen basiert auf der Erkenntnis, daß es nicht darum geht, jemandem zu folgen, sondern eins zu werden mit dem Christbewußtsein, mit dem, was wir Gott nennen. Menschen aus verschiedenen Kulturen und Religionen werden auf verschiedenen Wegen zusammenfinden und nicht mehr getrennt sein. In der Bestärkung der individuellen Verbindung mit dem Christbewußtsein schafft man Einheit und Harmonie. Einheit bedeutet, daß jeder so stark sein wird, daß er seine eigene Individualität respektieren und somit auch alle anderen Widerspiegelungen des Unendlichen annehmen kann. Jeder, der existiert, hat einen göttlichen Grund dafür. Jedes Lebewesen ist aus freier Wahl auf der Erde, weil es das wollte.

Um den ganzen göttlichen Plan zum Ausdruck zu bringen, ist es vor allem wichtig, daß jedes Individuum lernt, sich vollkommen in seiner Göttlichkeit zu entfalten. Jeder ist vergleichbar mit einem Puzzlestück und hat seinen Platz im Ganzen. Sich selbst zu verwirklichen nach dem eigenen Seelen-Plan ist unsere Aufgabe, und dabei werden wir vom Universum voll unterstützt. Jeder Mensch hat seine individuelle Frequenz, singt seinen eigenen Ton, komponiert im Laufe seines Lebens sein eigenes Lied. Wenn wir, Erwachsene und Kinder, lernen, unser Lied gemeinsam zu singen, wird ein gigantischer, vollkommen harmonischer Chor ertönen.

6.2 Die spirituellen Aufgaben der Indigo-Kinder

Die spirituellen Aufgaben der neuen Kinder, wie die der Indigo-Kinder, sind vielfältig und schwierig. Die Kinder sind noch jung, während ich dieses Buch schreibe. Sie müssen erst aufwachsen, ihre Individualität und Persönlichkeit entfalten und aufbauen, damit sie als junge Erwachsene ihre wirklichen Aufgaben physisch und für alle sichtbar übernehmen können. Natürlich ist ihr spezielles Energiefeld mit ihrer typischen hohen feinen Energiefrequenz ein wichtiger Teil ihrer spirituellen Aufgabe. Sie haben aber noch sehr viel mehr Aufgaben hier auf dem Planeten zu erfüllen.

Die neuen Kinder sind unsere Zukunft. Sie sind hier, um uns zu helfen, die Schwierigkeiten der Dualität* zu lösen, damit wir uns auf eine höhere Schwingung der Liebe begeben können. Dann können wir gemeinsam, Hand in Hand, die Erde wieder zu einem gesunden und grünen Planeten machen, auf dem alle Völker in Frieden und Liebe miteinander leben können. Ihre Kinder und Enkelkinder wiederum werden die wahren Friedensstifter von morgen sein. Eine ihrer wichtigsten Aufgaben ist, eine Veränderung auf der Erde zu bewirken, uns die Augen dafür zu öffnen, daß vieles, was wir zwar nicht mögen, aber dennoch hinnehmen, zu den überalterten Systemen gehört, die wir in der neuen Zeit nicht mehr brauchen. Die Frage nach Demokratie und Gleichberechtigung, und wie wir sie leben, wird wichtiger denn je. Ein neuer Weltfrie-

---

*(siehe Glossar)

den, der alle, aber auch wirklich alle Länder, Völker und Wesen umfaßt, soll wieder entstehen. Das ist der Wunsch, der von allen, jung und alt, klein und groß, weiß, schwarz oder gelb, Indigo-Kindern und Erwachsenen, im Herzen getragen wird!

Die wichtigsten spirituellen Aufgaben der Indigo-Kinder:
- Alle bedingungslos zu lieben, damit auf der Erde wieder Liebe »ohne Bedingungen« herrscht
- Durch ihre hohe Frequenz der Menschheit und der Welt die Gelegenheit zu bieten, ihre Schwingung anzuheben
- Toleranz auf der Erde zu verbreiten
- Ihre mediale Fähigkeiten zu leben, damit die Menschheit Medialität wieder als »normal« annehmen wird
- Zu lehren, daß alles zum höchsten Wohl des einzelnen und der Gruppe geschehen sollte
- Der Menschheit zu offenbaren, daß Seelenfamilien* bestehen
- Ihre Eltern in Verbindung mit ihrer eigenen Spiritualität zu bringen
- Der Menschheit zu helfen, überholte Überzeugungen über Bord zu werfen
- Neue Heilmethoden auf den Planeten zu bringen
- Die Menschheit zu überzeugen, für alles, was in ihrem Leben geschieht, Verantwortung zu übernehmen
- Zu lehren, daß Materie den Gedanken folgt, was bedeutet, daß wir unsere Welt selbst schaffen und sie also auch täglich ändern können
- Die Menschen wieder mit ihrem höheren Selbst* und auf diese Weise mit ihrer Intuition zu verbinden

---

*(siehe Glossar)

6.3 Die Fähigkeiten der Indigo-Kinder

Die spirituellen Fähigkeiten der Indigo-Kinder sind natürlich eng verknüpft mit ihren Aufgaben, aber mehr auf das einzelne Kind und seine Lebensumstände zugeschnitten. Während ihre spirituellen Aufgaben, die sie auf der Erde haben, eher kollektiv sind, sind die individuellen Fähigkeiten von Indigo-Kind zu Indigo-Kind verschieden. Seine Lebensaufgabe muß jedes in seiner individuell bestimmten Umgebung erfüllen.

Obwohl ihre Fähigkeiten sehr weit gefächert sind, kann man doch von den nachfolgend aufgeführten sagen, daß sie allen gemein sind:

- Sie sind wahre Heiler. Durch ihre Berührung finden Menschen Harmonie, Ruhe und Entspannung.
- Sie sind zu großer Liebe fähig. Sie können so viel Liebe ausstrahlen, daß man sich sofort wieder gut fühlt.
- Sie können geistige Konzepte schnell erkennen und danach handeln.
- Sie haben ein starkes inneres Gewahrsein über die Wahrheit des Lebens. Sie spüren, was richtig ist und was nicht, und richten sich auf das aus, was sie als richtig empfinden.
- Sie kommunizieren mit Leichtigkeit mit allen Lebewesen, mit Tieren, Pflanzen und Steinen, und erkennen das Geistige, Lebendige in ihnen.
- Sie haben die Fähigkeit, alles ohne Grenzen und Trennung zu erfahren und zu sehen.
- Sie können und wollen immer das Gute im Mensch

sehen, da sie sich bewußt sind, daß jeder von Gott kommt; sie wollen alle einfach liebhaben.
- Bereits in jungen Jahren wissen sie, ihre hohe Frequenz (unbewußt) gezielt einzusetzen (so nähern sie sich z.B. Menschen oder Kindern, die ihrer Meinung nach Energie brauchen).
- Sie sorgen sich um andere, setzen sich für Gerechtigkeit ein und versuchen durch ihre Objektivität Frieden zu stiften.
- Sie haben große Fähigkeiten zur Kommunikation durch Intuition, Energie- und Gedankenaustausch und ihre Offenheit.

Grundsätzlich werden die Indigo-Kinder, wenn sie älter sind, in allen Berufszweigen arbeiten. Sie besitzen die Fähigkeit, Spiritualität und Wissenschaft zu verbinden. Auch die neuen Entdeckungen auf dem Gebiet der Interkommunikation (Internet und Telekommunikation) sind so, als wären sie für diese Kinder geschaffen. Sie werden unsere Gesellschaft mit ihrer Mentalität, ihren Ideen und ihrer Kreativität bereichern, heilen und transformieren. Schaffen sie es, Ehrlichkeit und Rechtschaffenheit auf der Welt zu verbreiten, so entsteht dadurch eine neue Grundlage für weiteres spirituelles Wachstum. Die Globalisierung der Welt könnte dadurch schneller voranschreiten, während die Menschen auf Erden mehr Ruhe, Frieden, Freude und Fülle finden würden, indem sie miteinander und nicht »gegeneinander« leben. Die Vorstellung, diese Kinder in etwa zwanzig Jahren in unsere Welt zu entlassen, läßt große Freude aufkommen.

6.4 Warum kommen die Indigo-Kinder jetzt?

Die neuen Kinder kommen am Ende des zwanzigsten Jahrhunderts und zu Beginn des Wassermannzeitalters in großen Gruppen zur Welt. Seit 1987 bereitet die Menschheit sich innerlich, in Zusammenarbeit mit vielen geistigen Meistern und Lichtwesen, auf einen Umwandlungsprozeß vor. Dieser Prozeß ist, nimmt man die alten Schriften ernst, gigantisch und wird im Jahr 2012 seinen ersten Höhepunkt erreichen.

Man sagt, daß die Zeit während der letzten Jahre angefangen hat, schneller zu laufen, sie fällt in sich zusammen, und das scheint nachmeßbar zu sein. Die Zeit wird irgendwann einen bestimmten Punkt erreichen, an dem sie so schnell sein wird, daß unsere Gedanken sofort Form annehmen werden. Zwar manifestieren sich auch jetzt bereits unsere Gedanken. Die Zeit läuft aber noch so langsam, daß wir uns meistens nicht mehr erinnern, daß wir unser Leben, unsere Situation, einst mit unseren eigenen Gedanken geschaffen haben.

Die Energiefrequenz der Menschen, der Erde und unserer Zeit befindet sich in einem riesigen Transformationsprozeß, um wahre Spiritualität zu erlangen. Zusätzlich wird langsam ersichtlich, daß der Ausdruck von Mitgefühl und Liebe für uns und unseren Nächsten, den wir wieder erlernen, automatisch zusätzliche DNS-Stränge aktivieren wird, während gleichzeitig Anpassungen im komplexen Immunsystem geschehen. Dieses System hat bis jetzt auf sehr polarisierte Weise gearbeitet, indem es das Selbst als Gegenteil vom anderen erkannte. Das Immunsystem hat funktioniert, indem es das Selbst geschützt hat gegen jeden »feindlichen« Eindringling. Was im Augenblick geschieht, ist, daß das Selbst sich durch den Aufstiegsprozeß* befreien und statt Konkurrenz eher Kooperation und Akzeptanz leben kann. Schenken wir unserem inneren Potential die Aufmerksamkeit, die ihm gebührt, so haben wir die Kraft, alles in unserer Welt zu verändern. Wir können dann gemeinsam den langersehnten Himmel auf Erden schaffen und ihn in der Wirklichkeit miteinander leben.

---

*(siehe Glossar)

6.5 Spirituelle Botschaften

Die Menschheit hat mit den Indigo-Kindern einen Seelenvertrag abgeschlossen

An dieser Stelle möchte ich einige kurze spirituelle Botschaften der Indigo-Kinder, die ich von höheren geistigen Ebenen empfangen habe, weitergeben. Wir Menschen haben die Möglichkeit, Informationen aus verschiedenen Ebenen zu empfangen: Wir können sie in Büchern oder in Zeitungen lesen; wir können sie von anderen Menschen in einem Gespräch, einem Vortrag usw. hören; wir können aber auch Botschaften von den geistigen Ebenen empfangen, was auch Channeling genannt wird. Die hier aufgeführten Botschaften habe ich von der Kollektivenergie auf der Seelenebene der Indigo-Kinder empfangen. Der Wechsel von »wir« zu »euch« und »sie« ergibt sich daraus: Es sprechen die noch nicht Geborenen zu uns über ihre bereits inkarnierten Geschwister.

Die Zeit der Indigo-Kinder

Wir lieben euch und freuen uns mit euch, daß endlich die Zeit gekommen ist, in der die neuen Kinder, diese strahlenden Wesen, angefangen haben, in großer Zahl euren geliebten Planeten aufzusuchen. Zuvor war dies nicht der Fall, die Kinder, die sogenannten Vorläufer, die in der linearen Zeit früher zur Erde kamen, fanden ein Umfeld der Starre und mußten ihren Weg meistens im Verborgenen, ohne große Hilfe von der Außenwelt gehen. Diese

Zeiten sind jetzt vorbei. Die neuen Kinder werden sich in alle vier Himmelsrichtungen zerstreuen und bemerkbar machen, und ... sie werden laut sein.

Die planetaren Veränderungen sind dabei, die Lebensprozesse zu beschleunigen, und ein Prozeß der Transformation und, wenn ihr uns erlaubt, es so direkt auszudrükken, der Mutation findet statt. Das Leben ist Veränderung und Bewegung, das ist nichts Neues. Aber ein nie geahnter, größerer Prozeß der Transformation ist jetzt möglich geworden. Das hat einen sehr speziellen Einfluß auf die Natur der Kinder gehabt, die anfingen, Ende der 80er Jahren zu inkarnieren. Die Kinder sind eure Zukunft. Sie sind eure Lehrer und Berater. Sie werden euch durch die Schwierigkeiten der Dualität hindurch in ein Leben voller Frieden und Freude führen. Diese Kinder bringen eine ganz besondere Gabe und ein großes Geschenk zur Welt – eine Ebene der Liebe, des Wissens und der Erinnerung, die vorher nicht möglich war, da die Schwingung des Planeten sich auf einer zu niedrigen Energieebene befand. Die Kinder sind die nächste Welle, sie sind eure Meister und Lehrer. Einmal erwachsen, werden sie Kinder gebären, die auf einer noch höheren Schwingung vibrieren und die »Weltfriedensstifter der neuen Zeit« genannt werden. Das wird eine wirklich große Welle von Lehrern für den Planeten sein.

Achtet auf die nächste Generation von Kindern, sie sind hochentwickelte Lichtwesen, sie kommen, um der Menschheit zu dienen, und strahlen große Freude und Liebe aus. Sie bringen große spirituelle Weisheit mit und werden euch in die nächste Phase eurer Entwicklung hineinführen, falls ihr euch entscheiden könnt, euch von ihnen helfen zu lassen. Öffnet euch für diese Chance, Ihr habt es so gewünscht! Laßt es zu! Dies ist der Plan, den ihr gemeinsam, vor eurer Inkarnation auf der Erde, gemacht habt. Erinnert euch an diesen Plan. Wacht auf, und laßt es zu, daß sich der Plan entfaltet. Erinnert euch daran, daß sie nicht in die alten Strukturen hineinpassen, zwingt sie nicht, sie passen nicht hinein und werden verzweifeln. Sie kommen mit neuen, höheren Kodierungen in ihrem Wesen zur Welt, und das Leben auf dem Planeten ist somit eine vollkommen neue Erfahrung für sie. Erinnert euch, daß die Kinder zwar durch euch geboren werden, aber euch nicht gehören. Auf Seelenebene habt ihr einen Vertrag abgeschlossen, damit das Wesen durch euch den Weg zur Erde findet. Aber sie gehören euch nicht! Sie brauchen andere Regeln und Gesetze, als ihr sie in euren Kinderjahren gebraucht habt. Sie haben eine höhere und feinere Schwingung als ihr in eurer Jugend hattet. Als Menschheit seid ihr gewohnt, die Träume und Erwartungen eures eigenen Lebens auf eure Kinder zu übertragen. Tut dies nicht! Erwartet nicht, daß diese Kinder eure Träume erfüllen, sie werden es nicht tun. Sie träumen und erfüllen ihre eigenen.

Für euch, die Eltern, ist es wichtig zu erkennen, daß diese Kinder einzigartig sind. Sie kommen zu euch mit ihren eigenen Begabungen, Programmen, Träumen und Potentialen. Jedes von ihnen hat eine ganz eigene Persönlichkeit. Jedes Kind ist auf diesen Planeten gekommen, um sein Potential zu entfalten und sein »Dienen« anzufangen.

Sie werden euch zum Verzweifeln bringen können, und unsere Botschaft für euch lautet: Macht euch klar, daß sie da sind, um eine Veränderung auf dem Planeten zu bewirken, und daß jede Veränderung schmerzt, da erst das Alte losgelassen werden muß, damit das Neue kommen kann. Ist das Alte erst einmal zerbrochen, kann das Neue anfangen zu wachsen.

Diese Kinder bringen ganz bestimmte Aufgaben und

Aufträge mit, und obwohl sie früh große Teile ihres Wissens erfahren, bestehen für sie noch Schleier zwischen den physischen und geistigen Ebenen. Eure Aufgabe wird es sein, sie zu unterstützen und zu ermutigen, das zu tun, was richtig ist. Sie brauchen ihre Erfahrungen, und sie brauchen euch, damit ihr sie dabei begleitet. Die Kinder sind in gewisser Weise grenzenlos, und sie brauchen von euch klare Linien und Strukturen, an denen sie sich orientieren können. Liebt sie bedingungslos, damit meinen wir: ohne irgendwelche Bedingungen! Sie brauchen eure Führung und Begleitung, um ihre Lebensaufgabe zu erkennen. Sie brauchen starke Vorbilder, an denen sie sich orientieren können, und sie werden sie von euch fordern.

Die Kraft der Gedanken

Wir lieben und grüßen euch: Durch Gedankenqualität, Gefühle, Emotionen und Überzeugungen kann man eine physische Veränderung in den verschiedenen Körpern bewirken. Gedanken, Gefühle und Emotionen sind Schlüssel, die man benutzt, um die bioelektrische Ladung in einer Zelle zu verändern. Jede Zelle funktioniert in einem ganz bestimmten Frequenzbereich und läßt sich sowohl nach oben als nach unten verändern. Während man Erfahrungen macht, gibt es eine Emotion oder ein Gefühl, die/das mit dieser Erfahrung in Verbindung tritt. Ein Teil dieses Gefühls ist die aktuelle elektrische Ladung des Gedankens. Eine Veränderung in den Gedanken löst einen chemischen Prozeß im Körper aus, der die Höhe der Zellschwingung beeinflußt. So funktioniert z.B. die Arbeit mit positiven Affirmationen (Gedankenbildern).

Mit seiner Absicht ist der Mensch imstande, die DNS zu verändern, und Kinder können diese neue DNS erben. Die

Absicht der Menschheit hat sich im letzten Jahrzehnt stark geändert. Dies hat die Zukunft und den Evolutionsweg geändert. So ändert sich die menschliche Art, die auf der Erde geboren wird. Während die irdische Energie sich transformiert, können die Menschen sich spirituell entwickeln. Die Indigo-Kinder, die mit einer entwickelten spirituellen »Überschicht« zur Welt kommen, sind das Beispiel. Sie haben zwar immer noch ihre Dualität, kommen aber mit einer sehr viel größeren Ahnung zur Welt, als wir sie einst hatten, sie wissen besser Bescheid darüber, wer sie sind und wie ihre Aufgabe aussieht. Die DNS dieser neuen menschlichen Wesen hat sich verändert. Sie haben bessere Aussichten als die vorigen Generationen, zu entdecken, wer sie wirklich sind. Man könnte sagen, daß sie durch unser Zutun eine veränderte DNS haben. Ihre Absicht wird kraftvoller sein, und sie werden große globale Transformationen bewirken. Und obwohl unsere Absicht die ihrige verändert hat, werden sie trotzdem durch Herausforderungen hindurchgehen müssen, um ihre DNS auf größere Transformationen vorzubereiten, da der Aufstieg ein ewig fortlaufender Prozeß mit vielen kleinen und größeren Schritten ist.«

Die Welt steht am Vorabend einer gigantisch großen Wandlung. Diese Veränderung hängt wissenschaftlich meßbar mit der magnetischen Änderung auf der Erde zusammen. Könnte es sein, daß unsere DNS auf die Veränderungen der Umweltfaktoren reagiert, die mit der irdischen Anziehungskraft und Frequenz zusammenhängen? Entstehen so neue Antennen, mit denen die Menschheit in vollkommener Resonanz mit »allem, was ist« leben kann? Spannende Fragen, die sich sicherlich in der Zukunft beantworten lassen.

Die »Ich bin«-Präsenz

Der Prozeß der jetzt auf dem Planeten stattfindet, sorgt dafür, daß die Menschen bis an die Grenzen ihres physischen Durchhaltevermögens geführt werden, während sie gefordert sind, die Kodierungen der »alten Energie«, die nicht mehr als ihr höchstes Gut dient, loszulassen. Auch beschleunigt sich der Mutationsprozeß durch bewußte oder unbewußte Einstimmung. Die Menschheit ist dabei, ihre negativen menschlichen Impulse, Süchte und Begrenzungen loszulassen, während sie alle Aspekte des Seins in einer voll bewußten Meisterschaft auf der physischen Ebene integriert. Das spirituelle Lichtwesen im Inneren des menschlichen Körpers wird wiedererweckt.

Und genau zu diesem Zeitpunkt erscheinen die neuen Indigo-Kinder. Vor dem großen Abenteuer Leben hat jedes Wesen seine Lichtkleidung in der Obhut seiner »Ich Bin«-Präsenz hinterlassen und der geistigen Welt erlaubt, daß ein Teil seiner wahren Identität aus seinen Datenbanken seines Gedächtnisses entfernt wurde. Nur ein kleiner Teil der jeweiligen Begabungen und der Weisheit wurde in jede Inkarnation mitgenommen, während die übrigen Teile im Herzen der »Ich bin«-Präsenz gelagert blieben.

Als Mitschöpfer hat der Mensch mit Spaß und Freude an der Entfaltung des Planeten Erde mitgewirkt. Er hat auf allen Gebieten experimentiert und Erfahrungen gemacht. Als aber die Erde und die Menschheit in die immer dichtere Frequenz der dritten Dimension kamen, wurde das Leben so schmerzhaft und anstrengend, daß viele sich in Angst, Wut, Groll und in ein Gefühl von Getrenntheit geflüchtet haben. Dort war die Menschheit seit Jahrtausenden. Aber jetzt sind genügend Menschen auf der Erde bereit, den Weg »nach Hause« anzutreten. Jeder kann durch die Schleier der Illusion in das strahlende Licht der Wahrheit gehen. Jeder ist ein strahlendes göttliches Wesen, ein einzigartiger Funke Gottes.

Alle Aspekte der irdischen Schöpfung sind dabei zu erwachen, sowohl die Mineral- und Tierreiche als auch die Deva*- und Elementarreiche. Es gibt eine Vereinigung in den höheren geistigen Welten, aber es gibt auch viele Vereinigungen hier auf dem Planeten. Viele treffen wieder auf Mitglieder ihrer Seelenfamilie, auf enge Seelengefährten und auf Seelengruppen, mit denen sie seit Anfang der Zeiten gereist sind. Diese Wiedervereinigungen sind Geschenke, die die Menschheit verdient hat, und die Indigo-Kinder sind Teil derselben.

Telefonieren mit Gott

Die Indigo-Kinder sagen: »Wir werden jetzt über den Prozeß der Synchronizität** reden. Es ist wirklich wichtig zu lernen, daß, wenn eine Situation einen Menschen bewegt, dieser erst versucht, sich zu erinnern und anzuhalten, um zu sehen, wie diese sich anfühlt. Über das Fühlen ist er imstande, alte Synchronizitäten zu aktivieren, die helfen, die richtigen Schritte im Leben zu tun. Danach ist es wichtig das Gehirn zu benutzen, um das Thema von allen Seiten zu beleuchten und zu erforschen. Das Gehirn besitzt phantastische Datenbanken voller Informationen und geht weit über das menschliche Energiefeld hinaus. Nach einigen Tagen wird der Mensch Synchronizitäten bemerken, die ihm zeigen, wie er reagieren muß. Während er seine Realität mit Hilfe seiner

---

*(Deva = Pflanzengeist), **(von griech. sunchronos, sun = zusammen und chronos = Zeit. Begriff und Konzept (C.G. Jung), mit denen zeitlich zusammenfallende Ereignisse erfaßt werden, die ein gemeinsamer Sinn verbindet und nicht die Kette von Ursache und Wirkung.)

Gefühle und geistigen Datenbanken »scannt«, werden seine Führer die Synchronizitäten, die in vielen Dimensionen ihren Ursprung haben, aktivieren. Sie werden ihm den nächsten Schritt zeigen, den er auf seinem Weg machen muß. Viele Menschen haben gewählt, sich in diesem Leben an die einzigartigen Energiemuster ihrer Seele, an ihre Monade* und an ihre Lebensaufgaben zu erinnern. Wichtig ist es, den Willen dafür einzusetzen, auf dem Weg zu bleiben, und sich viel Zeit zu nehmen, die eigenen Muster zu erkennen. Sie wurden meistens in den vielen Leben, die sie vorher gelebt haben, nicht ausgedrückt.«

Die Zeit ist reif, und die Indigo-Kinder können für uns alle ein Beispiel sein. Geraten die Kinder in eine schwierige Situation, versuchen sie erst, diese zu erspüren. Sie brauchen oft ein wenig Ruhe, nachdem ihnen etwas gesagt wurde oder sie in eine Situation geraten sind, die für sie neu ist. Sie tasten automatisch ihre Synchronizitäten ab und handeln dann danach. Sie sind sich ihrer Verbindung mit der geistigen Ebene und ihrer Helfer bewußt und bekommen deswegen leicht und schnell Informationen.

Ein kleines Kind, dem diese Verbindung vollkommen gegenwärtig war, sagte immer, wenn es ein wenig Luft brauchte, um nach innen zu spüren, zu seiner Mutter: »Mama, ich muß erst kurz mit Gott telefonieren, dann kann ich dir sagen, was ich möchte.« Es nahm sich Zeit, um sich auf seine Gefühle einzustimmen und die Antwort im Inneren zu finden.

---

*(siehe Glossar)

Wahre Spiritualität

Die Indigo-Kinder sind gekommen, um gemeinsam mit uns in eine neue Zeit von wahrer Spiritualität zu gehen. Was ist wahre Spiritualität? Ein Mensch, verbunden mit seinem höheren Selbst*, weiß um die Schönheit und Wahrheit aller Religionen und ist sich bewußt, daß Spiritualität nichts zu tun hat mit Dogmen, ethischen Codes oder einer starren Moral. Spiritualität transzendiert alle Religionen und vebindet jede Seele mit ihrer eigenen göttlichen Wahrheit. Spiritualität liebt und umarmt das Leben, verurteilt keinen und lehnt niemanden ab.

Der Geist wirkt innerhalb der heiligen universellen Gesetze, diese sind unveränderlich. Der Kern dieser Gesetze ist Liebe – die Liebe für das Selbst und die Liebe für alle göttlichen Geschöpfe. Spiritualität ist nicht gleich Übersinnlichkeit, wie z.B. die Fähigkeiten des inneren Sehens, der Hellsichtigkeit, Hellhörigkeit oder der Telepathie. Diese Fähigkeiten sind das Geburtsrecht der Menschheit. Leider wurden sie vergessen und sind einfach verkümmert. Die übersinnliche Wahrnehmung wird auf natürliche Weise zurückkehren, wenn sie sich wieder mit dem spirituellen Teil in sich vereint.

Wahre Spiritualität bedeutet: Das Gute in allen Religionen und allen Menschen zu umarmen und zuzulassen, daß diese ihre Spiritualität auf individuelle Art und Weise ausdrücken. Sie bedeutet, in jedem Menschen, in jedem Tier oder in der Schöpfung, das Göttliche zu sehen und in sich selbst die wundervollen Eigenschaften des Schöpfers zu offenbaren, die dann zu einem lebendigen Beispiel für andere werden. Die Zeit ist reif, die Indigo-Kinder sind in großer Zahl da, um bei diesem Prozeß zu helfen. Das

---

*(siehe Glossar)

Einstimmen auf die »Ich bin«-Präsenz und die eigene göttliche Quelle im Inneren lassen die Spiritualität aus jedem Menschen strahlen, wodurch das Geistige auf der Erde verankert wird.

Kapitel 7:
Indigo-Geschichten

7.1 Falsche Erwartungshaltungen

Elfie Walther-Weissmann, Mutter einer 18jährigen Indigo-Tochter erzählt:

»Es ist nicht so, daß Indigo-Kinder unbedingt extrem intelligent sind oder sofort durch irgendwelche herausragenden Talente auffallen. Wenn sie Talente haben, dann sehen sie diese in der Regel als etwas ganz Normales und Natürliches an und wollen sich nicht unbedingt in irgendwelchen Wettbewerben messen und Siegestrophäen dafür ergattern. Wenn Eltern versuchen, diese Talente ihrer Kinder zu mißbrauchen, um den eigenen Ehrgeiz zu befriedigen, dann werden diese Kinder sich in der Regel wehren. Sie haben ein sehr gutes und natürliches Gefühl dafür, was ihrer eigenen Motivation entspringt und was ihnen von außen übergestülpt wird. Wenn sie etwas nicht aus eigener Freude oder Motivation heraus tun, dann werden sie sich bald wehren und sich auf irgendeine Art dem Druck zu entziehen versuchen. Wenn es sich nur um ein Hobby, wie z.B. Musizieren oder Skifahren, handelt, dann ist das ja auch nicht so ein Problem. Viel schwieriger ist es z.B., wenn so ein Kind die Schule ablehnt und alle Motivatiosversuche fehlschlagen. Indigo-Kinder sind meistens äußerst sensibel, leicht zu verletzen, und trotz aller Selbstbewußtheit, die sie schon als kleine Kinder haben, lassen sie sich in jungen Jahren oft sehr leicht einschüchtern oder fühlen sich zu Unrecht abgelehnt oder verurteilt.

Ein grober Schubs von Mitschülern in der Pause kann schon zur Folge haben, daß das Kind sich mit den anderen Kindern nicht mehr abgibt. Oder eine einzige tadelnde Bemerkung der Lehrerin, die eigentlich den Ehrgeiz wecken wollte, wird als dermaßen erniedrigend empfunden, daß das Kind sich von da an vollkommen verschließt und mit der Lehrerin und der Schule nichts mehr zu tun haben möchte.

Indigo-Kinder sind ganz und gar nicht süße, kleine Lichtwesen, die immerwährend Glück und Freude verbreiten, sondern sie können oft äußerst schwierige kleine Wesen sein, die bei jeder Gelegenheit lauthals protestieren, da sie einen sehr ausgeprägten eigenen Willen haben. Sie können sich empört und entrüstet in ihr Zimmer begeben und die Tür zusperren, wenn die Mutter es wagt, eine andere Meinung zu haben oder vielleicht wegen irgend etwas zu schimpfen, oder wenn sie sogar Forderungen stellt, wie z.B. das Zimmer aufzuräumen oder Hausaufgaben zu machen. Indigo-Kinder nehmen sich oft selbst als Autorität wahr, so daß ein Eltern-Kind-Verhältnis im herkömmlichen Sinn fast nicht möglich ist. Als spirituelle Mutter, die ihr Kind mit Liebe und Verständnis aufziehen möchte, kommt man da ganz schnell an die Grenzen der eigenen Möglichkeiten. Diese Kinder haben bei aller Empfindsamkeit und Verletzlichkeit eine gewaltige Kraft und Macht in ihrem Inneren, und, wenn es darauf ankommt, dann setzen sie diese voll ein. Sie argumentieren logisch und selbstsicher, und allein die Tatsache, daß man in diesem Leben dreißig Jahre mehr Lebenserfahrung mitbringt, bedeutet ihnen rein gar nichts.

Bis zur Phase der Pubertät sind diese Kinder oft sehr lieb und sehr anhänglich und haben ein großes Verlangen nach Zuwendung und Geborgenheit. Abgesehen von Phasen, in denen sie gelangweilt sind, wütend oder unzufrie-

den, in denen sie sich nicht wohl fühlen in ihrer Umgebung und in ihrer Haut (sie haben häufig Erkältungskrankheiten mit Husten und Schnupfen, Bauchweh oder Hautprobleme wie Ekzeme), sind sie mit Liebe, Verständnis und Geduld relativ leicht zu führen. Sie können meistens erstaunlich gut formulieren, was ihnen nicht behagt, nur sind es leider manchmal Dinge, die man nicht ändern kann oder vielleicht auch nicht ändern möchte.

Die wirklich schwierige Phase mit diesen Kindern beginnt oft erst, wenn sie in die Pubertät kommen. Dies geschieht bei ihnen sehr früh, meist noch bevor sie zehn Jahre alt sind. Von da an kann das Zusammenleben zu einer täglichen Gratwanderung werden, zu einer täglichen Auseinandersetzung, zum Machtkampf schlechthin. Als Mutter oder auch als Vater wird man an seine eigenen Grenzen geführt, seine Grenzen des Verständnisses, des Einfühlungsvermögens, der Überzeugungskünste und der Geduld. Und wenn einem alles das nichts mehr nützt und man schließlich ein »Machtwort« spricht, dann kann es einem passieren, daß es trotzdem einfach mißachtet wird. Es kommt dann manchmal zu endlosen, zermürbenden Gesprächen, in welchen man akzeptable Lösungen für alle Beteiligten sucht. Diese Kinder sind aber so clever, daß man höllisch aufpassen muß, um nicht total über den Tisch gezogen zu werden. Das Positive an diesen endlosen, zermürbenden Auseinandersetzungen ist, daß man selbst als Mutter oder auch als Vater so viel dabei lernt.

Da ich selbst in jungen Jahren unendlich unter all den Geboten und Verboten sowie sonstigen Einschränkungen und Anordnungen gelitten hatte, wollte ich meinem eigenen Kind mehr Freiheit, mehr Selbstbestimmungsrecht zugestehen und ein stärkeres Selbstwertgefühl mit auf den Weg geben, als dies bei mir selbst der Fall war. Ich wollte meinem Kind möglichst viel Freiraum geben, eige-

ne individuelle Erfahrungen zu machen, um Vertrauen in die eigene Schöpfungskraft zu entwickeln. Es sollte tief im Inneren wissen, daß es auf die eigenen Kräfte und Talente vertrauen kann, daß es sich nicht aus Angst oder Unsicherheit unterordnen oder abhängig machen muß, nur um überleben zu können oder um gesellschaftliche Anerkennung zu erlangen. Es sollte wissen, daß es vollkommen in Ordnung ist, »anders« zu sein als andere Menschen, und es sollte genügend Mut und Vertrauen haben, das volle Potential dieser Andersartigkeit zu leben, was immer das dann sein würde.

Ich wollte meinem Kind mit viel Einfühlungsvermögen, Liebe und Geduld helfen, sich in dieser schwierigen irdischen Welt zurechtzufinden und ich wollte, daß es erkennt, wie viele unterschiedliche Blickwinkel es gibt, aus denen man ein und dieselbe Sache betrachten kann. Meine Tochter sollte lernen, anderen Menschen gegenüber tolerant zu sein und doch dabei der eigenen Wahrheit immer treu zu bleiben. Aber das war mein Wunsch, meine Erwartung, meine Vorstellung von Einsicht und Toleranz. Oft genug habe ich erkennen müssen, daß meine Tochter eigentlich toleranter war als ich selbst.

Sie war jahrelang mit Jugendlichen zusammen, die man nicht gerade als »gute Gesellschaft« bezeichnen würde. Ich war ständig hin- und hergerissen zwischen »es akzeptieren können und meiner Tochter vertrauen« und »wütend darüber sein, es nicht akzeptieren wollen und Angst haben, die Kontrolle zu verlieren«. Dies war eine sehr, sehr harte Zeit, da das meiste, was ich gesagt oder getan habe, abgelehnt wurde oder auf taube Ohren stieß. Heute sehe ich es so, daß meine Tochter sich meinem Einfluß in dieser Weise entzogen hat, um sich selbst zu beweisen, daß sie stark und unabhängig ist, und um mir klarzumachen, daß ihr meine Fürsorge, meine Ängste und *meine Bedenken total auf die Nerven gingen. Durch meine Tochter habe ich immer wieder meine eigenen Grenzen erkannt: meine Unsicherheiten, meine Ängste, meine Erwartungshaltung an dieses Kind. Ich war immer wieder gezwungen, meine eigenen Gefühle zu hinterfragen: Wo kommen sie her? Warum fühle ich mich so beunruhigt, irritiert oder herausgefordert? Mir wurde klar, daß ich meine eigene Erziehung noch wie einen riesigen Ballast hinter mir herzog. Ich war immer noch gefangen in diesen Normen, die man mir als Kind und jungem Mädchen aufgezwungen hatte und die mir keinen Spielraum ließen für eine individuelle Entwicklung, die mir das Gefühl gaben, schwach, ohnmächtig, abhängig und unbedeutend zu sein! So habe ich mich all die Jahre gewehrt gegen Erwartungen, Forderungen, Einmischungen und Normen unserer Umwelt, da meine Tochter es leichter und besser haben sollte als ich selbst. Aber es ist nicht leicht, ständig anzukämpfen gegen Gesellschaft und Umfeld. Egal ob Kindergarten, Schule oder Sportverein, unsere Kinder sind leider einem System ausgesetzt, das auf Druck, Wettbewerb, Rivalität und oft auch Manipulation basiert. So lernen die Kinder nicht, miteinander und füreinander zu arbeiten, sondern gegeneinander. Sie lernen, sich zu bekämpfen, sich gegenseitig auszuspielen, sich schlechtzumachen und zu übervorteilen.*

Ich wünsche mir von Herzen, daß sich dies eines Tages ändern wird. Daß die nächste Generation der Indigo-Kinder, die jetzt geboren wird, dazu beiträgt, daß Menschen sich zukünftig nicht mehr gegenseitig ausspielen und bekämpfen, sondern einander fördern und unterstützen. Meine Tochter ist jetzt 18 Jahre alt – auf dem Papier – erwachsen, die Pubertät ist abgeschlossen, eine neue Phase der Reife hat begonnen, und dafür bin ich von Herzen dankbar!«

7.2 Neue Projekte: Free The Children

Es gibt viele Beispiele von Kindern, die sich über alle Grenzen hinwegsetzen und ihre Lebensaufgabe schon früh entdecken. Kinder, die mit zwölf Jahren ihre eigene Computer-Software-Firma gründen, die sich für ihre Mitkameraden einsetzen und echte Sozialarbeit leisten, oder ganz außergewöhnliche Kinder, wie z.B. Craig Kielburger eines ist.

Craig Kielburger ist jetzt siebzehn, lebt in Kanada und ist Gründer der internationalen Kinderorganisation »Free the Children«. Diese Organisation hat in über zwanzig Ländern der Welt ihre Mitglieder. Ihre Mission und Vision ist, Kinder auf der ganzen Welt von Armut und Ausbeutung zu befreien. Sie ermutigt junge Leute, nationaler oder internationaler Führer ihrer Gemeinschaft oder Völkergruppe zu werden, um an dieser Vision mitzuwirken.

Craig fing als Zwölfjähriger damit an, sich intensiv um andere Kinder zu kümmern, nachdem er über den Mord an einem Kind in Pakistan las. Dieses Kind wurde als »Sklave« verkauft, um für Teppichweber zu arbeiten. Craig schloß sich mit Freunden zusammen, und so entstand ein enormes Netzwerk, das sich um die Rechte der Kinder kümmert. Craig reist in der Welt umher und besucht Kinder, die im Elend leben. Er hält Vorträge, gründet überall Projekte und setzt sich in betroffenen Ländern für bessere Lebensumstände ein, und er hat mit seiner Organisation großen Erfolg. Einige Projekte sind z.B.: die Eröffnung von Schulen oder Kinder-Rehabilitationszentren oder das Schaffen von neuen Einkommensquellen für arme Familien, damit diese ihre Kinder von gefährlicher Arbeit befreien können.

Die Organisation ruft auch viele Programme ins Leben,

die zum Ziel haben, Kinder und Jugendliche auf internationaler Ebene miteinander zu verbinden. Sie versucht, oft mit Erfolg, die Industrie dafür zu gewinnen, bestimmte Gesetze für Kinderarbeit einzuhalten. Sie überzeugt Regierungen davon, ihre Gesetze zu ändern, damit die Kinder besser vor Ausbeutung oder Kinderprostitution geschützt werden. Während der letzten Jahre bekam Craig unglaublich viel Publizität in den Medien. CNN sendete in Amerika und Europa einen 60-Minuten-Film über ihn, und sein Buch (»Befreit die Kinder«) wird gerade in zahlreiche Sprachen übersetzt. Er ist sicher ein gutes Beispiel für Eltern und Kinder, das zeigt, welche Folgen es haben kann, wenn wir unseren Kinder zutrauen, das zu tun, was sie tun wollen und müssen.

Kapitel 8:
Indigo-Übungen

8.1 Übung: Energie-Aufladung

Setzen Sie sich mit dem Kind in einen ruhigen Raum, wo Sie nicht gestört werden. Legen Sie sanfte Musik auf, und zünden Sie eine Kerze an. Setzen Sie sich dem Kind gegenüber, entweder auf dem Boden oder auf einem Stuhl. Wichtig ist, daß das Kind geradesitzt und den Rücken geradehält, damit die Energie gut durchfließen kann. Schließen Sie Ihre Augen, und machen Sie mit dem Kind folgende Phantasiereise:

»*Stell dir vor, daß sich an deinen Fußsohlen große Blüten befinden. Bringe deine Vorstellung zu diesen Blüten und laß diese Blüten sich öffnen. Blatt um Blatt öffnet sich, und du schaust zu. Von den Blüten an deinen Füßen gehen Wurzeln bis in die Mitte der Erde. Schau dir diese Wurzeln an und reise im Inneren der Wurzeln nach unten. Sag mir, wenn du unten angekommen bist.*« Sie warten auf ein Zeichen, und erst wenn Sie dieses von Ihrem Kind bekommen haben, machen Sie weiter. »*Stell dir vor, du bekommst jetzt von Mutter Erde ganz viel Energie, und diese Energie steigt durch deine Wurzeln nach oben zu deinen Füßen. Schau dir diese Energie an. Wenn sie bei deinen Füßen angekommen ist, laß sie durch deine Füße, deine Beine in deinen Bauch fließen. Schau dir immer diese Energie an, und beobachte, wie du dich fühlst. Ist die Energie warm? Ist sie kalt? Prickelt oder kitzelt sie?*«

Warten Sie zwischendurch immer wieder. Es ist wichtig, langsam zu sprechen und sich dem Rhythmus des Kindes anzupassen.

Vor allem das erste Mal sollten Sie sich von dem Kind führen lassen. Später macht es diese Übung in wenigen Minuten selbst. Sie können das Kind zwischendurch auch immer wieder fragen, wo es sich gerade aufhält und wie weit die Energie schon in seinem Bauch angekommen ist. Danach machen Sie weiter:

»Laß die Energie jetzt durch deinen Rücken nach oben fließen. Sie geht von deinem Rücken nach vorne, in deine Brust, in deine Schultern und durch deine Arme in deine Hände. Sie fließt auch in deine Nerven und Muskeln. Gib mir wieder ein Zeichen, wenn du sie in deinen Fingern spürst.« Erst wenn Sie dieses Zeichen bekommen, machen Sie weiter: *»Spüre, wie die Energie in deinen Nacken, in deinen Hals und in deinen Kopf fließt. Laß diese Energie einfach durch dich hindurchfließen, während du jetzt deine Gedanken zu der Blüte auf deinem Kopf lenkst.«*

Hier machen Sie eine kurze Pause. Danach sprechen Sie wie folgt weiter: *»Von dieser Blüte geht eine Schnur nach oben, bis ganz hoch in den Himmel, wo das Licht wohnt. Folge mit deinen inneren Augen dieser Schnur, bis du ganz am Ende ankommst und ein großes leuchtendes Licht siehst. Gib mir ein Zeichen, wenn du dort angekommen bist.«* Sie warten wieder auf das Zeichen, bevor Sie weitermachen. *»Bitte jetzt das Licht, seine Energie durch die Schnur in deinen Kopf zu senden ... Spüre, wie es durch die Schnur fließt und im Kopf ankommt. Dein Kopf ist jetzt voll von dieser Lichtenergie. Sie ist anders als die Energie von der Erde. Beobachte, wie sie sich anfühlt. Ist diese Energie warm oder kalt? Prickelt sie, oder ist sie ganz leicht?«*

»Die Energie fließt jetzt durch deinen ganzen Körper, und wenn sie bei deinen Füßen ankommt, fließt sie durch die Blüten in die Wurzeln zur Erde. Laß die Energie einfach

ein paar Minuten fließen, und beobachte sie.« Sie warten einige Minuten, und wenn Sie das Gefühl haben, daß das Kind aufhören möchte, sagen Sie: *»Jetzt schließt du die Blüten an deinen Füßen und die Blüte am Kopf wieder, damit die Energie in deinem Körper bleibt und nicht herausfließt.«*

Wenn das Kind diese Übung ein paarmal gemacht hat, kann es sich schnell selbst mit diesen Energien verbinden. Diese Übung erdet sehr stark und gibt dem Kind das Gefühl, ein Teil von allem zu sein, was es letztlich auch ist. – Für Eltern ist dies natürlich auch eine hervorragende Energieübung, wenn sie sich nicht in ihrer Mitte zentriert oder nicht geerdet fühlen oder ausgelaugt und »am Ende« sind! – Sollten Sie zwei Quarzkristallspitzen von gleicher Größe (ca. 3–5 cm) haben, kann das Kind während dieser Übung eine in jede Hand nehmen. In seiner linken Hand sollte die Spitze des Kristalls in Richtung Handgelenk und in der rechten Hand in die andere Richtung, auf die Finger, weisen. Die Quarzkristalle unterstützen den Emotionalkörper und den elektrischen Stromkreis im Körper, und die Energieaufladung verläuft gleichmäßiger und intensiver.

8.2 Übung: Farbatmen

Lassen Sie Ihr Kind intuitiv eine Farbe auswählen, von der es meint, daß sie ihm guttun wird. Dann setzen Sie sich mit ihm an einen schönen ruhigen Platz, wo Sie nicht gestört werden. Beide machen die Übung, nachdem Sie sie dem Kind erst ausführlich erklärt haben.

Entspannen Sie sich, und atmen Sie zwölfmal tief ein und aus, bis in den unteren Bauchraum hinein. Verfolgen Sie bewußt den Weg des Atems, und halten Sie den Atem kurz im Bauch. Dann atmen Sie bewußt aus. Lernen Sie erst den Rhythmus des Atems kennen. Wenn Sie das langsame und bewußte Atmen beherrschen, werden Sie sich entspannt fühlen und sich auf die Farben konzentrieren können.

Atmen Sie jetzt die jeweilige Farbe ein: Stellen Sie sich vor, wie die Farbe durch den Mund und Ihre Luftröhre geht, durch Ihr Zwerchfell, durch den Solarplexus (um den Nabel herum) in den Bauchraum. Halten Sie jetzt die Atmung kurz an, Sie können bis vier zählen, und atmen Sie dann die Farbe langsam und bewußt wieder aus. Sie können die Farbatmung auf alle Organe ausdehnen. Schließen Sie das Herz, die Leber, die Nieren, die Milz, Darm und Geschlechtsorgane mit ein. Auch zur Wirbelsäule sollten Sie die Farbe lenken.

Am besten erklären Sie Ihrem Kind diese Übung, nachdem Sie sie selbst mehrmals gemacht haben, und regen es an, mit der gewünschten Farbe kreativ umzugehen. Sie können z.B. sagen: »Die Farbe macht eine Reise durch deinen Körper und besucht alle Stellen, die nicht glücklich sind«, oder: »Stell dir vor, daß die Farbe in deinem Körper alle Stellen, die krank sind, bunt anmalt, damit sie sofort gesund werden.« Lassen Sie sich von Ihrer Phantasie führen und sorgen Sie dafür, daß Ihr Kind Spaß an dieser Übung bekommt. Es wird dann imstande sein, die Übung in einer schwierigen Situation schnell selbst auszuführen.

8.3 Übung: Aura ausstreichen mit einem Amethystkristall

Die Übung trägt dazu bei, daß sich das Kind wieder »ganz« fühlt. Sie wirkt schnell und effektiv, und man kann sie leicht praktisch umsetzen. Diese Behandlungsform wird auch Aura-Scannen und Chakra-Harmonisierung genannt. Sie entstammt der Kristallheiltherapie und kann manchmal richtige Wunder wirken, weil der Amethyst die Aura sofort sanft und harmonisch ausgleicht. Sie ist allerdings eher für Menschen geeignet, die schon Erfahrung in der Arbeit mit Kristallen haben.

Sie brauchen dafür einen Amethyst, am besten ein Stück aus einer Amethystdruse oder eine Amethystrose.

Das Kind sollte auf einem Stuhl sitzen. Es bekommt in jede Hand eine 3–5 cm große Quarzkristallspitze. Wichtig ist, daß die Kristallspitze in der linken Hand in Richtung des Handgelenks und die Kristallspitze in der rechten Hand in Richtung der Finger weist. Das Kind sollte gerade, aber bequem sitzen.

Sie nehmen den Amethyst in die rechte Hand und geben ein paar Tropfen der Aura-Soma Quintessenz »Saint Germain« darauf. Auf Ihre linke Handfläche geben Sie einige Tropfen des Aura-Soma Pomanders »Violett«. Sie stellen sich hinter Ihr Kind und sagen dreimal im Geiste oder mit lauter Stimme folgende Lichtanrufung, während Sie Ihre Hände vor das Herzzentrum halten:

Ich rufe das innere Christuslicht an.
Ich bin ein klarer vollkommener Kanal.
Licht führt mich.

Fragen Sie um Erlaubnis für diese Aura-Ausstreichung, und bitten Sie um die richtige Menge an Energie für diesen Moment. Erden Sie sich, und verbinden Sie sich mit dem göttlichen Licht – es ist immer wichtig, daß Sie sich darüber im klaren sind, daß Sie nicht Ihre eigene Energie verwenden. Halten Sie jetzt beide Hände (rechte Hand mit Amethyst) in ca. fünf Zentimeter Abstand über die Schultern des Kindes. So stimmen Sie sich ein paar Minuten auf seine Energie ein. Warten Sie, bis Sie ein Gefühl von Ruhe und Verbundenheit bekommen.

Jetzt stellen Sie sich an die rechte Seite des Kindes und bringen Ihre Hände an beide Seiten des Kopfes in Höhe des Kronen-Chakras, auch Scheitel-Chakra genannt. (Wenn Sie sich mit Chakras nicht auskennen, besorgen Sie sich erst ein Chakra-Handbuch, und machen Sie sich kundig, wo welches sitzt.) Die linke Hand kommt dabei hinter den Kopf, die rechte Hand mit dem Amethyst an die Vorderseite des Kopfes, wobei zwischen den Händen ca. 50 Zentimeter Abstand ist.

Achten Sie darauf, sich vom Amethystkristall führen zu lassen. Dieser kann z.B. warm werden oder sich bewegen. Sie werden spüren, wenn das Chakra genug Energie bekommen hat. Bewegen Sie Ihre Hände dann ein bißchen vom Körper weg, und gehen beim nächsten Chakra, dem Dritten Auge, wieder näher an den Körper heran. Warten Sie wieder, bis Sie innerlich das Zeichen spüren, weiterzugehen. Sie gehen so alle Chakren ab (Hals-Chakra, Herz-Chakra, Solarplexus, Nabel-Chakra, Wurzel-Chakra).

Anschließend »scannen« Sie (das bedeutet, Sie bewegen den Amethystkristall in ca. 5 cm Abstand von links nach rechts über den Körper) die rechte Hälfte des Körpers, einschließlich der Füße. Danach stellen Sie sich an die linke Seite des Kindes und scannen die linke Hälfte des Körpers. Im Anschluß daran stellen Sie sich hinter das

Kind und scannen seinen Rücken. Beim Scannen sollten Sie darauf achten, daß Sie, wenn Sie das Gefühl haben, an einer Stelle länger bleiben zu müssen, dort auch länger mit dem Amethyst bleiben.

Zum Schluß streichen Sie die Aura des Kindes rundum mit dem Amethystkristall aus, und zwar von den Ohren bis zu den Füßen. Wichtig ist dabei, daß Sie immer von oben nach unten ausstreichen. Dabei gehen Sie ganz um das Kind herum. Sind Sie fertig, halten Sie wieder Ihre Hände über seine Schultern und bedanken sich bei Ihrem Kind, beim Licht, bei der Erde und beim Amethystkristall für ihre Unterstützung. Dann ziehen Sie sich sanft aus dem Energiefeld Ihres Kindes zurück. Das Kind kann sich danach zehn bis dreißig Minuten hinlegen und ausruhen.

Diese Behandlung wird eingesetzt bei: allgemeiner Unruhe, Hyperaktivität, Unwohlsein, emotionaler Unruhe, Wutanfällen, Ungeerdetsein u.ä.

8.4 Love & Laughter: Das Spiel des Lächelns

Ein schönes Spiel für Indigo-Kinder und ihre Familien ist das neue Gesellschaftsspiel: »Das Spiel des Lächelns«. Es ist ein Spiel voller Weisheit und Liebe, mit dem wir zu dem Farbenkind erwachen können, das wir im Inneren sind. Die Autoren, Frederike Herrlich und Roy Howsam, haben es nach völlig neuen und offenen Maßstäben für all diejenigen entworfen, die zusammen wachsen und in einen lebendigen Dialog miteinander treten möchten. Das Spiel lädt alle ein, sich selbst und die anderen über Kommunikation ohne Konfrontation und über Farben besser kennenzulernen.

Es gibt in dem Spiel kein Richtig oder Falsch, keine Gewinner oder Verlierer, da es ein kreatives Miteinander anbietet. Die Spieler treffen auf Engelchen- und Bengelchenfelder, die die zwei Seiten des Menschen symbolisieren, und können bei den Weltenkinderkarten ihre Meinung zu Werten des Lebens austauschen. Sie erleben unterschiedliche Bereiche des täglichen Lebens, über die man sonst nicht oft spricht, und wählen dabei Farbkarten aus, um selbst ihr eigenes Farbenkind zu gestalten. Am Ende des Spiels, wenn sie auf ihr Farbenkind schauen, nehmen sie sich selbst wie in einem Spiegel wahr und erhalten durch die Deutung der Spielschritte ein positives Bild von sich selbst.

Das Spiel möchte die Kreativität der Kinder und der Erwachsenen fördern, Lösungsmöglichkeiten für familiäre Schwierigkeiten aufdecken helfen und spielerisch eine offene Kommunikation zwischen Eltern und Kindern ermöglichen. Es ist ideal für alle Bereiche, in denen es um die Arbeit mit Kindern geht, wie z.B. in der Schule, im Kindergarten oder in der Familie.

Das Spiel läßt auch Strukturen und Verhältnisse in Familien und Beziehungen gut erkennen, wie das folgende Beispiel aus der Praxis der beiden Autoren zeigt: *»Die Eltern eines 14jährigen Jungen erfuhren durch ein nur halbstündiges gemeinsames Spielen Hintergründe für das auffällige Verhalten ihres Sohnes, der oft dem Unterricht fernblieb, Häuserwände besprühte und kaum zugänglich war. Ihm drohte ein Verweis vom Gymnasium. Erschwerend kam hinzu, daß der Junge als Scheidungskind in der Familie der Mutter und während der Wochenendbesuche beim Vater in zwei verschiedenen Welten leben mußte. Interessant war die erste Frage, die die Mutter im Spiel zog: Was tust du, wenn jemand zu beschäftigt ist, um auf dich aufmerksam zu werden? Ihre Antwort darauf: Da kann ich ganz schön unangenehm werden, dann fällt mir schon etwas ein. Sie stutzte bei ihrer Antwort und betrachtete betroffen und mit neuem Verständnis ihren Sohn. Die Farbauswahl des Jungen machte deutlich, worin die Gründe für sein Verhalten zu suchen waren. Als er seine Farbenkind-Karte mit Farben bestückte, wählte er dreimal Rot als Ausdruck des inneren Drucks und seiner »Wut«, wie er es selbst bezeichnete. Als erzieherische Maßnahme wollten die Eltern ihm das Fußballspielen streichen, damit mehr Zeit für die Erledigung der Hausaufgaben bliebe. Diese Drohung verbesserte seine Lage natürlich nicht. Zweimal wählte er Türkis, was auf einen sehr kreativen Jungen schließen ließ, der im gegenwärtigen Schulsystem und in seinen Lebensumständen keinen Freiraum für die Verwirklichung seiner inneren Bedürfnisse finden konnte. Die Wahl der Farbe Rosa bedeutete, daß er seinem Wesen nach liebevoll ist, aber seine Gefühle nicht aussprechen* *konnte, um niemanden zu verletzen. So richtete sich seine Wut auch gegen sich selbst. Es wurde eine Lösung für alle Seiten gefunden. Die Eltern bemühten sich um einen Platz in einem Internat mit einem großen Angebot an sportlichen und handwerklichen Aktivitäten. Zusätzlich konnte der Junge in einem Gespräch über seine Gefühle und Wünsche sprechen, als er gefragt wurde, was Schüler im heutigen Schulsystem vermißten und was sich seiner Meinung nach verändern sollte. Die Eltern gewannen ein neues Verständnis für die Bedürfnisse ihres Sohnes, aber auch für ihre eigene Situation, und Einsicht in die Herausforderungen der Lehrer. Die Zusammenarbeit aller durch offene Kommunikation zeigte neue Lösungswege auf.«*

Das Spiel eignet sich für 2 bis 6 Spieler aller Altersgruppen und vereint die Sprachen Deutsch, Englisch und Japanisch mit der universellen Sprache der Farben.

Schlußwort

Warum habe ich das Buch geschrieben?

Ich glaube, ich bin von Beginn meines Lebens an darauf vorbereitet worden, mich dem Verständnis und der Verständigung zwischen den Generationen zu widmen, insbesondere jener zwischen den Kindern der neuen Zeit und allen Menschen, die mit ihnen zu tun haben.

Als junger Mensch verstand ich die Welt nicht so recht. Ich dachte oft, ich bin auf dem falschen Planeten gelandet, und hatte große Mühe, das Verhalten der Erwachsenen zu verstehen. Ich bin anders, dachte ich, ich »sehe« anders, und empfand meine Antennen als ungemein lästig. Später im Leben habe ich angefangen, Farbtherapie zu studieren und mich bewußt für die spirituellen Zusammenhänge zu öffnen, und mir wurde klar, wie stark wir Menschen mit einer Lebensaufgabe und deren Lernprozessen verbunden sind. Als ich vor acht oder neun Jahren dem hellsichtigen US-amerikanischen Medium Barbara Bowers begegnete, sagte sie mir, daß ich vielen Menschen die Gesetze des Lichtes zeigen würde und mich allmählich auf meine Arbeit mit der neuen Generation, die ich innerlich verstünde, vorbereiten solle. Barbara meinte, daß viele Blaue zur Erde kommen, um Lehrer und Führer für die Menschheit zu sein.

Vor vielen Jahren begegnete mir in Amerika die Wesenheit Kryon, die von Lee Carroll gechannelt wird. Als ich Kryon 1995 das erste Mal von den Indigo-Kinder sprechen hörte, fing damit in mir der zuerst durch Barbara angeregte Samen an weiterzuwachsen. Während dieser Zeit bekam ich immer wieder die Botschaft: »Schreib! Schreib deine

Geschichte und schreib über das Licht!« Mehrmals habe ich mich von meinen Kursen und meiner Praxis zurückgezogen, um zu schreiben. Obwohl sich meine Schublade mit wertvollen Einsichten über den Lichtkörperprozeß, über Energiearbeit, das Göttliche, über Lichtnahrung und das menschliche Bewußtsein füllte, wußte ich dennoch, es ist nicht das Buch, das ich schreiben muß. Also blieb die Schublade verschlossen.

Erneut in Amerika bei Kryon, und zwar im Sommer 1999, wurde ich schließlich mehr oder weniger vom Blitz getroffen. Ich erkannte plötzlich, ich muß mit den Kindern der neuen Zeit arbeiten und ein Buch über sie schreiben. Die Menschheit wartet förmlich auf Informationen über sie. Das Buch wird dringend gebraucht, um Vorurteile aus dem Weg zu räumen. Gewohnt, intuitiv zu leben, stimmte ich innerlich sofort zu und gründete den Indigo Kinder Lichtring. Natürlich war mir nicht klar, was genau damit auf mich zukommen würde.

Durch meine Bereitschaft, das Buch zu schreiben, wurde meine Verbindung mit den Kindern und meinem inneren Kind blitzartig aktiviert. Die Zeit war wirklich goldrichtig: Damals kam es zu der großen Sonnenfinsternis, was eine sehr intensive Phase aufzeigte, und von vielen Seiten wurden eingreifende Veränderungen vorausgesagt. Als ich anfing, für das Buch zu recherchieren, kam wieder ein Prozeß mit meinem inneren Kind in Gang, das vor damals zweiundfünfzig Jahren zur Welt kam, und ich dachte: Oje, hier ist alles anders. Wieso bin ich gekommen? Wäre ich doch zu Hause geblieben! Die Zeit des Schreibens war ähnlich wie Achterbahnfahren. Mal ging es hoch, dann wieder runter, mal war es ruhig und dann wieder sehr bewegt. Aber ich war mir meiner inneren Führung, Gott sei Dank, immer sicher. In geistigen Botschaften, die ich während des Schreibens an diesem Buch immer wieder empfing, erfuhr ich, daß viele Menschen, die unmittelbar nach dem Zweiten Weltkrieg geboren worden waren, mit einer indigofarbenen Auraschicht inkarnierten. Ihre Aufgabe bestand darin, die Dogmen und starren Glaubensvorstellungen der Menschheit aufzubrechen. Die 60er Jahre sind ein gutes Beispiel dafür. Durch Frieden und Liebe konnte die Menschheit Heilung finden und sich auf die nächste Stufe der Entwicklung begeben. Die damalige Energiefrequenz war aber sehr schwerfällig, und viele dieser Vorreiter – jetzt Lichtarbeiter genannt – gaben auf. Sie wählten eine mehr nach innen gewandte Richtung, fingen an zu meditieren, und in Europa fanden östliche Lehren immer mehr Anhänger. Ich bin Teil dieser Generation und fühlte mich immer mitverantwortlich dafür, daß eine neue Welt entsteht, gegründet von der und für die Menschheit. Eins war mir dabei immer klar, wir leben in einem sehr spannenden Zeitabschnitt!

Ich hoffe, dieses Buch konnte Ihnen viele Erkenntnisse schenken und das Lesen war Ihnen ein großer Gewinn.

Anhang

Glossar

Aufgestiegene Meister: Lehrer und Führer innerhalb der → Dualität, die auf der Evolutionsspirale von der Erdebene zu höheren Ebenen aufgestiegen sind.
Aufstiegsprozeß: Der Aufstieg in höhere Energiedimensionen. Die Bewußtseinsverschiebung von der → Dualität durch die verschiedenen Ebenen in die Einheit.
Aura: Das elektromagnetische Feld, das den physischen Körper umgibt und sich durch Farbe ausdrückt. Seine Vitalität ist abhängig von den Chakras. Es nimmt den Raum unmittelbar um den Körper herum ein.
Chakra: Chakras gleichen Energiewirbeln. Es gibt im ätherischen Körper verschiedene dieser Zentren, davon sieben Hauptzentren (Wurzel-Chakra/Rot, Nabel-Chakra/Orange, Solarplexus/Gelb, Herz-Chakra/Grün, Hals-Chakra/Blau, → Drittes Auge/Violett, Scheitel-Chakra/Weiß). Jedes dieser sieben Chakras schwingt auf der Frequenz einer der sieben Farben des Regenbogens, die vereint das Licht bilden.
Channeln: Die bewußte Übermittlung von verbalen oder auch nonverbalen Botschaften nicht-körperlicher Energien. Beim Channeln öffnet man sich bewußt verschiedenen Verständnisebenen und integriert sie. Die dabei empfangenen multidimensionalen Informationen werden in Worte, Bilder, Musik u.a. umgesetzt und weitergegeben.
DNS: Die DNS (Desoxyribonukleinsäure) ist die Trägerin der gesamten Erbinformation, die in der Reihenfolge der Basen gespeichert ist; DNS-Abschnitte mit jeweils etwa 600–1800 Basenpaaren bilden die sog. Gene, die die Information für bestimmte Erbmerkmale tragen. Die DNS ist ein Riesenpolymer aus etwa zehn Milliarden Molekülen, in der die Erbsubstanz unserer Zellen gespeichert ist.

Hypothalamus: Diese hormonelle Schaltzentrale des Gehirns kontrolliert wichtige Körperfunktionen wie Blutdruck, Temperatur oder Hungergefühl.

Immunsystem: Das Immunsystem ist eine Gruppe von Gewebszellen und Organen, deren Aufgabe es ist, unseren Körper gegen Substanzen und Organismen, die uns krank machen können, zu schützen. Das Immunsystem ist sehr komplex.

Karma & karmische Belastungen: Das Gesetz von Ursache und Wirkung. Was man aussendet, bekommt man irgendwann zurück. Karma wird auch so definiert: körperliche, geistige und spirituelle Lehren, die viele Leben wiederkehren und der Seele Gelegenheiten bieten zu wachsen. Auch manchmal Schicksal genannt.

Kryon: Hohe Lichtwesenheit, die von Lee Carroll, USA, gechannelt wird. Kryon vermittelt uns viele überraschende Einsichten über unser Leben auf der Erde, die Wissenschaft, Licht, Energie und vieles mehr. Kryon ist reine Liebe.

Lichtarbeiter: Ein Mensch, der sich bewußt dem Licht widmet und entschlossen auf dem Weg zur spirituellen Entfaltung geht und anderen hilft, ihn zu gehen.

Lichtkörper: Der elektromagnetische Körper eines Wesens, wie er im Ätherischen existiert. Es ist der wahre Körper, der die Blaupause für den physischen Körper liefert und interdimensionale Kommunikation ermöglicht. Wenn man mit seinem Lichtkörper arbeitet, verfügt man über die Mittel, Materie und Energie so zu verbinden, daß man neue, höhere Einsichten gewinnt.

Maya-Kalender: Weisheit und Wissen um die Gesetze der Zeit der 3. und 4. Dimension, erfaßt in einem vielschichtigen und umfangreichen Kalendersystem, das aus zwei Teilen besteht: *Tzolkin-Tageskalender:* Schwerpunktmäßig ein Ritualkalender. Seine 20 Tage entsprachen einem Maya-Monat. Jedem Tag war neben einem Gott auch eine Zahl von 1 bis 13 zugeordnet; dieser 13-Tage-Rhythmus ist in etwa mit unserer Woche vergleichbar. *Ha'ab-*

Monatskalender: Er entsprach mit 365 Tagen dem Sonnenjahr und bestand aus 18 20tägigen Tzolkin-Monaten und den fünf gottlosen Tagen des Uayeb, dem 19. Ausgleichsmonat.
Mentales Gitternetz: Für Hellsichtige können der geistige Energiekörper und der universale Geist wie dreidimensionale Gitter aus sich überschneidenden Ebenen aussehen. Dieses Gitternetz ist dynamisch und bewegt sich ständig. Lichtpunkte pulsieren, bilden ein bestimmtes Muster, und wenn sich Gedanken bilden, fließen sie frei. Durch die Gitternetze kommen die Gedanken ins Bewußtsein.
Mitgefühl: Echtes, bedingungsloses Mitgefühl bedeutet, sich selbst und anderen zu vergeben. Mitgefühl auf höheren Ebenen ist, anzuerkennen, wo andere stehen, sie zu lieben, unabhängig davon, ob sie bereit sind, zu wachsen oder nicht. Die Bereitschaft, ihnen ihre Probleme zu lassen, wenn sie nicht bereit sind zu wachsen.
Monade: Jene einfache, unteilbare Einheit, die für sich Sinn besitzt und daraus Kräfte entfaltet, die nach außen wirken.
New Age: Ein Zeitalter von Spiritualität und Einheit. Wird in unserer Zeit auch das (goldene) Wassermann-Zeitalter genannt.
Paranormalität: Außergewöhnliche Wahrnehmung. Paranormale Erscheinungen wie Hellsichtigkeit, Hellfühligkeit, Telepathie, Telekinese etc.
Photonen: kleinste Wirkeinheiten (Quanten) elektromagnetischer Wechselwirkung; Elementarteilchen von Licht oder Strahlung, die sich mit Lichtgeschwindigkeit bewegen.
Radionische Quantum-Heilung: Weiterentwicklung der Radionik, die für Indigo-Kinder sehr interessant ist und jetzt durch die moderne Software möglich gemacht wurde.
Seele: Die Seele ist Teil unseres Menschseins, der göttlich und ewig ist. Sie verkörpert einen Teil unseres → höheren Selbst. Die Seele weiß alles und ist vollkommen. Sie gibt dauernd Informationen weiter und ist in einem interaktiven Zustand mit Wesen, die sie umgeben, und mit der

Familie, deren Teil sie auf der anderen Seite des Schleiers ist. Die Seele wird auch der goldene Engel in uns genannt.

Seelenfamilien: Gruppen von Wesen derselben Essenz, die sich miteinander verbunden fühlen und miteinander aus einer größeren Gruppenseele kommen. Seelenfamilien arbeiten und inkarnieren seit Beginn unserer Geschichte zusammen.

Spiritualität: In Verbindung stehen mit den geistigen, feinstofflichen Ebenen; das Wissen um die verschiedenen Dimensionen der Existenz.

Schwingung der Indigo-Kinder: Jeder Mensch hat eine bestimmte Energiefrequenz. Dazu kommt, daß die Menschheit oder die verschiedenen Kulturgruppen eine bestimmte kollektive Energiefrequenz haben. Die Indigo-Kinder haben als Gruppe eine sehr hohe Energiefrequenz, d.h., sie schwingen sehr schnell und sind weniger erdgebunden.

Strahlenlehre: Auf der Kabbalah, einem der ältesten erhaltenen mystischen Wissenssysteme, basierende Lehre, nach der sich die göttliche Kraft in ursprünglich sieben kosmische Strahlen aufteilt und zur Erde strömt.

Transmission (Energieübertragung): Dies bedeutet, Energieschwingung bereitzustellen, damit Menschen, die sich auf diese Schwingung einstellen, Heilung erfahren können. Transmission geschieht durch das Prinzip der Resonanz (Mitschwingen auf der gleichen Frequenz).

Zirbeldrüse: Auch Epiphyse genannt. Sie liegt im Mittelhirn und regiert das Hirn und das übrige Nervensystem. Sie verarbeitet die Signale, die bewußt durch die Sinnesorgane aufgenommen werden, zu automatischen Reaktionen. In der Epiphyse begegnen sich Bewußtsein und Unbewußtes. Störungen in dieser Schaltstelle führen zu Depressionen. Psychische Gesundheit setzt immer eine voll funktionsfähige Epiphyse voraus.

Der INDIGO KINDER LICHTRING

Vision und Ziel des Indigo Kinder Lichtrings sind, Kindern auf der ganzen Welt zu helfen und ihnen in vielen Projekten unsere Unterstützung anzubieten. Der Lichtring möchte vor allem gründlich informieren und Menschen aller Nationalitäten zusammenbringen. So möchte ich an dieser Stelle dazu anregen, Erfahrungen und Erkenntnisse mit uns und somit mit vielen Suchenden zu teilen. Zu diesem Zweck haben wir zusätzlich einen Newsletter ins Leben gerufen, der Erfahrungen von Eltern, Lehrern, Therapeuten und Kindern weitergibt. Außerdem organisieren wir in den Schulferien für Eltern und Kind Spezialreisen, z.B. Schwimmen mit Walen & Delphinen auf Maui/Hawaii. Im Sommer veranstalten auch wir Zeltwochenenden für Jugendliche, später sollen auch Feriencamps stattfinden. Wir planen in nicht allzuferner Zukunft ein eigenes »Kommunikationszentrum« mit Tieren und viel Natur, wo Kinder die Sommerzeit verbringen können.

Der Lichtring ist im Internet unter folgenden Websites aktiv:
  www. indigokinder.de (deutsch)
  www. indigochild.net (englisch)

Sie können über den Lichtring auch verschiedene Broschüren bestellen:
  Teil 1: Was ist ein Indigo Kind?
  Teil 2: ADS & Hyperaktivität. Ritalin oder alternative Behandlung?
  Teil 3: Die Farbe Indigoblau

Seminare, Trainings & Reisen

Möchten Sie die verschiedenen Übungen lieber in einer Gruppe mit Lehrern üben und lernen? Der Indigo Kinder Lichtring bietet Eltern, Lehrern und Menschen in therapeutischen Berufen Seminare zum Thema »Entspannter Umgang mit den Kindern einer neuen Zeit« an.

Lichtarbeiter-Training:
Die Welt braucht in dieser Zeit nach der Jahrtausendwende viele Lichtarbeiter. Die Kinder der neuen Zeit benötigen sie sogar sehr dringend! Carolina Hehenkamp bietet regelmäßig ein »Lichtarbeiter-Jahrestraining« an, das sich an Menschen richtet, die therapeutich oder beratend mit den Indigo-Kindern und/oder deren Eltern arbeiten möchten. Das Training unterstützt Menschen in therapeutischen Berufen, und die dabei erlernte Arbeitsweise ist gut mit anderen Methoden zu verbinden. Ziel ist es, die Teilnehmer ihren eigenen Fähigkeiten und Begabungen näher zu bringen, damit sie sie in ihrem Leben optimal entwickeln können.

Dieses berufsbegleitende Training wendet sich vor allem an diejenigen, die Menschen, Familien, Eltern und Kindern auf dem Weg zu innerem Frieden, emotionaler Heilung und neuer Lebensfreude begleiten möchten. Dabei werden viele praktische Heilmethoden, Übungen und Beratungstechniken für Einzelsitzungen und Gruppenarbeit vermittelt. Im Mittelpunkt des Trainings steht jedoch immer die individuelle Entwicklung des einzelnen zu einem harmonischen Menschen, der andere mit seiner Ausstrahlung unterstützt.

Reisen mit Inhalt:
Carolina Hehenkamp organisiert und begleitet regelmäßig

Erlebnisreisen, die Herz und Seele guttun. Dazu gehören Delphinreisen nach Ligurien in Italien und auf die Insel Maui in Hawaii sowie Reisen zu spirituellen Zermonien für Kinder und Erwachsene u.a. nach Mexiko.

Falls Sie an Seminaren, Reisen oder Trainings interessiert sind, wenden Sie sich bitte an:

Indigo Kinder Lichtring
Elisabeth-Rößler-Str. 6
41366 Schwalmtal
Tel.: 0700-55332211 oder 0261-575315
Email: info@indigokinder.de

Möchten Sie Nahrungsergänzungen wie z.B. OPC, AFA (Blaugrünalgen) bestellen oder sich über sonstige energetische Hilfsmittel für Ihr Kind, wie z.B. Radionik oder Love & Laughter, das Spiel des Lächelns, informieren? Rufen Sie uns an oder schauen Sie nach unter:
www.indigokinder.de

Möchten Sie die Übungen lieber mit einem Berater kennenlernen oder machen? Nachfolgend eine Liste von Beratern, die Sie bei den verschiedenen Übungen aus diesem Buch und dem Nachfolgeband »Der INDIGO-Ratgeber« unterstützen können.

Deutschland

Tatjana Kauderer
Ernst-Bucher-Weg 3
D-81247 München
Tel.: +49 89-8111348
Fax: +49 172-8907121
Email: t.kauderer@t-online.de

Christina Wirthmann
Glockenbecherweg 4a
D-85051 Ingolstadt
Tel.: +49 8450-91616
Email: rw2611@bingo-ev.de

Jaroslava Hofmann
Brendlesberg 4
D-90574 Rosstal
Tel.: +49 9127-954220
Email: jarusch@gmx.net

Hedda Jank
Praxis für Supervision & HP-Psychotherapie
D-63322 Rödermark (Praxis Offenbach)
Tel: +49 6074-885866
Email: HeddaJank-Mittler@gmx.de

Katrin Ayché
Schloßstrasse 5
D-01847 Lohmen/Sachsen
Tel.: +49 3501-588355
      +49 178-6906253
Email: hpkay@web.de

Irmgard Hölzlwimmer
Ahornweg 6
D-84567 Erlbach
Tel.: +49 8670-411
irmgard.hoelzlwimmer@gmx.de

Österreich

Angela Mayerhofer
Kindergartenpädagogin und Seminarleiterin
A-5542 Flachau 264
Tel.: +43 6457-2797
Email: balance.vision@sol.at
www.balance.vision.sol.at

Schweiz

Ursula Carlen
Milimatte
3998 Reckingen
Email: milimatte@freesurf.ch

Christine Giger-Röfli
Michlenberg 1
CH-9038 Rehetobel
Tel.: +41 71-8772478
Fax: +41 71-8772028
Email: info@lichtundenergie.ch
www.lichtundenergie.ch

Edith Illes
Langmattweg 5
CH-8053 Zürich
Tel. +41 44-3802143
Email: ith@tic.ch

Verena Maria Keller
Im Gassli 4
CH-4419 Lupsingen
Tel. +41 61-9119082
Email: vmkeller@gmx.ch

Maria Kolpondinos
Lichtsäule – Spiritualität für den Alltag
Etzelstrasse 30
CH-8805 Richterswil
Tel.: +41 44-6874449
      +41 79-4377180
Email: earthmaria@bluewin.ch

Quellennachweis

Im folgenden sind viele Bücher aufgelistet, von denen in diesem Buch die Rede ist. Zwangsläufig kann es nur eine Auswahl sein. Titel von interessanten Büchern, die ähnliche Themen besprechen wurden hinzugefügt.

Kapitel 1:
Bischof, Marco: Biophotonen, das Licht in unseren Zellen. Frankfurt 1995
Dalichow, Irene/Booth, Mike: Aura-Soma. München 1994
Gregory, Laneta/**Treissman**, Geoffrey: Aura Handbuch. München 1995
Liberman, Jacob: Die heilende Kraft des Lichts. Bern-München-Wien 1993
Melchizedek, Drunvalo: Blume des Lebens. Burgrain 1999
Melchizedek, Drunvalo: Blume des Lebens, Band 2. Burgrain 2000
Muths, Christa: Farbtherapie. München 1989
Tansley, David: Die Aura des Menschen. Essen 1993
Wall, Vicky: Aura-Soma. Frankfurt 1992
Walther, Thomas/Walther, Herbert: Was ist Licht? München 1999

Kapitel 2:
Hartman, Taylor: Deine Lebensfarbe – der Schlüssel zum Erfolg. Bern-München-Wien 1998
Kryon: Book I, Das Zeiten-Ende. Überlingen 1998
Tappe, Nancy Ann: Understanding your Life through Color. Starling Publishers/USA 1982

Kapitel 3:

Atwater, P.M.H.: Children of the new Millennium. Three Rivers Press/USA 1999

Bowman, Carol: Children's Past Lives. Bantam Books/USA 1997

Breggin, Peter R: Talking back to Ritalin. Common Courage Press/USA 1998

Bundesministerium für Bildung und Forschung: Begabte Kinder, finden und fördern. Bonn 1998

Carroll, Lee/Tober, Jan: Die Indigo-Kinder. Burgrain 2000

Emoto, Masaru: The Message from Water. Hado Kyoikusha/Japan 1999

Gordon, Thomas: Familienkonferenz. Hamburg 1972

Hartmann, Thom: Eine andere Art, die Welt zu sehen. Lübeck-Berlin-Essen 1997

Hellinger, Bert/**Hövel**, Gabriele ten: Anerkennen, was ist – Gespräche über Verstrickung und Heilung. München 2000 (10. Auflage)

Irwin, Anne: Lieben statt erziehen. Freiburg 1999

Klasen, Edith: Legasthenie, umschriebene Lese-/Rechtschreibstörung. A-Klagenfurt 1999

Lowe, Paul: In Each Moment. Devon Ronner/Großbritannien 1998

Roman, Sanaya: Sich dem Leben öffnen. CH-Interlaken 1987

Trautwein, Verena: Die Kraft der Lichtspirale. Güllesheim 2001

Trungpa, Chögyam: Das Buch vom meditativen Leben. Reinbek 1991

Vissell, Barry & Joyce: Partner auf dem Weg der Liebe. Grafing 1987

Rubner, Jeanne: Vom Wissen und Fühlen. München 1999
Ruland, Jeanne: Das große Buch der Engel. Darmstadt 2001
Sattler, Johanna: Der umgeschulte Linkshänder, oder der Knoten im Gehirn. Donauwörth 1995
Shahastra: Der wunderbare Regenbogenmann. Freiburg 1994
Webb, James/ Meckstroth, Elisabeth A./Tolan, Stephanie S.: Guiding the Gifted Child. Ohio Psychology Press/USA 1982
Weller, Stella: Yoga kinderleicht. Neuhausen 1998
Windels, Jenny: Eutonie mit Kindern. München 1984

Kapitel 4:
Arnoul, Franz: Der Schlüssel des Lebens. St. Goar 1994 (2. Auflage)
Batmanghelidj, Dr. med. Faridun: Wasser, die gesunde Lösung. Freiburg 2000
Brennan, Barbara Ann: Lichtarbeit. Das große Handbuch der Heilung mit körpereigenen Energiefeldern. München 1989
Breggin, Peter R.: Reclaiming our Children, a Healing Solution for a Nation in Crisis. Perseus Press/USA 2001
Buengner, Peter von: Physik und Traumzeit. Altkirchen 1997
Clausnitzer, Christel: Bachblüten für Konzentrationsstörungen bei Schülern. München 1997
Cousens, Gabriel: Ganzheitliche Ernährung. Frankfurt 1995
Epstein, Donald: 12 Phasen der Heilung. Freiburg 1996
Ertl, Antje: Kinesiologie für Gesundheit und Lebensenergie. München 1997
Flanagan, Patrik/Gael Chrystal: Elixier der Jugendlichkeit. Ritterhude 1992

Gimbel, Theo: Healing through Colour. C.W. Daniel Company/Großbritannien 1980
Koneberg, L./**Förder**, G.: Kinesiologie für Kinder. München 1999
Pauling, Linus: Das Vitamin-Programm. München 1998
Pies, Josef: Immun mit Kolloidalem Silber. Kirchzarten 1989
Scheffer, Mechthild: Bach Blütentherapie, Theorie und Praxis. München 2000
Simons, Anne/Rucker, Alexander: Gesund länger leben durch OPC. München 1999
Simonsohn, Barbara: Die Heilkraft der AFA-Alge. München 2000 (2. Auflage)
Stone, Randolph: Polaritätstherapie. München 1994 (2. Auflage)
Tansley, David: Chakras-Rays and Radionics. C.W. Daniel Companz/Großbrittanien 1984
Teschler, Wilfried: Das Polarity Handbuch. Aitrang 1994 (4. Auflage)
Thie, John F.: Touch for Health. TH Enterprises/USA 1987

Kapitel 6:
Kryon: Buch II, Denke nicht wie ein Mensch. Überlingen 2000
Kryon: Book III. Alchemy of the Human Spirit. The Kryon Writings/USA 1995

Kapitel 7:
Kielburger, Craig: Befreit die Kinder, Die Geschichte meiner Mission. München 1998